Date: 05/28/21

SP 155.264 MYE
Myers, Isabel Briggs,
Los dones diferentes : cómo
comprender tu tipo de

Los dones
diferentes

ISABEL BRIGGS y PETER B. MYERS

Los dones diferentes

Cómo comprender tu tipo de personalidad

EDICIONES OBELISCO

Si este libro le ha interesado y desea que le mantengamos informado
de nuestras publicaciones, escríbanos indicándonos qué temas son de su interés
(Astrología, Autoayuda, Ciencias Ocultas, Artes Marciales, Naturismo,
Espiritualidad, Tradición…) y gustosamente le complaceremos.

Puede consultar nuestro catálogo en www.edicionesobelisco.com

Colección Psicología
Los dones diferentes
Isabel Briggs Myers y Peter B. Myers

1.ª edición: septiembre de 2020

Título original: *Gifts Differing*

Traducción: *Antonio Cutanda*
Maquetación: *Marga Benavides*
Corrección: *M.ª Ángeles Olivera*
Diseño de cubierta: *Enrique Iborra*

© 1980, 1995, Consulting Psychologists Press
(Reservados todos los derechos)
© 2020, Ediciones Obelisco, S. L.
(Reservados los derechos para la presente edición)

Edita: Ediciones Obelisco, S. L.
Collita, 23-25 Pol. Ind. Molí de la Bastida
08191 Rubí - Barcelona - España
Tel. 93 309 85 25
E-mail: info@edicionesobelisco.com

ISBN: 978-84-9111-589-2
Depósito Legal: B-6.619-2020

Impreso en España en los talleres gráficos de Romanyà/Valls, S. A.
Verdaguer, 1 - 08786 Capellades (Barcelona)

Printed in Spain

A todas aquellas personas que desean
hacer un uso más pleno de sus dones

Pues, así como nuestro cuerpo, en su unidad, posee muchos miembros,
y no desempeñan todos los miembros la misma función,
así también nosotros, siendo muchos, no formamos
más que un solo cuerpo...
siendo cada uno por su parte los unos miembros de los otros.
Pero teniendo dones diferentes...

Rom 12, 4-8

Prefacio

Éste es un libro para toda la familia, tanto si esa familia es de sangre como si está compuesta de amistades íntimas o colegas del trabajo. Las ideas y los conceptos que aparecen aquí te ayudarán a comprenderte y a comprender mejor tus reacciones a lo largo de tu vida cotidiana. También te permitirán comprender y apreciar mejor las reacciones de las personas que te rodean, aquellas que, con sus diferentes dones, parece que marchen con el paso cambiado.

Si alguna vez te has preguntado por qué las personas que son importantes en tu vida, o simplemente las personas que te rodean, ven el mundo o reaccionan ante diferentes situaciones de formas tan dispares y sorprendentes, entonces este libro será de tu interés. Si tienes problemas para comprender o comunicarte con alguien a quien quieres —padre, madre, hijo o hija, una compañera de trabajo o cualquier otra persona importante para ti–, las ideas que se te ofrecen en este libro pueden ser aquello que andabas buscando.

La autora, Isabel Briggs Myers, era mi madre. Tras una lucha de veinte años, sucumbió finalmente a un cáncer a la edad de 82 años, justo antes de la publicación de la primera edición de este libro. Lo único que quería era ayudar a la gente a ser más feliz y más eficaz en cualquier cosa que eligiera hacer, y la determinación que le proporcionaba este deseo fue lo que le dio la fuerza suficiente para seguir adelante hasta que concluyó el libro. Así pues, lo que tienes en tus manos es un tributo a su inspiración, puesto que, desde 1980, más de 100 000 personas han leído *Los dones diferentes,* y siempre se venden más ejemplares cada año que el año anterior.

Su libro ofrece, en un lenguaje comprensible, las ideas que el famoso psicólogo suizo Carl Gustav Jung tenía acerca de los tipos de personalidad, tal como se aplican a las personas normales con problemas cotidianos normales. Este libro ha ayudado a miles de personas a reconocer las diferentes formas en las que cada uno de nosotros actúa, reacciona y le da sentido al mundo en sus relaciones con los demás. El don de mi madre fue el de rechazar la vieja aunque difundida idea de que cada persona es, de un modo u otro, una desviación de una especie de «persona normal». Ella reconocía, en cambio, que cada uno de nosotros nace con unos dones diferentes, con unas preferencias singulares sobre cómo utilizar la mente, los valores y los sentimientos en el negocio del vivir cotidiano. Jung dividía el negocio de la vida cotidiana en dos sencillas actividades mentales: asumir, o hacerse consciente de nueva información (que él llamaba percepción) y decidir, o llegar a alguna conclusión acerca de esa información (cosa que ni siquiera se molestó en nombrar).

Jung escribió sobre su teoría de los tipos hace más de 70 años, pero, como psicólogo en ejercicio, normalmente veía a pacientes con graves problemas psicológicos, y estaba más preocupado por los desarrollos fallidos o desequilibrados de los tipos de personalidad que él encontraba en las personas que se sentían desdichadas y buscaban ayuda profesional. No estaba especialmente interesado en los aspectos de los tipos psicológicos que exhibían las personas ordinarias, sanas. Además, escribía en alemán para una audiencia de psicólogos en gran medida especializados. Incluso la traducción al inglés de su obra *Tipos psicológicos*[1] resulta difícil de leer. No es de sorprender, por tanto, que su teoría de los tipos de personalidad no generara demasiado entusiasmo entre personas ordinarias interesadas por la personalidad humana.

Isabel Myers, por otra parte, si bien no tenía formación como psicóloga, dedicó la segunda parte de su vida a interpretar y adaptar la

---

1. Publicado en castellano por Editorial Trotta, Madrid, 2013.

teoría de Jung para que las personas ordinarias, psicológicamente sanas, comprendieran que cada persona es única y singular, que es diferente de las personas que la rodean, y que está bien que sea así. Quería que la gente entendiera que muchos, si no la mayoría, de los problemas, diferencias y malentendidos que se dan con otras personas se pueden explicar por las distintas formas en que los seres humanos deciden asumir y procesar la información.

La premisa de este libro es que cada persona tenemos una serie de dones, una serie de herramientas mentales con las que nos sentimos cómodos y, por ende, utilizamos en el negocio cotidiano de vivir. Aunque todo el mundo tiene acceso a las mismas herramientas básicas de esa caja de herramientas psicológica, cada persona se siente más cómoda con unas u otras, y de ahí que prefiera una herramienta en concreto (o una serie de herramientas) para una tarea en particular. Nuestras preferencias específicas en este asunto es lo que nos da una personalidad diferenciada, y lo que nos hace más o menos parecidos a los demás.

Un problema que normalmente nos genera tensión lo constituye el hecho de que, en ocasiones, nos resulta difícil comunicar algo que nos parece muy claro y que consideramos importante a una persona que nos importa y que nos gustaría que comprendiera nuestra posición. Y esto porque puede que nos sintamos heridos o rechazados, si esa persona no reconoce nuestra preocupación, o quizás nos quedemos perplejos si no aprecia la lógica de nuestra postura. En *Los dones diferentes*, Isabel Myers nos explica de forma comprensible las distintas maneras en que las personas utilizamos nuestras herramientas de personalidad, y nos señala un sendero para una utilización constructiva de las diferencias humanas.

Con el fin de situar este libro en perspectiva, quizás convenga relatar brevemente cómo se gestó. Isabel Myers y su madre, Katharine Cook Briggs, llevaban interesadas en las teorías de Jung desde en torno a 16 años antes de que la segunda guerra mundial se llevara a muchos hombres de las fábricas al frente y los reemplazara por mujeres. Dado que, para la mayoría de aquellas mujeres, el trabajo en la industria pesada era un territorio ignoto, mi madre y mi abuela pensaron que el conocimiento sobre las preferencias de las personalidades, según la teoría junguiana, podría ser útil para identificar qué tipo de trabajo dentro del esfuerzo de guerra podría ser más adecuado para cada mujer, teniendo en cuenta que ninguna tenía una experiencia previa relevante. Buscaron algún tipo de prueba o algún indicador de las preferencias junguianas de las personas, pero fue en vano, por lo que finalmente decidieron crear su propio inventario. El resultado fue el inventario de personalidad *Myers-Briggs Type Indicator*® (a partir de aquí, el Indicador o el MBTI®); pero, dado que no tenían formación en psicología ni en psicometría, tuvieron que empezar desde cero.

Mientras trabajaron por su cuenta para comprender y establecer conexiones sobre lo que observaban, no hubo problema; pero cuando, en 1943, crearon la primera batería de preguntas de lo que terminaría siendo el MBTI, se encontraron cara a cara con una doble oposición desde la comunidad académica. En primer lugar, ninguna de ellas era psicóloga, ninguna tenía una titulación universitaria o, para el caso, *ningún* entrenamiento formal en psicología, estadística ni construcción de test. En segundo lugar, la comunidad académica (e incluso los expertos y analistas junguianos de la época) no habían profundizado demasiado en la teoría de Jung sobre los tipos psicológicos y, por tanto, tenían menos interés aún en un supuesto cuestionario que pretendía identificar los tipos junguianos, creado por dos mujeres desconocidas que, «obviamente, en absoluto están cualificadas». Sin embargo, no era del todo cierto que Isabel Myers no estuviera cualificada. Sí, era cierto que no tenía un entrenamiento académico formal en las disciplinas requeridas, pero tenía una inteligencia fuera de lo común y, durante más de un año, había estado aprendiendo con alguien que *sí que era* un experto cualificado en las técnicas y herramientas que ella necesitaba. Esa persona era Edward N. Hay, que en aquella época era director de personal de un importante banco de finanzas de Filadelfia. De él aprendió lo que necesitaba saber acerca de construcción de test, puntuaciones, validación y estadística.

Sin amedrentarse ante la falta de interés y el rechazo de la comunidad psicológica, Isabel Myers se concentró en el desarrollo del Indicador, reuniendo datos, perfeccionando las preguntas y aplicando los test aceptados para determinar su validez, fiabilidad, repetibilidad y significación estadística. A lo largo del proceso, se encontró con el entusiasmo y el estímulo de multitud de personas a las que administró y explicó el Indicador. Ella llamaba a esto la reacción «ajá», una expresión de agrado que solía aparecer cuando la persona reconocía algún aspecto de su personalidad reflejado en el Indicador. Uno de sus mayores placeres, cuando daba los resultados del Indicador a las personas, era que algunas de ellas venían a decir algo así como «¡Qué alivio descubrir que no hay nada de malo en ser quien soy!».

Cincuenta años más tarde, multitud de personas *habían* experimentado, o al menos habían oído hablar, del MBTI (más de dos millones y medio de personas habían cumplimentado el inventario en 1994), y un buen número de conceptos junguianos se habían introducido en el vocabulario popular. Por ejemplo, la extroversión se entiende normalmente como aquella característica de personalidad que hace que la persona derive su energía de las actividades externas, en tanto que la introversión se aplicaría a personas que derivan su energía de las actividades internas. Una ilustración podría ser ésta: después del trabajo, ¿prefieres salir y relacionarte con la gente o prefieres relajarte en casa a solas? Para muchas personas extrovertidas, el «infierno de una fiesta» es «no poder entrar en ella», en tanto que para las introvertidas el infierno sería «estar en la fiesta».

Utilizado en un principio en labores de orientación y aplicado de uno en uno, el Indicador se utiliza ya ampliamente en la construcción de equipos, el desarrollo de organizaciones, la gestión empresarial, educación, formación y orientación profesional. Se ha traducido con éxito al francés y al castellano, y las traducciones a casi otra docena de idiomas se hallan en diversas fases de validación. El hecho de comprender tu propio tipo de personalidad ha supuesto un cambio muy positivo en la vida de muchas personas ante una amplia diversidad de situaciones. Con el transcurso de los años, desde que se publicó *Los dones diferentes,* se han ido acumulando las evidencias de su utilidad en la casi totalidad de aspectos de la vida laboral y particular de las personas. Y esa utilidad está muy bien documentada.

Estoy convencido de que gran parte del sufrimiento no físico y del estrés existentes en nuestro mundo es el resultado de los malentendidos entre personas que, en general, son bienintencionadas, y que no viene ocasionado por desacuerdos irreparables. Si esto fuera así, nuestra vida cotidiana ganaría en calidad si cada persona se comprendiera mejor a sí misma y entendiera bien cómo recoge la información, cómo la procesa y llega a conclusiones o decisiones, y cómo comunica sus ideas y deseos a los demás. Una mayor cooperación y armonía serían posibles si pudiéramos comprender y apreciar en qué nos diferenciamos unos de otros, y si pudiéramos descubrir formas de comunicación que nos permitieran comprendernos mutuamente y sentirnos cómodos entre nosotros.

Carl Jung habló de los arquetipos, de esos símbolos, mitos y conceptos que parecen ser innatos y que los comparten todos los miembros de una civilización, trascendiendo las palabras y no dependiendo de ellas para su comunicación y reconocimiento. Cada cultura ofrece formas diferentes para sus arquetipos, pero los conceptos que los animan son universales. Si el tipo de personalidad es un concepto, y si es universal a través de culturas y entornos, ¡qué gran desafío tenemos por delante! Sería incluso posible que la reacción «ajá», al reconocer algo acerca de uno mismo o el motivo de una diferencia con otra persona, se extendiera hasta más allá de fronteras políticas y económicas, con el fin de que se comprendieran, respetaran y aceptaran las diferencias entre personas de distintas naciones, razas, culturas y creencias. Isabel Myers, poco antes de fallecer, comentó que su mayor anhelo era que, mucho después de haber partido de este mundo, su trabajo siguiera ayudando a la gente a reconocer sus dones y disfrutar de ellos. Y, personalmente, creo que ella se sentiría encantada del hecho de que, quince años después de su muerte, su trabajo sea cada vez más valorado.

PETER BRIGGS MYERS
Washington, D.C.
Marzo 1995

Prefacio a la edición original

Este libro está escrito con la creencia de que muchos problemas se podrían tratar de un modo más eficaz si los abordáramos desde la teoría de los tipos psicológicos de C. G. Jung. La primera traducción al inglés de su *Tipos psicológicos* fue publicada por Harcourt Brace en 1923. Mi madre, Katharine C. Briggs, introdujo el libro en nuestra familia y lo convirtió en parte de nuestra propia vida, y mi madre y yo estuvimos esperando mucho tiempo a que alguien diseñara un instrumento que no sólo reflejara las preferencias propias por la extroversión o la introversión, sino también nuestras preferencias de percepción y juicio. En el verano de 1942, finalmente, nos pusimos manos a la obra para diseñar ese instrumento. Desde entonces, el Myers-Briggs Type Indicator ha proporcionado una gran cantidad de información sobre los modos prácticos de cada tipo.

Sin embargo, las implicaciones teóricas van más allá de las estadísticas, y sólo se pueden expresar en términos humanos. *Los dones diferentes* ofrece un relato informal del tipo y sus consecuencias, tal como se nos han presentado a lo largo de los años. En este material, espero que madres, padres, profesorado, alumnado, equipos de orientación, profesionales clínicos, sacerdotes y todas las personas que se hallen implicadas en la realización del potencial humano encuentren una explicación a muchas de las diferencias de personalidad que se hallan en su trabajo o con las que tienen que lidiar en su vida privada.

Han hecho falta tres generaciones para elaborar este libro: las profundas percepciones de la intuición introvertida de mi madre (INFJ) sobre el significado de tipo; mi propia convicción sentimiento-introvertida (INFP) acerca de la importancia de las aplicaciones prácticas del tipo; y la inapreciable combinación del impulso intuitivo, el don de expresión y el sentido de prioridades propios del punto de vista extrovertido de mi hijo Peter (ENFP), sin los cuales estas páginas nunca se hubieran concluido.

ISABEL BRIGGS MYERS
Febrero de 1980

Prólogo del editor

Los dones diferentes es un libro sobre la personalidad humana, sobre su riqueza, su diversidad, su papel e influjo en la profesión, el matrimonio y el sentido de la propia vida. Lo escribió una mujer para quien la observación, el estudio y la medida de la personalidad fueron pasiones ardientes durante más de un siglo.

El marco conceptual según el cual Isabel Myers ha organizado sus delicadas y optimistas observaciones es la tipología de Carl Jung, ligeramente modificadas y elaboradas por Myers y su madre, Katharine C. Briggs. La teoría de Jung, una vez dominada, proporciona una hermosa estructura para la comprensión tanto de similitudes como de diferencias entre los seres humanos.

Debido a que el cuestionario psicométrico Myers-Briggs Type Indicator es, probablemente, el método más sencillo y fiable para determinar el tipo junguiano de una persona, este libro trata también del MBTI. Muchos de los conocimientos existentes sobre el papel de la personalidad y su influjo en el comportamiento humano se han desarrollado a partir de investigaciones con el Indicador de Tipo, y se da cuenta de ellos en estas páginas.

El relato que hay tras el desarrollo del Indicador de Tipo es, sin duda alguna, único en la historia de la psicología. Ese relato coincide con la biografía de un notable ser humano, o quizás con la saga de toda una familia. Es un relato instructivo, porque nos muestra con toda claridad el impacto que una madre puede tener sobre su hija; y es inspirador porque demuestra, una vez más, lo que puede conseguir una sola persona frente a obstáculos formidables.

El relato comienza con el matrimonio, en 1886, de dos personas excepcionalmente dotadas: Katharine Cook y Lyman Briggs.

Katharine, una profunda pensadora, lectora y silenciosa observadora, quedó intrigada con las similitudes y diferencias de la personalidad humana en torno a la época de la primera guerra mundial. Ella comenzó a desarrollar su propia tipología de la personalidad, en gran medida a través del estudio de biografías, para luego descubrir que Jung había desarrollado un sistema similar, que ella rápidamente aceptó y comenzó a explorar y a elaborar. Por su parte, Lyman era un científico versátil, cuando la ciencia en Estados Unidos estaba en pañales, y se convirtió en una figura dominante durante la primera mitad del siglo XX al introducir la ciencia como una fuerza decisiva en los salones del gobierno. Como director del National Bureau of Standards (Oficina Nacional de Normas), Lyman jugó un papel importante en el desarrollo de la aviación moderna y de la energía atómica, así como en la exploración de la estratosfera y de la Antártida. Aunque galardonado con numerosos premios, y conmemorado con la creación del Lyman Briggs College, en la Universidad Estatal de Michigan (su *alma mater*), el doctor Briggs destacó por su modestia, su humildad y su compasión.

Los Briggs tuvieron una hija, Isabel, a la cual educaron en casa, salvo uno o dos años, en que fue a la escuela pública. Isabel Briggs entró en el Swarthmore College a los 16 años y se graduó como número uno de su promoción en 1919. En su penúltimo año de carrera, se casó con Clarence Myers. Hasta el estallido de la segunda guerra mundial, Isabel se ocupó como madre y ama de casa, si bien encontró tiempo para publicar dos novelas de misterio de gran éxito, una de las cuales, sobre un relato de Erle Stanley Gardner, ganó un premio.

El sufrimiento y las tragedias de la guerra espolearon el deseo de Myers de hacer algo que ayudara a las personas a comprenderse mutuamente y evitar así conflictos destructivos. Después de haberse impregnado desde años atrás de la admiración que sentía su madre por la tipología de Jung, Isabel tomó la determinación de diseñar un método para darle un uso práctico a aquella teoría. Así nació la idea de un «indicador de tipo».

Sin un entrenamiento formal en psicología ni estadística, sin patrocinio académico ni becas de investigación, Myers comenzó la meticulosa tarea de desarrollar un conjunto de ítems que le permitiera valorar actitudes, sentimientos, percepciones y comportamientos de los diferentes tipos psicológicos, tal como ella y su madre los habían llegado a comprender. Sus hijos adolescentes y los compañeros de clase de éstos se convertirían en conejillos de indias en un principio, pero posteriormente implicaría a cualquier persona que, a su juicio, fuera apta para aportar ideas o para responder a los ítems.

Lectora habitual, frecuentaba las bibliotecas para aprender lo que necesitaba saber acerca de estadística y psicometría. Fue incluso aprendiz de Edward N. Hay, que posteriormente fundaría una de las primeras firmas de asesoramiento en cuestiones de personal en Estados Unidos. Persuadió a innumerables directores de escuelas del oeste de Pensilvania para que le permitieran pasar el test a su alumnado, y se pasó muchas noches puntuando preguntas y tabulando datos.

Durante la primera década en este empeño, Myers recibió muy pocos refuerzos externos, salvo de los miembros de su familia. A través de su padre, conoció al decano de una facultad de medicina, que le permitió someter a prueba el test con su alumnado, algo que expandiría posteriormente, con los años, hasta conseguir resultados para el MBTI de más de 5 000 alumnos y alumnas, y 10 000 profesionales de enfermería.

La respuesta a los esfuerzos de Myers por parte de la psicología organizada fue ciertamente fría, cuando no hostil. En primer lugar, muchos profesionales de la psicología consideraban demasiado arriesgado establecer ningún tipo de medida de la personalidad. Además, entre aquellos que estaban interesados en el estudio de la personalidad y su medida, las tipologías no tenían buena fama. Las escalas de rasgos y factores eran el centro de las investigaciones, y qué duda cabe que la falta de credenciales oficiales de Myers no ayudó demasiado a que se aceptara el MBTI. Sin embargo, parece que Myers no se dejó intimidar lo más mínimo por escépticos ni críticos. Durante las décadas de

1950 y 1960, continuó convenciendo a directores de escuelas e institutos y a decanos de facultades en sus despachos para que le permitieran administrar el MBTI entre el alumnado.

El trabajo de Myers llamó finalmente la atención de unos cuantos expertos en evaluación. Henry Chauncey, el amable jefe del Educational Testing Service (Servicio de Pruebas Educativas), quedó suficientemente impresionado con el Indicador de Tipo como para proponerle a Myers la distribución del test a través del ETS con propósitos de investigación. Pero no todo el mundo compartía en el ETS el entusiasmo de Chauncey y, aparte de la publicación de un manual en 1962, el MBTI no se desarrolló demasiado bajo los auspicios del ETS. Donald T. MacKinnon, el distinguido director del Instituto de Evaluación e Investigación de la Personalidad de la Universidad de California, añadió el Indicador a los test utilizados para evaluar a las personas creativas, y publicó algunos hallazgos que apoyaban su utilización. Por otra parte, el profesor Harold Grant, de la Universidad Estatal de Michigan y de la Universidad Auburn, y la doctora Mary McCaulley, de la Universidad de Florida, emprendieron también algunas investigaciones con el instrumento.

En 1975, la publicación del MBTI se transfirió a la editorial Consulting Psychologist Press, y se organizó el Centro para Aplicaciones del Tipo Psicológico a modo de servicio y de laboratorio de investigación para el Indicador. En los últimos años se ha creado una revista de investigación y se ha formado una asociación de usuarios del MBTI. Es muy posible que tan amplia difusión hubiera persuadido a muchos investigadores mayores de 75 años para que dejasen a un lado sus calculadoras y sus lápices, pero eso no ha ocurrido en el caso de Isabel Myers. A los 82 años estaba trabajando en la revisión de un manual para el MBTI, y fue capaz de corregir las pruebas de *Los dones diferentes* cuando la enfermedad que la llevaría a la muerte la había debilitado ya considerablemente.

Aunque durante sus últimos años de vida era evidente ya que el Indicador de Tipo se convertiría quizá en la medida de personalidad más utilizada entre la población no psiquiátrica, Myers nunca mostró el grado de vanidad o engreimiento que un logro como ése pudiera haber engendrado en otras personas. Myers siguió mostrándose complacida y agradecida, exhibiendo su entusiasmo por la utilidad del Indicador. Tampoco hubo nunca la más mínima señal de amargura por todos los años de desdén y rechazo sufridos.

El talante de Isabel Myers resulta evidente en las páginas que vienen a continuación, pues a lo largo de todo el libro se centra en la belleza, la fortaleza, las infinitas posibilidades de la personalidad humana en todas sus fascinantes variedades. Ella probablemente no habría discutido acerca de la posibilidad de perfeccionamiento de la especie humana, pero a lo largo de las cuatro últimas décadas de pesares y desilusiones, Myers no dejó de alimentar su fe en las personas, así como un refrescante optimismo por la humanidad. Estos detalles hacen de *Los dones diferentes* mucho más que un importante tratado sobre el Myers-Briggs Type Indicator. Nos complace enormemente poder ofrecerte este libro.

JOHN BLACK
Julio de 1980

Nota del editor

Con independencia de si has cumplimentado el inventario de personalidad Myers-Briggs Type Indicator o no, este libro te ayudará a comprender el marco, la teoría y los múltiples usos del tipo de personalidad basado en el pensamiento de Carl Jung y posteriormente ampliado por el equipo madre-hija compuesto por Katharine e Isabel Briggs Myers, que desarrollaron este instrumento. Además, si eres una de los dos millones y medio de personas que realizan cada año el inventario de personalidad MBTI, *Los dones diferentes* te permitirá comprender mejor tu propio tipo y tu potencial para el desarrollo. Si no has rellenado el inventario y deseas hacerlo, contacta con una asesora certificada, un orientador profesional, una psicóloga o cualquier otro profesional cualificado en tu zona. Si ninguna persona conocida o de confianza te puede dar referencias de alguien así, escribe al National Board for Certified Counselors de Greensboro, Carolina del Norte.

PRIMERA PARTE

La teoría

CAPÍTULO 1

Una sencilla razón para la existencia de diferencias en la personalidad

Está de moda decir que cada ser humano es único. Cada uno es producto de una herencia y un entorno y, por tanto, es diferente de todos los demás. Sin embargo, desde un punto de vista práctico, la doctrina de la singularidad no es útil sin un estudio de caso exhaustivo de cada persona que deba ser educada, asesorada o comprendida. No obstante, no podemos afirmar con seguridad que las mentes de las demás personas trabajan sobre los mismos principios que la nuestra. Con demasiada frecuencia, el resto de personas con las cuales entramos en contacto no razonan del mismo modo que razonamos nosotros, o no valoran las cosas del modo en que nosotros las valoramos, o no les interesa lo que nos interesa a nosotros.

El mérito de la teoría que se presenta aquí es que nos permite esperar diferencias específicas de personalidad en personas particulares, así como tratar con las personas y sus diferencias de un modo constructivo. Brevemente, la teoría dice que muchas de las en apariencia fortuitas variaciones de comportamiento humano no son producto del azar;

son, de hecho, el resultado lógico de unas cuantas diferencias básicas observables en el funcionamiento mental.

Estas diferencias básicas tienen que ver con el modo en que las personas *prefieren* utilizar su mente; concretamente, la manera en que perciben y en que establecen juicios. *Percibir* se entiende aquí como que incluye los procesos de tomar conciencia de cosas, personas, ocurrencias e ideas. Por su parte, *juzgar* incluye los procesos de llegar a conclusiones acerca de lo que se ha percibido. Juntos, percepción y juicio, que constituyen una gran parte de la actividad mental de las personas, rigen en gran medida su comportamiento externo, porque la percepción –por definición– determina lo que las personas ven en una situación, y su juicio determina lo que deciden hacer al respecto. Así pues, es razonable pensar que las diferencias básicas en percepción y juicio deberían dar como resultado sus correspondientes diferencias en comportamiento.

Dos formas de percibir

Tal como señala Jung en *Tipos psicológicos,* la humanidad está dotada de dos formas de percepción muy diferentes. Una de ellas es el habitual proceso de sentir, mediante el cual tomamos conciencia de las cosas directamente, a través de los cinco sentidos. El otro medio es el proceso de la *intuición,* que es una percepción indirecta a través del inconsciente, incorporando ideas o asociaciones que el inconsciente añade a las percepciones sensoriales procedentes del exterior. Estas aportaciones del inconsciente van desde la «corazonada» masculina o la «intuición femenina» hasta los ejemplos más destacados del arte creativo o el descubrimiento científico.

La existencia de formas distintas de percibir debería ser obvia en sí misma. La gente percibe a través de los sentidos, pero también percibe cosas que no están ni nunca han estado presentes para los sentidos. La teoría añade la sugerencia de que estos dos tipos de percepción compiten por la atención de la persona y que la mayoría de la gente, desde la misma infancia, *disfruta* de uno de esos tipos más que del otro. Si la persona prefiere sentir, se interesa tanto en todo cuanto la rodea que presta poca atención a aquellas ideas que emergen casi imperceptiblemente de ninguna parte. Por otra parte, las personas que prefieren la intuición se absorben tanto en las posibilidades que ésta presenta que rara vez se fijan en lo que ocurre a su alrededor. Por ejemplo, los lectores que prefieran sentir tenderán a limitar su atención en lo que se dice aquí, en esta página, en tanto que los que prefieren la intuición es probable que lean entre líneas y más allá de ellas a las posibilidades que llegan de la mente.

En cuanto niños y niñas ejercitan una preferencia entre estas dos maneras de percibir, se pone en marcha una diferencia básica en el desarrollo, pues disponen del suficiente dominio de sus procesos mentales como para utilizar con más frecuencia aquellos que los que sienten una preferencia, al tiempo que dejan de lado los procesos por los que menos disfrutan. Sea cual sea el proceso que prefieran, la sensación o la intuición, la utilizarán más, prestando más atención a su corriente de impresiones y dando forma a su idea del mundo a partir de lo que ese proceso les revela. El otro tipo de percepción permanecerá en el fondo, un tanto desenfocado.

A través de la práctica constante, el proceso preferido se irá controlando progresivamente y se volverá más fiable. Niñas y niños madurarán más en el uso del proceso preferido que en el del proceso descuidado o menos frecuente, y sus entretenimientos se extenderán desde el propio proceso hasta aquellas actividades en las que tal enfoque perceptivo sea requerido, desarrollando así los rasgos superficiales resultantes del hecho de contemplar la vida de un modo tan particular.

Así, a través de una secuencia natural de los acontecimientos, ese niño o niña que prefiere sentir y aquel o aquella que prefiere la intuición se desarrollarán a lo largo de líneas divergentes. Cada uno madurará relativamente en un área en la que el resto se desarrollará en poca medida. Ambos grupos canalizarán sus intereses y energías hacia actividades que les proporcionen la oportunidad de utilizar la mente del modo predilecto. Ambos adquirirán una serie de rasgos superficiales que emergerán de las preferencias básicas subyacentes. Ésta es la preferencia SN: S por sensación y N por intuición.

Dos formas de juzgar

Una diferencia básica en el juicio emerge a partir de la existencia de dos formas bien diferenciadas de llegar a conclusiones. Una se realiza mediante el uso del *pensamiento,* es decir, a través de un proceso lógico, orientado hacia un hallazgo impersonal. La otra a través del *sentimiento,* es decir, mediante la apreciación –igualmente razonable a su manera–, otorgando a las cosas un valor personal, subjetivo.

Estas dos formas de juzgar deberían parecer también evidentes en sí mismas. La mayoría de las personas coincidirán al afirmar que toman unas decisiones con el pensamiento y otras con el sentimiento, y que estos métodos no siempre llevan al mismo resultado a partir de una misma serie de hechos. La teoría sugiere que una persona disfrutará y confiará más en una forma de juzgar que en la otra. Al juzgar las ideas presentadas aquí, aquel lector que considere si las ideas son coherentes y lógicas estará utilizando el juicio del pensamiento. Por otra parte, un lector que sea consciente, en primer lugar, de si las ideas son agradables o desagradables, sustentadoras o amenazadoras, estará utilizando el juicio del sentimiento.

Aquel proceso de enjuiciamiento que un niño o niña prefiera será el que use con más frecuencia, aquel en el que confíe de forma implícita y el que estará más dispuesto a seguir. El otro tipo de juicio será una especie de opinión minoritaria, escuchada a medias y, normalmente, descartada casi de partida.

Así pues, quien prefiera el pensamiento se desarrollará a lo largo de una línea diferente de quien prefiera el sentimiento, aunque a los dos les guste el mismo proceso perceptivo y comiencen con el mismo tipo de percepciones. Quien prefiera pensar madurará aferrándose a la organización de los hechos y las ideas. Sus preferencias básicas sobre el enfoque personal o impersonal de la vida darán como resultado una diferencia en los rasgos superficiales. Ésta es la preferencia TF: T por pensamiento *(thinking* en inglés) y F por sentimiento *(feeling* en inglés).

Las combinaciones de percepción y juicio

La preferencia TF (pensamiento o sentimiento) es totalmente independiente de la preferencia SN (sensación o intuición), de tal modo que cada tipo de juicio se puede emparejar con cada tipo de percepción. Así, pueden darse cuatro combinaciones:

ST   Sensación más pensamiento
SF   Sensación más sentimiento
NF   Intuición más sentimiento
NT   Intuición más pensamiento

Cada una de estas combinaciones produce una personalidad diferente, caracterizada por los *intereses, valores, necesidades, hábitos mentales y rasgos superficiales que resultan naturalmente* de la combinación. Las combinaciones con una preferencia común compartirán algunas cualidades, pero cada combinación tiene cualidades del todo propias, que surgirán de la *interacción* de la forma preferida de ver la vida y de juzgar lo que se ve.

A una persona con una combinación de preferencias particular le resultará más fácil comprender y sintonizar con el resto de personas que tengan la misma combinación. Tenderán a tener intereses similares, dado que comparten el mismo tipo de percepción, y a considerar importantes las mismas cosas, puesto que comparten el mismo tipo de juicio.

Por otra parte, las personas que difieran en ambas preferencias va a ser difícil que se comprendan, y es muy probable que en cuestiones de debate adopten posiciones opuestas. Si la relación que mantienen estas personas tan opuestas es la de simples conocidas, el choque de puntos de vista puede que carezca de importancia, pero si trabajan juntas, si son socios o miembros de la misma familia, la oposición constante puede llegar a generar mucha tensión.

Muchos conflictos destructivos surgen simplemente porque dos personas están utilizando tipos de percepción y de juicio opuestos. Y, cuando se puede reconocer el origen de un conflicto, resulta más fácil y menos irritante gestionarlo.

Un conflicto aún más destructivo puede darse entre la persona y su empleo, si tal empleo no hace uso de la combinación natural de percepción y juicio de la persona, sino que le exige constantemente la combinación opuesta.

En las siguientes secciones se esbozan las diferentes personalidades que se pueden esperar en la teoría, y encontrar en la práctica, como resultado de cada una de estas cuatro combinaciones posibles de percepción y juicio.

Sensación más pensamiento

Las personas ST (sensación más pensamiento) dependen principalmente de las sensaciones en cuanto a la percepción y del pensamiento en cuanto al juicio. Así, se centran principalmente en los hechos, porque éstos pueden recogerse y verificarse a través de los sentidos –viendo, escuchando, tocando, contando, pesando, midiendo–. Las personas ST abordan la toma de decisiones en lo relativo a los hechos a través de un análisis impersonal, porque confían en el pensamiento, con su proceso lógico de razonamiento paso a paso, de causa a efecto, desde las premisas hasta la conclusión.

En consecuencia, su personalidad tiende a ser práctica y basada en hechos, y sus mejores oportunidades de éxito y satisfacción se hallan en aquellos campos que exijan un análisis impersonal de hechos concretos, como la economía, el derecho, la cirugía, la empresa, la contabilidad, la producción y el manejo de máquinas y materiales.

Sensación más sentimiento

Las personas SF (sensación más sentimiento) dependen también principalmente de las sensaciones en lo relativo a la percepción, pero prefieren sentir en cuanto al juicio. Abordan la toma de decisiones desde la calidez personal, porque sus sentimientos sopesan hasta qué punto las cosas tienen importancia para ellas y para los demás.

Están más interesadas en los hechos acerca de las personas que en los hechos acerca de las cosas, y de ahí que tiendan a ser sociables y afectuosas. Lo más probable es que se les dé bien y se sientan satisfechas en trabajos donde su calidez personal se pueda aplicar efectivamente a la situación inmediata, como en la pediatría, la enfermería, la enseñanza (sobre todo en enseñanza elemental), el trabajo social, la venta de tangibles y los empleos de «servicio con una sonrisa».

Intuición más sentimiento

Las personas NF (intuición más sentimiento) poseen la misma calidez personal que las SF puesto que comparten el sentimiento a la hora de enjuiciar, pero debido al hecho de que las NF prefieren la intuición a la sensación, no centran su atención en la situación concreta, sino en las posibilidades, como nuevos proyectos (cosas que ni siquiera han ocurrido pero que se podría hacer que ocurrieran) o nuevas verdades (cosas que todavía no se saben pero que se podrían averiguar). Ese nuevo proyecto o esa nueva verdad se imaginan en los procesos inconscientes y, a continuación, se perciben de forma intuitiva como una idea que se siente a modo de inspiración.

La calidez personal y el compromiso con que las personas NF buscan y siguen una posibilidad son impresionantes. Son personas entusiastas y perspicaces, suelen tener muy desarrollado el don del lenguaje y pueden comunicar tanto la posibilidad que atisban como el valor que le asocian a esa posibilidad. Lo más probable es que encuentren éxito y satisfacción en trabajos que exijan creatividad para satisfacer una necesidad humana. Pueden destacar en la enseñanza (sobre todo en la universidad y en la enseñanza secundaria), como predicadores, publicistas, en la venta de intangibles, el asesoramiento, la psicología clínica, la psiquiatría, la escritura y en la mayoría de los campos de investigación.

Intuición más pensamiento

Las personas NT (intuición más pensamiento) utilizan también la intuición, pero la acompañan del pensamiento. Aunque se centran en una posibilidad, la abordan desde el análisis impersonal. Normalmente optan por una posibilidad teórica o ejecutiva, y subordinan el elemento humano.

Las NT tienden a ser lógicas e ingeniosas, y se les da bien resolver problemas en un campo de especial interés, sea en la investigación científica, la computación electrónica, las matemáticas, los aspectos más complejos de las finanzas o cualquier tipo de desarrollo vanguardista en áreas técnicas.

Todo el mundo debe de haber conocido personas de los cuatro tipos: personas ST que son prácticas y se basan en los hechos; las empáticas y afectuosas personas SF; las NF, que se caracterizan por su entusiasmo y su perspicacia; y las personas NT, que son lógicas e ingeniosas.

El escepticismo puede llevar a alguien a preguntarse cómo puede ser que estas cuatro categorías aparentemente básicas de personalidad puedan haber pasado desapercibidas hasta ahora, y la respuesta es que estas categorías *han* sido señaladas en repetidas ocasiones desde investigaciones y enfoques teóricos bien diferentes.

Vernon (1938) citó tres sistemas de clasificación derivados de distintos métodos, pero que muestran paralelismos sorprendentes. Cada uno de ellos refleja las combinaciones de percepción y juicio: Thurstone (1931), a través de análisis factorial de puntuaciones sobre interés vocacional, descubrió cuatro factores principales que se correspondían con el interés en los negocios, las personas, el lenguaje y la ciencia; Gundlach y Gerum (1931), inspeccionando las correlaciones de intereses, dedujo cuatro «tipos de capacidad» principales, a saber, técnico, social, creativo e intelectual, además de la habilidad física; Spranger (1928), desde consideraciones lógicas e intuitivas, derivó seis «tipos de hombres», a saber, económico, social, religioso y teórico, además de estético y político.

La preferencia extroversión-introversión

Otra diferencia básica en el modo en que las personas utilizan la percepción y el juicio surge de su interés relativo en el mundo exterior y el mundo interior. La *introversión,* en el sentido que le dio Jung al formular el término y la idea, es una de las dos orientaciones complementarias de la vida, siendo su la otra la *extroversión.* Los principales intereses de la persona introvertida se hallan en el mundo interior de los conceptos y las ideas, mientras que la persona extrovertida se involucra más en el mundo exterior de las personas y las cosas. Por tanto, cuando las circunstancias lo permiten, la persona introvertida concentra la percepción y el juicio sobre las ideas, mientras que la extrovertida prefiere centrarlas en el entorno externo.

Esto no quiere decir que una persona se tenga que limitar bien al mundo interior o bien al mundo exterior. Las personas introvertidas bien desarrolladas se desenvuelven bien con el mundo que les rodea cuando es necesario, pero su mejor trabajo lo hacen dentro de su cabeza, en la reflexión. De forma similar, las personas extrovertidas bien desarrolladas pueden desenvolverse eficazmente con las ideas, pero hacen su mejor trabajo en el exterior, a través de la acción. En ambos casos, la preferencia natural permanece, como ocurre con la predominancia de mano derecha o mano izquierda.

Por ejemplo, algunos lectores, a quienes les gustaría captar las aplicaciones prácticas de esta teoría, la contemplan desde el punto de vista extrovertido. Otros, sin embargo, que están más interesados en las ideas que la teoría puede proporcionar a la hora de comprenderse a sí mismos y la naturaleza humana en general, la ven desde el punto de vista introvertido.

Dado que la preferencia EI (extroversión o introversión) es completamente independiente de las preferencias SN y TF, extrovertidos e introvertidos pueden tener cualquiera de las cuatro combinaciones de percepción y juicio. Por ejemplo, entre las ST, las personas introvertidas (IST) organizan los hechos y principios relacionados con una situación; este enfoque es muy útil en economía o derecho. Las personas extrovertidas (EST) organizan la situación en sí, incluyendo a cualquier espectador ocioso, y hacen que las cosas rueden, lo cual es útil en los negocios y la industria. Las cosas discurren normalmente de una forma más rápida para las personas extrovertidas, mientras que lo hacen en una dirección más considerada para las personas introvertidas.

Entre las personas NF, las introvertidas (INF) desarrollan sus ideas de forma lenta y cuidadosa, buscando verdades eternas. Las extrovertidas (ENF), en cambio, sienten la urgencia de comunicarse y de poner en práctica sus inspiraciones. Si bien los resultados de las extrovertidas son más amplios, los de las introvertidas pueden ser más profundos.

La preferencia juicio-percepción

Una preferencia más entra en la identificación del tipo: la decisión entre la actitud *perceptiva* y la actitud *enjuiciadora* como forma de vida, que constituye un método para tratar con el mundo que nos rodea. Aunque, evidentemente, toda persona tiene que utilizar tanto la percepción como el juicio, ambas no pueden ser usadas en un mismo momento. Así, las personas van de una a otra, entre la actitud perceptiva y la actitud enjuiciadora, a veces de forma bastante abrupta, como cuando una madre o un padre con una elevada tolerancia ante el ruido infantil decide de pronto que ya ha tenido suficiente.

Hay un tiempo para percibir y un tiempo para juzgar, y muchas ocasiones en que una u otra actitud puede ser la más apropiada. La mayoría de las personas encuentran una actitud más cómoda que la otra, se sienten más familiarizadas con ella, y la utilizan tan a menudo como les resulta posible al tratar con el mundo exterior. Por ejemplo, hay lectores que siguen estas explicaciones con una mentalidad abierta; estos lectores están, al menos por el momento, empleando la percepción. Otros lectores ya han decidido a estas alturas si están de acuerdo o no con lo que se dice aquí; estos lectores están utilizando el juicio.

Existe una oposición fundamental entre las dos actitudes Para llegar a una conclusión, hay gente que usa la actitud del juicio y hace callar a la percepción mientras tanto. Todas las evidencias están ahí, y todo lo demás es irrelevante e inmaterial. Ha llegado el momento de alcanzar un veredicto. Y al revés, desde la actitud perceptiva, la gente hace callar el juicio. No todas las evidencias están ahí, pues pueden darse nuevos desarrollos. Es demasiado pronto para hacer algo irrevocable.

Esta preferencia marca la diferencia entre las personas enjuiciadoras, que ordenan su vida, y las personas perceptivas, que simplemente la viven. Ambas actitudes tienen su mérito. Ambas pueden dar lugar a una forma de vida satisfactoria, si una persona es capaz de cambiar temporalmente a la actitud opuesta cuando sea necesario.

Resumen de las cuatro preferencias

Desde la teoría que se presenta en este libro, la personalidad se estructura según cuatro preferencias relativas al uso de la percepción y el juicio. Cada una de ellas es una bifurcación en el camino del desarrollo humano, y determina de cuál de dos formas distintas de excelencia va a ir en pos una persona. Cuánta excelencia consiga finalmente una persona dependerá, en parte, de su energía y sus aspiraciones. Pero, según la teoría de los tipos, *el tipo de excelencia hacia el cual se dirija* la persona vendrá determinado por las preferencias innatas que la dirijan en cada bifurcación del camino.

	PREFERENCIA POR	AFECTA A LA DECISIÓN DE UNA PERSONA
EI	Extroversión o introversión	A la hora de centrarse el proceso dominante (favorito) en el mundo exterior o en el mundo de las ideas
SN	Sensación o intuición	A la hora de utilizar un tipo de percepción en lugar de otro cuando ambos pueden ser empleados
TF	Pensamiento o sentimiento	A la hora de usar un tipo de juicio en lugar de otro cuando ambos pueden ser utilizados
JP	Juicio o percepción	A la hora de usar la actitud enjuiciadora o la actitud perceptiva al tratar con el mundo exterior

La creación del «tipo» mediante el ejercicio de las preferencias

Desde esta teoría, la gente crea su «tipo» de personalidad ejercitando sus preferencias individuales en lo relativo a la percepción y el juicio. Los intereses, valores, necesidades y hábitos mentales que resulten naturalmente de cualquier serie de preferencias tienden a producir una serie reconocible de rasgos y potencialidades.

Por tanto, los individuos pueden describirse, en parte, estableciendo sus cuatro preferencias, como, por ejemplo, ENTP. Sería de esperar que una persona así sea diferente de las demás en formas que son características de su tipo. El hecho de describir a las personas como ENTP no infringe su derecho a la autodeterminación, pues ya han ejercido este derecho al preferir E, N, T y P sobre sus complementarios. Identificar el tipo de una persona y recordarlo es una muestra de respeto, no sólo por su derecho abstracto a desarrollarse a lo largo de líneas de su propia elección, sino también por las formas específicas en que son y prefieren ser diferentes a los demás.

El papel del proceso dominante

Es más fácil reconocer la forma preferida de percepción y juicio de una persona que saber cuál de estos dos procesos es el dominante. No hay duda de que un barco necesita de un capitán con autoridad para marcar su rumbo y llevarlo sano y salvo al puerto deseado. Nunca llegaría a puerto si cada persona que se pusiera al timón orientara el barco en una dirección distinta y alterara el rumbo constantemente.

Del mismo modo, las personas precisan una fuerza gobernante en su constitución. Tienen que desarrollar su mejor proceso hacia el punto en el cual esa fuerza domine y unifique sus vidas. En el curso natural de los acontecimientos, cada persona hace exactamente eso.

Por ejemplo, las personas ENT para quienes la intuición es más interesante que el pensamiento le darán a la intuición la preferencia de forma natural y subordinarán el pensamiento a la intuición. Así, su intuición adquirirá una validez personal que ningún otro proceso podrá adquirir. Estas personas disfrutarán, utilizarán y confiarán en la intuición, y conformarán su vida de tal modo que se darán el máximo de libertad en la búsqueda de sus objetivos intuitivos. Y, dado que la intuición es un proceso perceptivo, las personas ENT tratarán con el mundo desde una actitud perceptiva, lo cual las convertirá en ENTP.

Estas personas enjuiciarán, es decir, consultarán a su pensamiento sólo cuando éste no entre en conflicto con la intuición. Y, aun entonces, utilizarán el pensamiento sólo hasta cierto punto, dependiendo de lo bien desarrollado que esté. Pueden hacer un magnífico uso del pensamiento cuando busquen algo que desean debido a la intuición, pero las ENTP no se permitirán pensar en la posibilidad de rechazar aquello que están buscando.

Por otra parte, las personas ENT para quienes resulte más atractivo el pensamiento que la intuición tenderán a permitir que el pensamiento se haga cargo de su vida, dejando la intuición en un segundo plano. El pensamiento dictará los objetivos, y a la intuición sólo se le permitirá sugerir medios adecuados para alcanzarlos. Y dado que el proceso que prefieren es el del enjuiciamiento, estas personas ENT se relacionarán con el mundo desde una actitud enjuiciadora; por tanto, serán personas ENTJ.

De manera similar, habrá personas ESF que se sentirán más satisfechas con los sentimientos que con las sensaciones, por lo que permitirán que los sentimientos se hagan cargo de su vida, dejando las sensaciones en un segundo plano. Los sentimientos tendrán la supremacía y serán incuestionables. Ante cualquier conflicto con otros procesos, los sentimientos se impondrán. La vida de esas personas se adaptará y se pondrá al servicio de sus valores sentimentales. Y dado que su preferencia por los sentimientos constituye un proceso de enjuiciamiento, estas personas se relacionarán con el mundo desde una actitud enjuiciadora, por lo que podremos calificarlas como de ESFJ.

Las personas ESFJ prestarán de verdad atención a su percepción, a sus sentidos, sólo cuando estén en sintonía con sus sentimientos. Y, aun entonces, los respetarán sólo hasta cierto punto, dependiendo de hasta dónde los hayan desarrollado, pues no reconocerán las dudas que puedan plantear los sentidos en relación con cualquier cosa que sus sentimientos tengan en alta estima.

Sin embargo, otras personas ESF se basarán más en los sentidos que en los sentimientos, y tenderán a poner en primer lugar aquéllos. Su vida se conformará a lo que perciben a través de los sentidos, proporcionándoles una corriente de experiencias interesantes para la vista, el oído, el gusto o el tacto. Permitirán las aportaciones de los sentimientos, pero no permitirán que interfieran. Y dado que, en este caso, el proceso perceptivo es el preferido, estas personas ESF abordarán su experiencia del mundo desde una actitud perceptiva, por lo que serán ESFP.

Este fenómeno, el del proceso dominante que eclipsa al resto de procesos y conforma la personalidad, lo constató empíricamente Jung durante el transcurso de sus trabajos, y se convirtió, junto con la preferencia extroversión-introversión, en la base de sus *Tipos psicológicos*.

Hay personas a las que les disgusta la idea de un proceso dominante y prefieren pensar que utilizan los cuatro procesos por igual. Sin embargo, Jung sostiene que tal equidad, allí donde exista realmente, hará que todos los procesos se mantengan relativamente poco desarrollados, generando así una «mentalidad primitiva», porque las formas opuestas de hacer una misma cosa interferirán entre sí, si ninguna de ellas tiene prioridad. Para que un proceso perceptivo alcance un alto grado de desarrollo va a precisar una atención completa durante mucho tiempo, lo cual significa que los demás deberán guardar silencio con frecuencia y, por tanto, se desarrollarán menos. Para que un proceso de enjuiciamiento se desarrolle en gran medida, deberá tener prioridad de paso. Un proceso perceptivo y un proceso de enjuiciamiento se pueden desarrollar juntos, pero siempre y cuando uno de ellos esté al servicio del otro. Sin embargo, un proceso –sensación, intuición, pensamiento o sentimiento– debe imperar de forma clara y disponer de la oportunidad de desarrollarse plenamente para que la persona sea verdaderamente efectiva.

El papel del proceso auxiliar

Sin embargo, un proceso solo no es suficiente. Para que la persona esté equilibrada, necesita del adecuado (aunque en modo alguno igual) desarrollo de un segundo proceso, no rivalizando con el proceso dominante, pero sí como un valioso auxiliar. Si el proceso dominante es de juicio, el auxiliar será perceptivo: bien la sensación o bien la intuición proporcionarán materiales apropiados para los juicios. Si el proceso dominante es el perceptivo, el proceso auxiliar será de juicio: bien el pensamiento o bien el sentimiento darán continuidad al objetivo.

Si una persona no desarrolla un proceso auxiliar útil, es muy probable que tal ausencia sea obvia. Una persona perceptiva extrema y sin juicio es como un barco a la deriva, sin timón. Una persona enjuiciadora extrema y sin percepción es todo forma, sin contenido.

Además de complementar al proceso dominante en su principal campo de actividad, el proceso auxiliar tiene otra responsabilidad, ya que porta la mayor parte del peso a la hora de proporcionar el adecuado equilibrio (pero no igualdad) entre extroversión e introversión, entre el mundo externo y el mundo interno. En todos los tipos de personalidad, el proceso dominante se absorbe profundamente en el mundo que más le interesa, y tal absorción es apropiada. El mundo de su elección no sólo es el más interesante, es el más importante para las personas de ese tipo. Es donde pueden realizar su mejor trabajo y funcionar al mejor nivel, y reclama la atención casi indivisa de su mejor proceso. Si el proceso dominante se implica en profundidad en cuestiones menos importantes, la ocupación principal de la vida sufrirá. Por tanto, en general, las cuestiones menos importantes se dejan para el proceso auxiliar.

En el caso de las personas extrovertidas, el proceso dominante está relacionado con el mundo exterior de las personas y las cosas, por lo que el proceso auxiliar deberá cuidar de la vida interior, sin la cual las personas extrovertidas serían extremas en su extroversión y, según la opinión de sus allegados más equilibrados, superficiales.

Las personas introvertidas tienen menos opciones en lo relativo a participar en ambos mundos, pues la vida exterior se les viene encima tanto si les gusta como si no. Su proceso dominante está absorto en el mundo interior de las ideas, y el proceso auxiliar hace lo que puede con la vida exterior. En efecto, el proceso dominante le dice al auxiliar: «Ve afuera y ocúpate de todo aquello que no se pueda evitar, y no me pidas que me ocupe de eso a menos que sea absolutamente necesario».

Las personas introvertidas son reacias a utilizar el proceso dominante en el mundo exterior más de lo necesario debido a sus más que predecibles resultados. Si el proceso dominante, que es el más adulto y concienzudo, se utilizara en cosas externas, llevaría a las personas introvertidas a una mayor extroversión de la que pueden gestionar, y tal situación tendría para ellas un coste en privacidad y paz.

El éxito de los contactos con el mundo exterior de las personas introvertidas dependerá de la efectividad de su proceso auxiliar. Si su proceso auxiliar no se ha desarrollado suficientemente, su vida exterior será complicada, accidental e incómoda. De ahí que la penalización sea más obvia en las personas introvertidas que no desarrollan un proceso auxiliar útil que en las extrovertidas con una deficiencia similar.

La dificultad de ver el proceso dominante en las personas introvertidas

En las personas extrovertidas, el proceso dominante no sólo es visible, sino también notorio. La forma más fiable, habilidosa y adulta de utilizar su mente se consagra al mundo exterior. Por tanto, ése es el lado que se presenta normalmente, el lado que los demás ven, incluso en los contactos casuales. El mejor proceso de las personas extrovertidas tiende a ser evidente de inmediato.

Pero con las personas introvertidas ocurre lo contrario. El proceso dominante es, habitual y tercamente, introvertido; y, cuando su atención debe volverse hacia el mundo exterior, tienden a utilizar el proceso auxiliar. Las personas introvertidas no suelen admitir a muchas personas en su mundo interior, a excepción de las que les son muy cercanas o las que están muy interesadas en el trabajo que la persona introvertida adora (que es, probablemente, la mejor manera de acercarse a ellas). La mayoría de la gente ve sólo el lado que las personas introvertidas presentan al mundo exterior, que por lo general es el de su proceso auxiliar, el segundo en el que destacan.

El resultado de todo esto es una paradoja. Las personas introvertidas cuyo proceso dominante es el juicio, sea pensamiento o sentimiento, no se van a conducir *en el exterior* como personas enjuiciadoras. Lo que van a mostrar al mundo exterior es la perceptividad de su proceso auxiliar, y viven la vida exterior sobre todo desde una actitud perceptiva. El enjuiciamiento interno no es evidente hasta que surge algo que es importante para su mundo interior. En tales momentos, pueden adoptar una postura sorprendentemente positiva.

De forma similar, las personas introvertidas cuyo proceso dominante es perceptivo, sea sensación o intuición, no se comportarán en el exterior como personas perceptivas. Mostrarán la actitud enjuiciadora de su proceso auxiliar, y vivirán su vida externa ante todo desde una actitud enjuiciadora.

Una buena manera de visualizar la diferencia es pensar en el proceso dominante como en un general del ejército y en el proceso auxiliar como en su ayudante. En el caso de la persona extrovertida, el general está siempre fuera, al aire libre. El resto de personas lo encuentran de inmediato y hablan directamente con él. Pueden obtener de él su punto de vista oficial sobre cualquier tema en cualquier momento, mientras el ayudante permanece con respeto en el fondo o desaparece dentro de la tienda de campaña. Sin embargo, el general de la persona introvertida está dentro de la tienda, trabajando sobre asuntos de máxima importancia. El ayudante está fuera previniendo interrupciones o, si está dentro ayudando al general, sale para ver qué puede necesitarse. Sólo cuando el asunto es muy importante (o la amistad es muy estrecha), los demás consiguen ver al general.

Si la gente no se da cuenta de que *existe* un general en la tienda que supera con mucho en rango al ayudante que han conocido, puede que supongan que el ayudante es el único que está al cargo. Y esto es un lamentable error, pues lleva no sólo a subestimar las capacidades de la persona introvertida, sino también a no comprender del todo los deseos, los planes y los puntos de vista del general. La única fuente para obtener tal información interior es el general.

Conviene tener una importante precaución a la hora de tratar con personas introvertidas, y es la de no suponer, sólo por un contacto superficial, que te han revelado lo que realmente les interesa. Toda vez que haya que tomar una decisión que implique a personas introvertidas, deberán ser informadas al respecto de la forma más completa posible. Si la cuestión es importante para ellas, el general saldrá de la tienda y revelará lo que tenga que revelar, y la decisión última tendrá más probabilidades de ser acertada.

Cómo determinar cuál es el proceso dominante

Existen tres formas de deducir el proceso dominante de las cuatro letras del tipo de una persona. Evidentemente, el proceso dominante deberá ser o bien el proceso perceptivo preferido (que se muestra en la segunda letra) o bien el proceso enjuiciador preferido (que se muestra en la tercera).

La preferencia JP se puede utilizar para determinar el proceso dominante, pero debe de usarse de forma diferente con las personas introvertidas a como se hace con las extrovertidas. La preferencia JP refleja sólo el proceso empleado para *tratar con el mundo exterior.* Como se ha explicado antes, el proceso dominante de la persona extrovertida prefiere el mundo exterior, de ahí que el proceso dominante de la persona extrovertida nos muestre la preferencia JP. Si el tipo de personalidad de una persona extrovertida termina en J, el proceso dominante será de juicio, bien T o bien F. Si el tipo termina en P, el proceso dominante será perceptivo, bien S o bien N.

En el caso de las personas introvertidas ocurre todo lo contrario. El proceso dominante de la persona introvertida *no* se muestra en la preferencia JP, porque estas personas prefieren no usar el proceso dominante en sus relaciones con el mundo exterior. Por tanto, la J o la P de su tipo reflejará *el proceso auxiliar,* en vez del dominante. Si un tipo introvertido termina en J, el proceso dominante será perceptivo, sea S o N. Si el tipo termina en P, el proceso dominante será de juicio, T o F.

Para una pronta referencia, las letras subrayadas en la figura 1 indican el proceso dominante en cada uno de los dieciséis tipos.

	ST	SF	NF	NT
I _ _ J	ISTJ	ISFJ	INFJ	INTJ
I _ _ P	ISTP	ISFP	INFP	INTP
E _ _ P	ESTP	ESFP	ENFP	ENTP
E _ _ J	ESTJ	ESFJ	ENFJ	ENTJ

Extrovertida	**Introvertida**
La preferencia JP muestra cómo prefiere la persona relacionarse con el mundo *exterior*	La preferencia JP muestra cómo prefiere la persona relacionarse con el mundo *exterior*
El proceso *dominante* aparece en la preferencia JP	El proceso *auxiliar* aparece en la preferencia JP
El proceso dominante se utiliza en el mundo *exterior*	El proceso dominante se utiliza en el mundo *interior*
El proceso auxiliar se usa en el mundo *interior*	El proceso auxiliar se emplea en el mundo *exterior*

Figura 1. El proceso dominante de cada tipo.

47

CAPÍTULO 2

Ampliaciones de la teoría de Jung

En el capítulo 1 se presenta la teoría de tipos de un modo menos abstruso que el que empleó Jung en *Tipos psicológicos,* y se plantea desde los aspectos cotidianos no de personas con problemas psicológicos, sino de personas equilibradas. Además del proceso dominante, estas personas tienen un proceso auxiliar suficientemente bien desarrollado como para proporcionar un equilibrio entre juicio y percepción, *y* entre extroversión *e* introversión. Jung no describe en parte alguna de su libro los tipos normales, equilibrados, que pueden recurrir a su proceso auxiliar. Jung describe cada proceso centrándose en sus formas extrovertida e introvertida, y contrastándolas intensamente. En consecuencia, describe los tipos bastante «puros», en principio raros, que han desarrollado poco o nada el proceso auxiliar.

El enfoque de Jung tiene varios efectos desafortunados, pues, al ignorar el proceso auxiliar, pasa por alto las combinaciones de percepción y juicio, así como sus amplias categorías de intereses en los negocios, las personas, el lenguaje y la ciencia. Es más, Jung desestima los resultados de estas combinaciones —las formas cotidianas en las cuales se encuentran los tipos— en siete líneas de la página 515[2] *(véanse* las páginas 51 y 52 de este libro). A causa de esto, otros investigadores e investigadoras, que reinventaron las categorías bajo diferentes nombres, no fueron conscientes de los paralelismos existentes entre sus propios hallazgos y las teorías de Jung.

Otra consecuencia grave del hecho de haber ignorado el proceso auxiliar es que las descripciones de los tipos introvertidos individuales están distorsionadas. Estos tipos dependen del proceso auxiliar para su extroversión, es decir, para su personalidad exterior, su comunicación con el mundo y los modos en que emprenden la acción. Describirlos sin proceso auxiliar es como describirlos sin extroversión, incapaces de comunicarse, de utilizar sus ideas y percepciones ni de tener un impacto en el mundo exterior.

A la vista del aprecio que mostraba Jung por los valores de la introversión, resulta irónico que dejara que su pasión por lo abstracto lo traicionara y lo llevara a concentrarse en casos de introversión «pura». Jung no sólo describe personas sin ninguna extroversión en absoluto, sino que parece presentarlas como típicas introvertidas en general. Al no transmitir la idea de que las personas introvertidas, con un buen proceso auxiliar, *son* eficaces y juegan un papel indispensable en el mundo, Jung abrió la puerta a un malentendido generalizado de su teoría. De hecho, muchas personas la entendieron tan equivocadamente que tomaron la diferencia básica extrovertidos-introvertidos como una diferencia de ajuste, en vez de como una elección legítima de orientación.

Pocos de los lectores de Jung parecen haberse dado cuenta de que sus conceptos de tipo guardan relación con los problemas normales y cotidianos que se presentan en la educación, en la orientación personal, en el mundo laboral, en las comunicaciones entre las personas y en la vida familiar. De ahí que, durante décadas, la utilidad práctica de esta teoría de Jung no haya sido explorada.

---

2. Las páginas que del libro de Jung ofrece la autora a partir de aquí se corresponden a la edición de *Psychological Types,* editado por Harcourt Brace en 1923. *(N. del T.)*

Implicaciones de la teoría de Jung
que se pasaron por alto

Para que sea útil, una teoría de la personalidad debe describir a las personas tal como son, pero además debe *explicarlas*. Por tanto, la teoría de Jung debía de ampliarse hasta incluir tres elementos esenciales.

La presencia constante del proceso auxiliar

El primer requisito es el desarrollo del proceso auxiliar en apoyo del proceso dominante. Jung no menciona al proceso auxiliar en *Tipos psicológicos* hasta la página 513, después de describir todos los tipos.

- En las descripciones previas, no me gustaría dar la impresión de que tales tipos puros existen en modo alguno en la práctica real (1923, p. 513).
- En conjunción con la función más diferenciada, otra función de importancia secundaria, y por tanto de inferior diferenciación en la consciencia, se halla siempre presente, y es un factor relativamente determinante (1923, p. 513).
- La experiencia demuestra que la función secundaria tiene siempre una naturaleza diferente, aunque no antagonista, de la función principal. Así, por ejemplo, el pensamiento, como función principal, se puede emparejar fácilmente con la intuición como auxiliar, o incluso también con la sensación, pero... nunca con el sentimiento (1923, p. 515).

Los resultados de las combinaciones de percepción y juicio

Las características resultantes de estas combinaciones, tal como se esbozan en el capítulo 1, proporcionan quizás el aspecto más reconocible del tipo. Todo cuanto Jung escribe acerca de ellas es lo siguiente:

A partir de estas combinaciones surgen cuadros bien conocidos; el intelecto práctico, por ejemplo, que se empareja con la sensación; el intelecto especulativo, que se abre paso con la intuición; la intuición artística, que selecciona y presenta sus imágenes por medio del juicio sentimiento; la intuición filosófica que, aliada con un vigoroso intelecto, traduce su visión en la esfera del pensamiento comprensible, y así sucesivamente (1923, p. 515).

El papel del proceso auxiliar en el equilibrio de la polaridad extroversión-introversión.

El principio básico de que el proceso auxiliar proporciona la necesaria extroversión a las personas introvertidas y la necesaria introversión a las personas extrovertidas es importantísimo. El proceso auxiliar de las personas extrovertidas les ofrece acceso a su propia vida interior y al mundo de las ideas, mientras que el proceso auxiliar de las personas introvertidas les ofrece un medio para adaptarse al mundo de la acción y para tratar con él de forma efectiva.

Las únicas alusiones de Jung a este hecho son crípticas y breves. Por ello, la inmensa mayoría de sus seguidores, salvo Van der Hoop, parecen haber pasado por alto el principio implicado. Dan, por supuesto, que los *dos* procesos más desarrollados se utilizan en la esfera favorita de la persona (ambos extrovertidos o ambos introvertidos), y que la otra esfera queda a merced de los dos procesos interiores. Pero Jung escribe:

Para todos los tipos, tal como aparecen en la práctica, el principio sostiene que, además de la función principal consciente, existe también una función auxiliar relativamente inconsciente que, en todos los aspectos, es diferente de la naturaleza de la función principal (1923, p. 515).

Las palabras operativas son «en todos los aspectos». Si el proceso auxiliar difiere del proceso dominante en todos los aspectos, *no puede* ser introvertido donde el proceso dominante sea introvertido. Tiene que ser extrovertido si el proceso dominante es introvertido, e introvertido si el proceso dominante es extrovertido.[3] Esta interpretación la

---

3. Van der Hoop (que incluye los efectos del proceso auxiliar en sus descripciones de los tipos) es muy explícito en este punto. «La función subsidiaria tiende a controlar frecuente-

confirma Jung en otras dos frases, la primera acerca del pensador introvertido; la segunda acerca del extrovertido.

> Las relativamente inconscientes funciones de sentimiento, intuición y sensación, que contrarrestan el pensamiento introvertido, son de inferior calidad y tienen un carácter primitivo, extrovertido (1923, p. 489).

> Cuando el mecanismo de extroversión predomina [...] la función más altamente diferenciada tiene una aplicación extrovertida constante, mientras que las funciones inferiores se hallan al servicio de la introversión (1923, p. 426).[4]

La conclusión de que el proceso auxiliar se ocupa de la extroversión de la persona introvertida y de la introversión de la persona extrovertida viene confirmada por la observación. En cualquier persona introvertida bien equilibrada, se puede *observar* externamente que lo extrovertido lo porta el proceso auxiliar. Por ejemplo, las personas ISTJ (los tipos introvertidos de sensación que prefieren el pensamiento al sentimiento como proceso auxiliar) llevan normalmente su vida exterior con su segundo mejor proceso, el pensamiento, de tal modo que llevan su vida con un sistema y orden impersonales. *No* se la dejan a su tercer mejor proceso, el sentimiento, como habrían hecho si tanto la sensación como el pensamiento fueran introvertidos. De forma similar, las personas INFP (los tipos introvertidos de sentimiento, que prefieren la intuición a la sensación como proceso auxiliar) llevan normalmente su vida con su segundo mejor proceso, la

---

mente la adaptación en la dirección hacia la cual la función dominante no está orientada. Por ejemplo, un tipo introvertido de pensamiento empleará su instinto [sensación] o su intuición particularmente para propósitos de ajuste externo. O una persona extrovertida intuitiva intentará contactar con el mundo interior a través del pensamiento o el sentimiento» (1939, p. 93).

4. Las traducciones revisadas de los fragmentos citados se pueden encontrar en las *Obras Completas* de Jung (1971), Bollingen Series XX, Vol. 6, pp. 405, 406, 387 y 340.

intuición, de tal modo que su vida exterior se caracteriza por el entusiasmo, las arrancadas y los proyectos. *No* dejan su vida en manos del tercer mejor proceso, la sensación, que es lo que harían si tanto el sentimiento como la intuición en ellas fueran introvertidos.

Pero encontramos una evidencia más sutil en el «carácter extrovertido» del proceso auxiliar de las personas introvertidas. Por ejemplo, en una persona ISTJ bien equilibrada, el proceso auxiliar observable, el pensamiento, se parece más al pensamiento del pensador extrovertido que al del pensador introvertido. Este punto se puede poner a prueba con cualquier persona introvertida comparando el proceso auxiliar con las figuras 28 a 31 del capítulo 8, donde se muestran las diferencias entre el pensamiento extrovertido e introvertido, del sentimiento extrovertido e introvertido, etc.

Por tanto, un buen desarrollo de tipo exige que el proceso auxiliar funcione como un suplemento del proceso dominante en dos aspectos. Debe proporcionar un valioso grado de equilibrio, no sólo entre la percepción y el juicio, sino *también entre la extroversión y la introversión*. Si no lo hace, deja a la persona literalmente «desequilibrada», que se retirará al mundo preferido y temerá consciente o inconscientemente el mundo exterior. Tales casos se dan, y puede parecer que apoyen la suposición, muy extendida entre los analistas junguianas, de que el proceso dominante y el auxiliar son ambos extrovertidos o ambos introvertidos; pero tales casos no son la norma, pues son casos en los que el proceso auxiliar ha tenido un uso y desarrollo insuficiente. Para vivir feliz y de forma efectiva en ambos mundos, la gente necesita un proceso auxiliar *equilibrador* que permita adaptarse en ambas direcciones, hacia el mundo a su alrededor y hacia su yo interior.

Los dieciséis tipos resultantes

Cuando se toma en consideración el proceso auxiliar, éste escinde cada uno de los tipos de Jung en dos. En vez de sólo pensador introvertido, ahora tenemos al pensador introvertido con sensación y al pensador introvertido con intuición. Así, existen dieciséis tipos en lugar de los ocho de Jung. Dieciséis sería un número difícil de manejar, de tener en mente, si los tipos fueran categorías arbitrarias, no relacionadas, pero cada uno de ellos es el resultado lógico de sus propias preferencias, y está estrechamente relacionado con el resto de tipos que comparten alguna de esas preferencias. (Las relaciones se pueden visualizar de forma lógica y fácil, y una se puede familiarizar con ellas, en la tabla de tipos del capítulo 3, fig. 2).

Para intentar determinar el tipo de una persona mediante observación, no hace falta tomar en consideración al mismo tiempo las dieciséis posibilidades. Cualquier preferencia que parezca razonablemente cierta reducirá las posibilidades a la mitad. Por ejemplo, cualquier persona introvertida se hallará de manera necesaria en uno de los ocho tipos introvertidos. Una persona introvertida intuitiva pertenecerá a uno de los cuatro tipos de IN. Si tal persona prefiere el pensamiento al sentimiento, el tipo se concretará más, hasta INT. El paso final, la identificación del proceso dominante, dependerá de la preferencia JP.

El papel de la preferencia juicio-percepción

La preferencia JP completa la estructura de tipo. Como se explicó al final del capítulo 1, esta preferencia es indispensable para determinar cuál es el proceso dominante. Sin embargo, quienes estudian a Jung no van a encontrar referencia alguna a la preferencia JP en *Tipos psicológicos*. Aunque Jung hace referencia ocasional a tipos enjuiciadores y tipos perceptivos entre las personas extrovertidas, nunca menciona que la preferencia JP pueda verse en las introvertidas ni que ésta refleje el carácter de su extroversión. Esta omisión es inevitable porque Jung nunca discute la extroversión de las personas introvertidas.

Más bien, Jung divide los tipos en racional e irracional; los tipos «racionales» son aquellos cuyo proceso dominante es el pensamiento o el sentimiento, y los «irracionales» son aquellos cuyo proceso dominante es la sensación o la intuición. Esta distinción es de escasa utilidad práctica para determinar el tipo de la persona. La racionalidad del tipo introvertido de sentimiento, por ejemplo, es demasiado interior y sutil como para que el observador la perciba con nitidez, ni siquiera es tan evidente para el sujeto que da cuenta de ella. Es mejor depender de reacciones relativamente simples y accesibles.

La preferencia JP se muestra en reacciones simples y accesibles, y sirve de forma admirable como la cuarta dicotomía, si se tiene en cuenta un detalle: que trata sólo del comportamiento externo y, por tanto, apunta sólo indirectamente al proceso dominante de la persona introvertida. Esta preferencia tiene tres ventajas principales: que es fácil de determinar; que es descriptiva, puesto que abarca cierto número de cualidades llamativas e importantes; y que expresa una división básica en términos positivos, sin negativizar ninguna opción. Tanto las personas enjuiciadoras como las perceptivas pueden ver el mérito en aquello que las caracteriza, en tanto que «irracional» es una palabra negativa para la mayoría de las personas.[5]

La inclusión de la preferencia JP en la teoría vino como resultado de una investigación no publicada de Katharine C. Briggs acerca de la personalidad, una investigación previa a la publicación de *Tipos psicológicos* de Jung. Las categorías de tipos que Briggs había diseñado eran completamente consistentes con las categorías de Jung, aunque menos detalladas. El «tipo meditativo» de Briggs incluía a todos los tipos introvertidos. Su «tipo espontáneo» se correspondía con las personas extrovertidas perceptivas, en las cuales el comportamiento perceptivo se halla en su punto más alto. Su «tipo ejecutivo» describía exactamente a las personas extrovertidas de pensamiento, y su «tipo sociable» a las extrovertidas de sentimiento.

Cuando se publicó la teoría de Jung en 1923, Briggs vio que iba bastante más allá que la suya, por lo que se sumergió de manera profunda en su estudio. Reuniendo las frases citadas antes en este capítulo, ella interpretó que el proceso auxiliar dirige la vida externa de las

---

5. El término «sensacional» tiene también connotaciones que despistan, motivo por el cual se ha evitado su uso y se ha preferido el término «sensación», y «proceso» se ha terminado utilizando en lugar de «función», para que los procesos mentales de percepción y enjuiciamiento se puedan discutir en cualquier nivel sin que nos distraiga un término con el que estamos menos familiarizados.

personas introvertidas. Se fijó en la vida externa de sus amigas y amigos «meditativos» para ver si esto era cierto, y comprobó que sí lo era.

Briggs descubrió también que, cuando el proceso auxiliar de la persona introvertida era un proceso perceptivo, daba lugar a una actitud perceptiva y una personalidad externa muy parecida, aunque de un modo más silencioso, a la personalidad «espontánea» de las personas extrovertidas perceptivas. Y cuando el proceso auxiliar era un proceso de enjuiciamiento, daba lugar a una actitud enjuiciadora y a una personalidad externa opuesta a la «espontánea».

Su propia manera de entender los tipos «espontáneos» la había preparado para reconocer las actitudes perceptiva y enjuiciadora –y el hecho de que constituyeran un cuarto par de opuestos–. La inclusión de la preferencia JP junto con el resto de preferencias, EI, SN y TF, completaba el sistema. Los análisis que Briggs llevó a cabo en aquel momento, resumiendo los efectos de cada una de las cuatro preferencias, proporcionaría eventualmente la clave para la determinación práctica del tipo.[6]

La realidad de los opuestos

En todos los trabajos posteriores sobre los tipos de personalidad, Katharine Briggs y yo hemos tomado como base estos cuatro pares de opuestos. No los inventamos nosotras ni los descubrimos, sino que son inherentes a la teoría de Jung de los tipos de función, que se basa en muchos años de observaciones y que, según él, sintetizaba los conocimientos ya existentes sobre personalidad. Nosotras no nos hemos interesado tanto en definir los procesos como en describir las *consecuencias* de cada preferencia, en la medida que podemos observarlas o inferirlas, y en utilizar las consecuencias más accesibles (no las más importantes) para desarrollar un medio de identificación de tipos.

---

6. *Véase* capítulos 4 a 7, fig. 24 a 27.

Dado que los aspectos más superficiales del tipo suelen ser aquellos de los que antes se habla, muchas reacciones triviales son útiles para la identificación, pero esto no son más que briznas de hierba que nos dicen en qué dirección sopla el viento. No son el viento. Sería un error suponer que la esencia de una actitud o de un proceso perceptivo o enjuiciador se define por sus efectos triviales, superficiales, por los ítems del test que la reflejan o por las palabras utilizadas para describirla. La esencia de cada una de las cuatro preferencias es una realidad observable.

A la gente no le cuesta trabajo ver que puede elegir entre dos mundos a la hora de concentrar su interés. Uno es el mundo exterior donde las cosas suceden fuera de los individuos o «sin» ellos, en ambos sentidos de la palabra, y el otro es un mundo interior donde la actividad se desarrolla dentro de la mente del individuo, de modo que lo individual es parte inseparable de lo que sucede.

También será de todo punto evidente para la gente –aunque quizás le resulte más claro cuando se lo aplican a los demás que cuando se lo aplica a sí misma– que puede elegir entre dos actitudes a la hora de tratar con el mundo exterior, que puede percibirlo sin inclinarse a juzgarlo por el momento, o que puede juzgarlo sin realizar ningún esfuerzo perceptivo más.

Cuando las personas consideran sus propios procesos mentales, les resulta evidente que es posible más de un tipo de percepción, que no sólo disponen de un informe directo procedente de los sentidos, sino que, a través de los mensajes sutiles de la intuición, también pueden hacerse conscientes de lo que podría ser o podría hacerse que fuera.

Por último, la gente puede ver, al menos en los demás, que existen dos tipos de juicio, uno a través del pensamiento y otro a través del sentimiento. Todo el mundo utiliza ambos a diario, unas veces bien y otras no.

La existencia de los opuestos no es, por tanto, nada nuevo, como el mismo Jung señaló. Constituye conocimiento común, en cuanto las personas se detienen a pensarlo un poco. El problema estriba, según Jung, en que parecen bastante diferentes a los distintos tipos. Las personas de cada tipo experimentan los opuestos a su manera. Ni siquiera conociendo «a la perfección» los dieciséis puntos de vista sería posible definir los opuestos en términos que satisficieran a todo el mundo. Sin embargo, cuando la gente prescinde de definiciones formales y consulta, más bien, la realidad de sus propias experiencias, coincide en que en cada una de las cuatro áreas que acabo de mencionar se da una elección de opuestos que se puede experimentar, se definan como se definan las dicotomías.

La novedosa percepción que permitió a Jung sintetizar tales conocimientos fue el hecho de tomar conciencia de que la elección inicial entre esos opuestos básicos *determina la línea de desarrollo* de la percepción y el juicio de la persona; de ahí que tenga profundas consecuencias en el campo de la personalidad. Esta magnífica idea hace posible una explicación coherente para muchas diferencias humanas simples, para las complejidades de la personalidad y para satisfacciones y motivaciones ampliamente diferenciadas. También sugiere una dimensión nueva e importante a la hora de comprender el desarrollo evolutivo de las personas.

Jung contemplaba su teoría como una ayuda para el conocimiento de un mismo, pero su aplicación (al igual que la propia teoría) se extiende hasta más allá del punto donde Jung se contentó en detenerse. Los conceptos de tipo arrojan luz sobre la manera en que las personas perciben y juzgan, y sobre las cosas que más valoran; los conceptos de tipo son, por tanto, útiles siempre que una persona tenga que comunicarse con otra o vivir con otra, o tomar decisiones que afectan a la vida de otra persona.

SEGUNDA PARTE

Los efectos de las preferencias
en la personalidad

CAPÍTULO 3

Tablas de tipos para comparar y descubrir

Debido a que las personas de cada tipo deben experimentar los opuestos a su manera, los lectores verán de forma natural la teoría de tipos y las consecuencias de las preferencias desde su propio punto de vista, a la luz de las preferencias que ellas mismas sustentan. Las discusiones en los capítulos siguientes y las estadísticas que los lectores pueden reunir, tendrán mucho más sentido para ellas después de que hayan visto los tipos por sí mismas.

Por tanto, las personas que trabajan con el Indicador de Tipo deberían observar las preferencias en la acción y comparar las descripciones con el comportamiento cotidiano de los tipos. Los observadores puede que perciban cosas nuevas y deseen enmendar las descripciones para que encajen con sus propias opiniones, pero lo importante es obtener una comprensión de primera mano acerca de los tipos.

El obstáculo obvio es que existen dieciséis tipos, que son demasiados para tenerlos en mente a base de memoria pura y dura, pero las cualidades que los diferencian se pueden ver mejor a través de la comparación y el contraste. La manera más fácil de recordar lo que se lea y observe acerca de cada tipo es rellenar una «tabla de tipos» con miembros de la familia y amistades.

La «tabla de tipos» es un dispositivo para ver todos los tipos de personalidad *en relación con cada uno de los demás*. Dispone los tipos de tal modo que aquellos que se encuentran en áreas concretas de la tabla tienen determinadas preferencias en común, y de ahí que compartan cualesquiera cualidades que emerjan a partir de esas preferencias. Por tanto, valdrá la pena ejercitar tanto el análisis de los datos de investigación como la observación personal y sistemática. La tabla de tipos y las diferencias de tipos cobran vida si se personaliza la tabla con los nombres de amistades y miembros de la familia.

Sería de todo punto conveniente a la hora de utilizar la tabla saber dónde se encuentra cada tipo y no tener que andar buscándolo. Para ello te resultarán útiles las siguientes ayudas.

Comenzando con la percepción, una de las primeras y más observables elecciones, la tabla de tipos se divide en dos para la preferencia SN. Todos los tipos de sensación irán en la mitad izquierda; todos los tipos intuitivos, a la derecha. Es fácil recordar qué mitad es cuál: en la expresión «preferencia SN», la S está a la izquierda y la N a la derecha. Así pues, el primer paso es:

Tipos de sensación	Tipos de intuición
– S – –	– N – –

Después viene el juicio, posiblemente la siguiente elección más fácil de discernir. Dividiendo cada mitad para TF se producen las cuatro combinaciones de percepción y juicio. Las dos columnas con sentimiento están juntas en el centro, y las dos columnas con pensamiento están situadas en los extremos. Esta disposición refleja las estrechas relaciones que los tipos de sentimiento tienen con el resto de las personas, mientras que los tipos de pensamiento son más distantes. El segundo paso, por tanto, es:

Tipos de sensación		Tipos de intuición	
Pensamiento	Sentimiento	Sentimiento	Pensamiento
– S T –	– S F –	– N F –	– N T –

Recuerda que, al pasar de una combinación a la siguiente, cambia sólo una preferencia cada vez. Así, cada combinación tiene un proceso en común con las combinaciones más cercanas.

El siguiente paso consiste en dividir para EI. Los tipos introvertidos van en la mitad superior o «septentrional» de la tabla de tipos, donde, en la mejor tradición de Nueva Inglaterra, se les puede considerar como silenciosos, reservados, tardos en enderezarse y con cierta inclinación a ocuparse de lo suyo y dejar que los demás hagan lo mismo. Los tipos extrovertidos, a quienes se les puede considerar más abiertos, accesibles, comunicativos y afectuosos, van en la mitad inferior o «meridional». (No habría que inferir de esto ninguna diferencia geográfica en el tipo). De modo que el tercer paso es:

	Tipos de sensación		Tipos de intuición	
	Pensamiento	Sentimiento	Sentimiento	Pensamiento
Introvertido	I S T –	I S F –	I N F –	I N T –
Extrovertido	E S T –	E S F –	E N F –	E N T –

La última división, para JP, divide cada fila horizontal en dos, y el resultado es la tabla de tipos completa con cuatro filas y cuatro columnas, como se muestra en la figura 2. La disposición de las filas horizontales está diseñada para situar en la base los E — J, tipos extrovertidos con una actitud enjuiciadora. Los E — P, tipos extrovertidos perceptivos, vienen justo encima de ellos. Después, *cambiando sólo una preferencia cada vez,* vienen los I — P, los tipos introvertidos perceptivos, mientras que la fila superior está ocupada por los tipos I — J, los introvertidos enjuiciadores, equilibrando a los extrovertidos enjuiciadores de la base. Así, los tipos más resistentes, los de pensamiento a derecha e izquierda y los de juicio en los extremos superior e inferior, forman una especie de muralla alrededor de la tabla de tipos, quedando dentro los tipos más «amables», los FP. Los tipos con las dos preferencias más resistentes, los mentalmente tenaces y ejecutivos TJ, ocupan las cuatro esquinas.

		Tipos de sensación		Tipos de intuición	
		Pensamiento	**Sentimiento**	**Sentimiento**	**Pensamiento**
		– S T –	– S F –	– N F –	– N T –
Introvertido {	I – – J	ISTJ	ISFJ	INFJ	INTJ
	I – – P	ISTP	ISFP	INFP	INTP
Extrovertido {	E – – P	ESTP	ESFP	ENFP	ENTP
	E – – J	ESTJ	ESFJ	ENFJ	ENTJ

Figura 2. La tabla de tipos.

Con estos dispositivos en mente –SN de izquierda a derecha, las columnas de sentimiento relacionadas entre sí en el centro, los «septentrionales» introvertidos y los «meridionales» extrovertidos, y los tipos de juicio quedándose con la peor parte en los extremos superior e inferior–, la tabla de tipos se puede recordar y reproducir de memoria. Más importante, la tabla de tipos establece un marco lógico dentro del cual albergar las características de los tipos.

Al final del libro hay una tabla de tipos de tamaño estándar *(véanse pp. 208 y 209)*. En cada uno de los tipos se da espacio para que los lectores hagan una relación de nombres, y, si lo desean, de ocupaciones, de amistades, miembros de la familia, colegas del trabajo, etc., que encajen con los diferentes tipos. Una vez la tabla esté «poblada», las diferencias entre tipos extrovertidos e introvertidos se podrá clarificar contrastando a las personas de la mitad inferior con las de la mitad superior. La preferencia SN quedará ilustrada por el contraste entre las mitades izquierda y derecha; la preferencia TF por el de las columnas exteriores y las centrales, y la preferencia JP por las diferencias entre las filas superior e inferior con respecto a las filas intermedias.

Una vez establecidos y separados los efectos de las preferencias, las diversas áreas de la tabla de tipos adoptarán un carácter definido a partir de la *interacción* de estas preferencias. Parece natural que muchos psiquiatras se encuentren en la columna de intuición + sentimiento. Es evidente por qué los jóvenes aspirantes a ejecutivos suelen ser TJ. Es razonable que el alumnado de la Wharton School de Finanzas y Comercio sean con más frecuencia ES, y que el alumnado del Instituto de Tecnología de California sean normalmente IN.

Y al revés, cuando una muestra definida por ocupación, especialización universitaria, años de formación o cualquier inclinación se distribuye en una tabla de tipos, la concentración en un área de la tabla puede apuntar nuevos hechos acerca de los *tipos que hay en esa área.*

Para identificar tipos y grupos de tipos, las letras son más precisas y convenientes que las palabras. Se puede definir con precisión un grupo de tipos que comparten una o más preferencias a través de la(s) letra(s) que tienen en común, dispuestas según el orden establecido, dejando un guión allí donde las letras no son adyacentes.

En este libro deberá tomarse la designación de tipo en su sentido más amplio. Los ocho tipos de la mitad izquierda de la tabla de tipos serán, por tanto, todos los *tipos de sensación,* y los ocho tipos de la derecha serán todos los de *intuición.*

Por otra parte, el término *introvertido intuitivo* o *introvertido de intuición* significará una persona introvertida en la cual la intuición es dominante; es decir, un tipo IN–J. El término *extrovertido intuitivo* significará una persona extrovertida con la intuición dominante, una EN–P. De igual modo, el tipo *introvertido de sensación* hace referencia a un IS–J y el *extrovertido de sensación* es un ES–P, y así sucesivamente. Éstos son los nombres formales de los ocho tipos originales de Jung.

La preposición *con,* tal como se utiliza en el libro, denota la combinación de dos preferencias sin hacer referencia alguna a cuál de ellas es la dominante. Los cuatro tipos IN del cuarto superior derecha de la tabla de tipos son personas «introvertidas con intuición»; los tipos de la columna NF son «intuitivos con sentimiento», y así sucesivamente.

Las tablas de tipos de las figuras 3 a 23 muestran los significados de las combinaciones de letras y, lo que es más importante, ilustran el uso de frecuencias en los descubrimientos sobre tipos individuales. Si un tipo en concreto es mucho más (o mucho menos) frecuente de lo esperado en una muestra dada, las responsables de tal distribución pueden ser las características del tipo.

Al explorar tales hipótesis, es necesario adoptar una estimación razonable de la frecuencia que se puede esperar para esos tipos. La mayoría de las tablas de tipos de este capítulo adoptan para este propósito las frecuencias que se encontraron en una muestra de 3503 varones de institutos de secundaria que se preparaban para su ingreso en la universidad, como se muestra en la tabla de tipos de la figura 3. Las muestras de las figuras 5 y 8 se combinaron para crear este grupo, que se utilizó también para las frecuencias esperadas de la página 45 del *Myers-Briggs Type Indicator® Manual* de 1962.

Tipos de sensación		Tipos de intuición		
con pensamiento	con sentimiento	con sentimiento	con pensamiento	
ISTJ N - 283 8,1%	ISFJ N - 139 4,0%	INFJ N - 74 2,1%	INTJ N - 164 4,7%	Enjuiciadores / Introvertidos Perceptivos
ISTP N - 180 5,1%	ISFP N - 153 4,4%	INFP N - 146 4,2%	INTP N - 209 6,0%	
ESTP N - 271 7,7%	ESFP N - 225 6,4%	ENFP N - 250 7,1%	ENTP N - 276 7,9%	Enjuiciadores / Extrovertidos Perceptivos
ESTJ N - 549 15,7%	ESFJ N - 227 6,5%	ENFJ N - 124 3,5%	ENTJ N - 233 6,6%	

	N	%	N	%	
E	2155	61,5	2165	61,8	T
I	1348	38,5	1338	38,2	F
S	2027	57,9	1793	51,2	J
N	1476	42,1	1710	48,8	P

Figura 3. Alumnado de institutos de secundaria, preparatorio para universidades (N = 3503 varones).

Las tablas de tipos de las figuras 3 a 23 muestran las frecuencias de más peso y las áreas con poblaciones más o menos dispersas. En estas figuras, el porcentaje de la muestra perteneciente a cada tipo se muestra por escrito *y también* gráficamente, bien con cuadros negros –cada uno de los cuales representa más o menos un 2%–, o bien con círculos negros –cada uno de los cuales representa más o menos a 2 personas. (Se utilizan círculos en las figuras 16, 17, 18 y 20, en las cuales las muestras son de menos de 100 personas). El número total de personas extrovertidas, introvertidas, etc. y el porcentaje que cada cifra representa se ofrecen debajo de las tablas.

ISTJ N - 149 10,4%	ISFJ N - 82 5,7%	INFJ N - 5 0,3%	INTJ N - 18 1,3%
ISTP N - 122 8,5%	ISFP N - 102 7,1%	INFP N - 26 1,8%	INTP N - 27 1,9%
ESTP N - 168 11,8%	ESFP N - 129 9,0%	ENFP N - 45 3,2%	ENTP N - 40 2,8%
ESTJ N - 293 20,5%	ESFJ N - 178 12,5%	ENFJ N - 16 1,1%	ENTJ N - 30 2,1%

	N	%	N	%	
E	899	62,9	847	59,2	T
I	531	37,1	583	40,8	F
S	1223	85,5	771	53,9	J
N	207	14,5	659	46,1	P

Figura 4. Alumnado de institutos de secundaria, distintos de los pertenecientes al preparatorio para universidades (N = 1430 varones).

Las tablas de tipos de las figuras 4 y 5 muestran a alumnos varones de instituto, principalmente de entre 16 y 18 años, que rellenaron el Formulario D2 del Indicador en 25 institutos de los suburbios de Filadelfia en la primavera de 1957, un período en el que se daban intensas diferencias entre los programas preparatorios y no preparatorios para la universidad.[7] El contraste más importante se da entre la baja

---

7. El Formulario D2 ha sido sustituido por los formularios G y F; *véase* Myers, 1962.

incidencia de personas intuitivas de los alumnos no preparatorios si se los compara con el sustancial 38 % de intuitivos entre los alumnos de preparación a la universidad.

ISTJ	ISFJ	INFJ	INTJ
N - 216	N - 105	N - 52	N - 108
8,3%	4,0%	2,0%	4,1%
ISTP	**ISFP**	**INFP**	**INTP**
N - 151	N - 126	N - 103	N - 145
5,8%	4,8%	4,0%	5,6%
ESTP	**ESFP**	**ENFP**	**ENTP**
N - 218	N - 193	N - 170	N - 184
8,4%	7,4%	6,5%	7,1%
ESTJ	**ESFJ**	**ENFJ**	**ENTJ**
N - 440	N - 164	N - 78	N - 150
16,9%	6,3%	3,0%	5,8%

	N	%	N	%	
E	1597	61,4	1612	61,9	T
I	1006	38,6	991	38,1	F
S	1613	62,0	1313	50,4	J
N	990	38,0	1290	19,6	P

Figura 5. Alumnado de institutos de secundaria, pertenecientes al preparatorio para universidades (N = 2603 varones).

En las preferencias distintas a SN, las diferencias en frecuencias son mínimas. En ambas tablas, el tipo más frecuente es un tipo S, ESTJ, y el menos frecuente es un tipo N, INFJ. Aparte de esto, las muestras revelan unas distribuciones bastante similares, que sería lo que cabría esperar, dado que el alumnado de institutos conforma un grupo heterogéneo de personas muy distintas que, con el tiempo, partirá en todas direcciones. Las tablas de tipo de universidades (figuras 12 a 19) muestran algunas de esas direcciones.

ISTJ	ISFJ	INFJ	INTJ
N - 120 ■	N - 240 ■■■	N - 13	N - 7
6,4% ■	12,7% ■■	0,7%	0,4%
ISTP	ISFP	INFP	INTP
N - 36	N - 125 ■	N - 36 ■	N - 14
1,9% ■	6,6% ■	1,9%	0,7%
ESTP	ESFP	ENFP	ENTP
N - 84	N - 259 ■■	N - 95 ■	N - 15
4,5% ■	13,7% ■■	5,0% ■	0,8%
ESTJ	ESFJ	ENFJ	ENTJ
N - 305 ■■ ■■	N - 476 ■■■ ■■■ ■■■■	N - 46	N - 13
16,2% ■■	25,3%	2,5% ■	0,7%

	N	%	N	%	
E	1293	68,6	594	31,5	T
I	591	31,4	1290	68,5	F
S	1645	87,3	1220	64,8	J
N	239	12,7	664	35,2	P

Figura 6. Alumnado de institutos de secundaria, distintos de los pertenecientes al preparatorio para universidades (N = 1884 mujeres).

Las tablas de tipo correspondientes a las mujeres, figuras 6 y 7, confirman la relación entre la intuición y el nivel educativo, y demuestran también la magnitud de las diferencias sexuales en preferencias TF. Ambas muestras femeninas tienen un 68 % de sentimiento, mientras que los varones no preparatorios tienen un 41 % de sentimiento y los de varones en preparación para la universidad un 38 %. Debido a esta diferencia entre sexos, los datos sobre frecuencias de tipos para varones y para mujeres se deben presentar por separado, pues, si se unen, las frecuencias no serán representativas de ninguno de ambos sexos.

ISTJ	ISFJ	INFJ	INTJ
N - 72 3,3%	N - 149 6,9%	N - 59 2,7%	N - 39 1,8%
ISTP	**ISFP**	**INFP**	**INTP**
N - 47 2,2%	N - 105 4,9%	N - 136 6,3%	N - 66 3,1%
ESTP	**ESFP**	**ENFP**	**ENTP**
N - 75 3,5%	N - 243 11,3%	N - 269 12,5%	N - 111 5,2%
ESTJ	**ESFJ**	**ENFJ**	**ENTJ**
N - 210 9,7%	N - 380 17,6%	N - 123 5,7%	N - 71 3,3%

	N	%	N	%	
E	1482	68,8	691	32,1	T
I	673	31,2	1464	67,9	F
S	1281	59,4	1103	51,2	J
N	874	40,6	1052	48,8	P

Figura 7. Alumnado de institutos de secundaria, pertenecientes al preparatorio para universidades (N = 2155 mujeres).

Los tipos de sensación en las figuras 6 y 7 muestran una fuerte preferencia por actitudes enjuiciadoras. La muestra de alumnas no preparatorias, en la que había muy pocas intuitivas, tiene un 65 % de J. Los tipos de sensación prefieren, en términos generales, llevar su vida externa de un modo enjuiciador que les permita resolver los problemas por anticipado. A las intuitivas les gusta llevar su vida de un modo perceptivo, que permita a su intuición seguir sus inspiraciones.

ISTJ	ISFJ	INFJ	INTJ
N - 67	N - 34	N - 22	N - 56
7,4%	3,8%	2,5%	6,2%
ISTP	**ISFP**	**INFP**	**INTP**
N - 29	N - 27	N - 43	N - 64
3,2%	3,0%	4,8%	7,1%
ESTP	**ESFP**	**ENFP**	**ENTP**
N - 53	N - 32	N - 80	N - 92
5,9%	3,6%	8,9%	10,2%
ESTJ	**ESFJ**	**ENFJ**	**ENTJ**
N - 109	N - 63	N - 46	N - 83
12,1%	7,0%	5,1%	9,2%

	N	%	N	%	
E	558	62,0	553	61,4	T
I	342	38,0	347	38,6	F
S	414	46,0	480	53,3	J
N	486	54,0	420	46,7	P

Figura 8. Alumnado del Central High School (N = 900 varones).

La tabla de tipos de la figura 8 muestra los resultados de alumnos varones en preparación para la universidad, pero estos alumnos pertenecen al Central High School de Filadelfia, en el cual todos los alumnos deben tener, para ser admitidos, un CI (coeficiente de inteligencia) de 110 o superior, y unas notas no inferiores a C (equivalente en España a «Suficiente») en los dos cursos anteriores a su matriculación.

Se podría pensar que el segundo requisito, que supone no descuidarse demasiado en ninguna asignatura, daría como resultado un incremento sustancial en el número de estudiantes J. Pues bien, el número de estudiantes J aumentó, pero sólo desde el 50,4% hasta el 53,3%.

ISTJ	ISFJ	INFJ	INTJ
N - 36	N - 7	N - 31	N - 110
5,4%	1,0%	4,6%	16,4%
ISTP	ISFP	INFP	INTP
N - 21	N - 6	N - 81	N - 107
3,1%	0,9%	12,1%	15,9%
ESTP	ESFP	ENFP	ENTP
N - 7	N - 10	N - 62	N - 78
1,0%	1,5%	9,2%	11,6%
ESTJ	ESFJ	ENFJ	ENTJ
N - 23	N - 6	N - 28	N - 58
3,5%	0,9%	4,2%	8,7%

	N	%	N	%	
E	272	40,5	440	65,6	T
I	399	59,5	231	34,4	F
S	116	17,3	299	44,6	J
N	555	82,7	372	55,4	P

Figura 9. Finalistas de Becas Nacionales al Mérito[8] (N = 671 varones).

La frecuencia de N pasó del 38 % al 54 %, lo cual dio como resultado un descenso simétrico en las frecuencias de los cuatro tipos SP que no tenían ni N ni J.

Para los finalistas de Becas Nacionales al Mérito, en la figura 9, la frecuencia de N pasó desde el 54 % hasta el 82,7 %. Del restante 17,3 % que eran S, el superviviente más destacado fue ISTJ, que representaba un 5 % de la muestra.

---

8. El Programa de Becas Nacionales al Mérito es una competición de erudición académica que se realiza en Estados Unidos para el reconocimiento al esfuerzo y la concesión de becas universitarias. Este programa está financiado por una entidad privada sin ánimo de lucro, la National Merit Scholarship Corporation, de Evanston, Illinois. *(N. del T.)*

ISTJ	ISFJ	INFJ	INTJ
N - 21 6,0%	N - 26 7,5%	N - 16 4,6%	N - 16 4,6%
ISTP	**ISFP**	**INFP**	**INTP**
N - 3 0,9%	N - 18 5,2%	N - 19 5,4%	N - 14 4,0%
ESTP	**ESFP**	**ENFP**	**ENTP**
N - 10 2,9%	N - 17 4,9%	N - 49 14,1%	N - 14 4,0%
ESTJ	**ESFJ**	**ENFJ**	**ENTJ**
N - 38 10,9%	N - 41 11,8%	N - 27 7,8%	N - 19 5,4%

	N	%	N	%	
E	215	61,8	135	38,8	T
I	133	38,2	213	61,2	F
S	174	50,0	204	58,6	J
N	174	50,0	144	41,4	P

Figura 10. Alumnas del Philadelphia Girls' High School (N = 348 mujeres).

El instituto selecto de secundaria correspondiente a mujeres es el Philadelphia Girls' High School, que tiene los mismos requisitos de admisión que el Central High School de chicos. Las distribuciones de frecuencias en las tablas de tipos de las figuras 10 y 11 se parecen mucho a las de las correspondientes muestras masculinas, salvo en el hecho de que los varones tienen una mayoría de T, mientras que las mujeres tienen una mayoría de F, como ya se ha visto antes.

Las introvertidas en el Girls' High son el 38,2%, aunque el porcentaje se eleva al 52,1% entre las finalistas nacionales al Mérito.

Las intuitivas en el Girls' High son el 50%, hasta el 81,8% en la muestra de finalistas nacionales al Mérito.

ISTJ	ISFJ	INFJ	INTJ
N - 10	N - 17	N - 36	N - 29
3,0%	5,2%	10,9%	8,8%
ISTP	**ISFP**	**INFP**	**INTP**
N - 4	N - 5	N - 38	N - 33
1,2%	1,5%	11,5%	10,0%
ESTP	**ESFP**	**ENFP**	**ENTP**
N - 0	N - 10	N - 61	N - 32
0%	3,0%	18,5%	9,7%
ESTJ	**ESFJ**	**ENFJ**	**ENTJ**
N - 7	N - 7	N - 26	N - 15
2,1%	2,1%	7,9%	4,6%

	N	%	N	%	
E	158	47,9	130	39,4	T
I	172	52,1	200	60,6	F
S	60	18,2	147	44,5	J
N	270	81,8	183	55,5	P

Figura 11. Finalistas de Becas Nacionales al Mérito (N = 330 mujeres).

Al igual que con los varones ISTJ, el tipo superviviente más destacado de los tipos S entre las mujeres finalistas de las Becas al Mérito fue el ISFJ, con un 5 % de frecuencia, el mismo porcentaje que en los varones.

Aquí comienza la autoselección. Después del instituto, los y las estudiantes pueden elegir cualquier tipo de estudios que prefieran. El grado de autoselección ejercido por cualquier tipo de personalidad en cualquier muestra viene indicado por el SSR *(self-selection ratio,* es decir, *índice de autoselección),* que es la frecuencia de porcentaje de ese tipo de personalidad en la muestra, dividido por su frecuencia de porcentaje en la población base apropiada. Para las muestras que aparecen en este capítulo, salvo en el caso de estudiantes de artes y orientación, la población base es de 3503 varones de instituto de secundaria (figura 3).

ISTJ	ISFJ	INFJ	INTJ
N - 269	N - 154	N - 185	N - 267
7,3%	4,2%	5,0%	7,3%
SSR - 0,91	SSR - 1,06	SSR - 2,38	SSR - 1,55
ISTP	ISFP	INFP	INTP
N - 120	N - 103	N - 294	N - 287
3,3%	2,8%	8,0%	7,8%
SSR - 0,64	SSR - 0,64	SSR - 1,92	SSR - 1,31
ESTP	ESFP	ENFP	ENTP
N - 138	N - 157	N - 353	N - 298
3,8%	4,3%	9,6%	8,1%
SSR - 0,49	SSR - 0,66	SSR - 1,35	SSR - 1,03
ESTJ	ESFJ	ENFJ	ENTJ
N - 343	N - 218	N - 214	N - 276
9,3%	5,9%	5,8%	7,5%
SSR - 0,60	SSR - 0,92	SSR - 1,64	SSR - 1,13

	N	%	N	%	
E	1997	54,3	1998	54,4	T
I	1679	45,7	1678	45,6	F
S	1502	40,9	1926	52,4	J
N	2174	59,1	1750	47,6	P

Figura 12. Estudiantes de humanidades (N = 3676 varones).

En las figuras 12 a 23, se muestra el SSR para cada uno de los dieciséis tipos. Los valores superiores a 1,00 indican una autoselección positiva. Los valores por debajo de 1,00 muestran cierto grado de evitación. Donde los tipos con SSR más elevados (normalmente, 1,20 o más) son adyacentes, éstos componen un área de autoselección y se muestran con sombra en la tabla de tipos.

Para los varones en humanidades, que aparece en la figura 12, el área de autoselección consta de los cuatro tipos NF, normalmente interesados en literatura y ciencias humanas, y los dos tipos INT, en cierto sentido interesados en ciencias humanas, pero más en otros campos.

ISTJ	ISFJ	INFJ	INTJ
N - 222	N - 92	N - 115	N - 301
10,1%	4,2%	5,3%	13,8%
SSR - 1,26	SSR - 1,06	SSR - 2,49	SSR - 2,94
ISTP	ISFP	INFP	INTP
N - 49	N - 42	N - 110	N - 191
2,2%	1,9%	5,0%	8,7%
SSR - 0,44	SSR - 0,44	SSR - 1,21	SSR - 1,46
ESTP	ESFP	ENFP	ENTP
N - 67	N - 29	N - 124	N - 159
3,1%	1,3%	5,7%	7,3%
SSR - 0,40	SSR - 0,21	SSR - 0,79	SSR - 0,92
ESTJ	ESFJ	ENFJ	ENTJ
N - 197	N - 72	N - 134	N - 284
9,0%	3,3%	6,1%	13,0%
SSR - 0,57	SSR - 0,51	SSR - 1,73	SSR - 1,95

	N	%	N	%	
E	1066	48,7	1470	67,2	T
I	1122	51,3	718	32,8	F
S	770	35,2	1417	64,8	J
N	1418	64,8	771	35,2	P

Figura 13. Estudiantes de ingeniería (N = 2188).

Para el alumnado de ingeniería, que aparece en la figura 13, el área de autoselección consta del cuadrante IN, los dos tipos ENJ, e ISTJ. El énfasis se halla en N y J; mientras que F, cuando se combina con NJ, parece sentirse tan atraído por la ingeniería como T. Obsérvese que los tipos ENJ serían adyacentes al cuadrante IN si con ellos se envolviera un cilindro horizontal, y lo mismo ocurriría con ISTJ si se envolviera en un cilindro vertical.

(Éstas son las muestras de humanidades y de ingeniería de la página 45 del MBTI® Manual de 1962).

ISTJ	ISFJ	INFJ	INTJ
N - 44	N - 19	N - 1	N - 13
9,0%	3,9%	0,2%	2,7%
SSR - 1,12	SSR - 0,98	SSR - 0,10	SSR - 0,57
ISTP	ISFP	INFP	INTP
N - 35	N - 7	N - 11	N - 15
7,2%	1,4%	2,3%	3,1%
SSR - 1,40	SSR - 0,33	SSR - 0,54	SSR - 0,52
ESTP	ESFP	ENFP	ENTP
N - 63	N - 34	N - 30	N - 35
12,9%	7,0%	6,1%	7,2%
SSR - 1,67	SSR - 1,08	SSR - 0,86	SSR - 0,91
ESTJ	ESFJ	ENFJ	ENTJ
N - 106	N - 43	N - 8	N - 24
21,7%	8,8%	1,6%	4,9%
SSR - 1,39	SSR - 1,36	SSR - 0,46	SSR - 0,74

	N	%	N	%	
E	343	70,3	335	68,6	T
I	145	29,7	153	31,4	F
S	351	71,9	258	52,9	J
N	137	28,1	230	47,1	P

Figura 14. Estudiantes de economía y empresariales (N = 488).

La tabla de tipos de la figura 14 muestra a 488 estudiantes de grado de la Wharton School de Economía y Empresariales de la Universidad de Pensilvania. La tabla de tipos de la figura 15 es ciertamente opuesta, y muestra los resultados de 705 estudiantes de ciencias del Instituto de Tecnología de California (Cal Tech).

El área de autoselección para el alumnado de economía y empresariales consta del cuadrante ES más los dos tipos de IST, lo cual es el más adecuado. La columna ST es aquella en la que los principales objetos de interés son los hechos, a los cuales se aproximan desde un análisis impersonal y de un modo obstinado y práctico. El cuadrante ES es el más práctico y realista, y el menos dado a abstracciones intelectuales.

ISTJ	ISFJ	INFJ	INTJ
N - 39	N - 12	N - 44	N - 128
5,5%	1,7%	6,3%	18,2%
SSR - 0,68	SSR - 0,43	SSR - 2,95	SSR - 3,88
ISTP	ISFP	INFP	INTP
N - 18	N - 15	N - 58	N - 123
2,6%	2,1%	8,2%	17,5%
SSR - 0,50	SSR - 0,49	SSR - 1,97	SSR - 2,92
ESTP	ESFP	ENFP	ENTP
N - 12	N - 1	N - 55	N - 79
1,7%	0,1%	7,8%	11,2%
SSR - 0,22	SSR - 0,02	SSR - 1,09	SSR - 1,42
ESTJ	ESFJ	ENFJ	ENTJ
N - 13	N - 8	N - 27	N - 73
1,8%	1,1%	3,8%	10,4%
SSR - 0,12	SSR - 0,18	SSR - 1,08	SSR - 1,56

	N	%	N	%	
E	268	38,0	485	68,8	T
I	437	62,0	220	31,2	F
S	118	16,7	344	48,8	J
N	587	83,3	361	51,2	P

Figura 15. Estudiantes de ciencias (N = 705).

El área de autoselección para el alumnado de ciencias del Cal Tech consta del cuadrante IN (en el cual el SSR más elevado es 3,88, y el más bajo es 1,97) más los dos tipos ENT. Las personas de la columna NT se centran en las posibilidades y los principios implicados en su solución. Las personas del cuadrante IN son las más intelectuales, con una capacidad mayor para vislumbrar atisbos en lo desconocido de lo que la mayoría de las personas es capaz. El grado de interés que el alumnado de ciencias muestra por el cuadrante ES se puede juzgar por las proporciones de autoselección que le asignan: 0,22; 0,17; 0,12 y 0,02.

ISTJ	ISFJ	INFJ	INTJ
N - 0	N - 0	N - 3	N - 4
0%	0%	9,1% ▪▪	12,1% ▪▪
SSR - 0,00	SSR - 0,00	SSR - 2,02	SSR - 2,96
ISTP	ISFP	INFP	INTP
N - 1	N - 1	N - 10 ▪	N - 6 ▪
3,0% ▪	3,0% ▪	30,4% ▪▪▪	18,3% ▪▪
SSR - 0,95	SSR - 0,57	SSR - 2,73	SSR - 3,60
ESTP	ESFP	ENFP	ENTP
N - 0	N - 0	N - 4	N - 0
0%	0%	12,1% ▪▪	0%
SSR - 0,00	SSR - 0,00	SSR - 0,86	SSR - 0,00
ESTJ	ESFJ	ENFJ	ENTJ
N - 0	N - 1	N - 1	N - 2
0%	3,0% ▪	3,0% ▪	6,0% ▪
SSR - 0,00	SSR - 0,36	SSR - 0,46	SSR - 1,40

	N	%	N	%	
E	8	24,2	13	39,4	T
I	25	75,8	20	60,6	F
S	3	9,1	11	33,3	J
N	30	90,9	22	66,7	P

Figura 16. Estudiantes de último curso de bellas artes (N = 33).
Fuente: Stephens (1972)

Las tablas de tipos de las figuras 16 a 18, basadas en el trabajo de Stephens (1972), presentan tres grupos de alumnos y alumnas de último curso de bellas artes de la Universidad de Florida. La población base sobre la cual se midió su autoselección fue una clase de primer curso de la misma universidad y más o menos el mismo período.

La muestra de la figura 16 consta de alumnos y alumnas de último curso de bellas artes que pretendían *ser* artistas; es decir, querían crear sin tomar referencias de otros. Los cuatro tipos que mostraron una autoselección positiva fueron todos tipos IN –intuición para la creatividad e introversión para independizarse del mundo exterior.

ISTJ	ISFJ	INFJ	INTJ
N - 0	N - 2	N - 1	N - 1
0%	6,9% ■	3,4% ■	3,4% ■
SSR - 0,00	SSR - 1,03	SSR - 0,77	SSR - 0,84
ISTP	**ISFP**	**INFP**	**INTP**
N - 0	N - 0	N - 2	N - 1
0%	0%	6,9% ■	3,4% ■
SSR - 0,00	SSR - 0,00	SSR - 0,62	SSR - 0,68
ESTP	**ESFP**	**ENFP**	**ENTP**
N - 0	N - 2	N - 9	N - 3
0%	6,9% ■	31,1% ■■	10,4% ■
SSR - 0,00	SSR - 1,20	SSR - 2,21	SSR - 2,11
ESTJ	**ESFJ**	**ENFJ**	**ENTJ**
N - 0	N - 6	N - 2	N - 0
0%	20,7% ■	6,9% ■	0%
SSR - 0,00	SSR - 2,48	SSR - 1,05	SSR - 0,00

	N	%	N	%	
E	22	75,9	5	17,2	T
I	7	24,1	24	82,8	F
S	10	34,5	12	41,4	J
N	19	65,5	17	58,6	P

Figura 17. Alumnado de último curso de terapia ocupacional (N = 29).
Fuente: Stephens (1972)

Las alumnas y alumnos de la figura 17 estaban estudiando terapia ocupacional y su intención era utilizar el arte para devolver la salud a personas enfermas, ya fuera haciendo que se interesaran de nuevo por la vida, haciéndolas confiar más en sí mismas o, simplemente, ofreciéndoles una actividad manual con la cual disfrutar. Los cinco tipos que mostraron una autoselección positiva eran tipos extrovertidos, para los cuales la acción evidente es importante, y cuatro de ellos eran tipos F, para los cuales es importante que la acción beneficie a otras personas. El tipo con la autoselección más potente es ESFJ, donde el sentimiento es extrovertido y la percepción es práctica, de tal modo que ayudar a los demás es tanto un deber como un placer.

ISTJ	ISFJ	INFJ	INTJ
N - 0	N - 0	N - 3	N - 1
0%	0%	9,7% ∎	3,2% ∎
SSR - 0,00	SSR - 0,00	SSR - 2,15	SSR - 0,79
ISTP	ISFP	INFP	INTP
N - 0	N - 0	N - 8 ∎	N - 4 ∎
0%	0%	25,8% ∎	12,9% ∎
SSR - 0,00	SSR - 0,00	SSR - 2,33	SSR - 2,55
ESTP	ESFP	ENFP	ENTP
N - 0	N - 1	N - 7 ∎	N - 2
0%	3,2% ∎	22,5% ∎	6,5% ∎
SSR - 0,00	SSR - 0,56	SSR - 1,61	SSR - 1,32
ESTJ	ESFJ	ENFJ	ENTJ
N - 0	N - 3	N - 2	N - 0
0%	9,7% ∎	6,5% ∎	0%
SSR - 0,00	SSR - 1,16	SSR - 0,98	SSR - 0,00

	N	%	N	%	
E	15	48,4	7	22,6	T
I	16	51,6	24	77,4	F
S	4	12,9	9	29,0	J
N	27	87,1	22	71,0	P

Figura 18. Alumnado de último curso de educación artística (N = 31).
Fuente: Stephens (1972)

Al examinar la figura 18, que ofrece los resultados de alumnas y alumnos de último curso de educación artística, nos encontramos con que una amplia diversidad de tipos de personalidad ha elegido esta disciplina, quizás porque la propia disciplina es diversa. Esta muestra tiene seis tipos con autoselección positiva, tres en común con el alumnado de bellas artes, tres en común con el alumnado de terapia ocupacional, tres son I, tres son E; tres son NF, dos son NT y uno es el de algún modo distante SF. Probablemente, los estilos de enseñanza que desarrollaron estas personas terminaría variando en consecuencia.

ISTJ	ISFJ	INFJ	INTJ
N - 4	N - 2	N - 11	N - 3
3,4%	1,7%	9,3%	2,5%
SSR - 0,53	SSR - 0,25	SSR - 2,07	SSR - 0,62
ISTP	ISFP	INFP	INTP
N - 1	N - 2	N - 28	N - 3
0,8%	1,7%	23,8%	2,5%
SSR - 0,27	SSR - 0,32	SSR - 2,14	SSR - 0,50
ESTP	ESFP	ENFP	ENTP
N - 0	N - 3	N - 37	N - 2
0%	2,5%	31,4%	1,7%
SSR - 0,00	SSR - 0,44	SSR - 2,23	SSR - 0,35
ESTJ	ESFJ	ENFJ	ENTJ
N - 2	N - 4	N - 14	N - 2
1,7%	3,4%	11,9%	1,7%
SSR - 0,22	SSR - 0,41	SSR - 1,81	SSR - 0,39

	N	%	N	%	
E	64	54,2	17	14,4	T
I	54	45,8	101	85,6	F
S	18	15,2	42	35,6	J
N	100	84,8	76	64,4	P

Figura 19. Estudiantes de educación en orientación (N = 118).

En la figura 19, educación en orientación, la autoselección parece confinada a los tipos NF. Cada tipo NF tiene un índice de autoselección SSR de 1,80 o superior, y ningún otro tipo tiene un índice de autoselección superior a 0,62. El motivo es fácilmente comprensible: que la orientación viene prácticamente definida por una combinación de intuición y sentimiento. El campo de la intuición permite ver las posibilidades, y el campo del sentimiento dota de cierta preocupación por las personas, lo cual hace el ejercicio de la intuición doblemente gratificante, dado que supone la búsqueda y el hallazgo de nuevas posibilidades *para las personas*.

Los sujetos de esta muestra eran estudiantes de la Universidad de Florida que se especializaban en educación en orientación. Para sus

SSR, la población base fue también la del alumnado de primer curso de la misma universidad.

ISTJ	ISFJ	INFJ	INTJ
N - 0	N - 1	N - 5	N - 8
0%	1,4%	7,0%	11,3%
SSR - 0,00	SSR - 0,35	SSR - 3,33	SSR - 2,41
ISTP	**ISFP**	**INFP**	**INTP**
N - 1	N - 1	N - 15	N - 10
1,4%	1,4%	21,1%	14,1%
SSR - 0,27	SSR - 0,32	SSR - 5,07	SSR - 2,36
ESTP	**ESFP**	**ENFP**	**ENTP**
N - 0	N - 1	N - 9	N - 8
0%	1,4%	12,7%	11,3%
SSR - 0,00	SSR - 0,22	SSR - 1,78	SSR - 1,43
ESTJ	**ESFJ**	**ENFJ**	**ENTJ**
N - 0	N - 1	N - 6	N - 5
0%	1,4%	8,5%	7,0%
SSR - 0,00	SSR - 0,22	SSR - 2,39	SSR - 1,06

	N	%	N	%	
E	30	42,3	32	45,1	T
I	41	57,7	39	54,9	F
S	5	7,0	26	36,6	J
N	66	93,0	45	63,4	P

Figura 20. Becados Rhodes (N = 71 varones).

La muestra de Becados Rhodes[9] (figura 20) es el resultado de una competición severa. Se observa un porcentaje de tipos intuitivos superior incluso al de los finalistas nacionales de Mérito. La mayoría son tipos de sentimiento, porque en la definición del Becado Rhodes ideal, se hace hincapié en un talante bondadoso que se interese por los demás.

---

9. Las Becas Rhodes son un premio internacional de posgrado para estudiantes que les permite seguir sus estudios en la Universidad de Oxford. *(N. del T.)*

La figura 21 se basa en los datos del estudio de seguimiento de Miller (1967) sobre alumnas y alumnos de siete facultades de derecho, incluyendo abandonos de los estudios. Se muestra el número de abandonos de cada tipo, precedido por un signo de sustracción (–) en la misma línea de la frecuencia para ese tipo. El DOR *(dropout ratio,* es decir, el *índice de abandono),* que es el porcentaje de abandonos del tipo de personalidad dividido por el porcentaje de abandonos de la muestra en su conjunto, aparece debajo del SSR.

ISTJ	ISFJ	INFJ	INTJ
N - 236-28	N - 58-13	N - 58-8	N - 194-22
10,5%	2,6%	2,6%	8,6%
SSR - 1,43	SSR - 0,62	SSR - 0,51	SSR - 1,19
DOR - 0,71	DOR - 1,34	DOR - 0,82	DOR - 0,68
ISTP	ISFP	INFP	INTP
N - 87-18	N - 33-7	N - 120-31	N - 221-42
3,9%	1,5%	5,3%	9,8%
SSR - 1,19	SSR - 0,52	SSR - 0,67	SSR - 1,26
DOR - 1,23	DOR - 1,25	DOR - 1,56	DOR - 1,15
ESTP	ESFP	ENFP	ENTP
N - 87-12	N - 42-6	N - 132-32	N - 245-46
3,9%	1,9%	5,9%	10,9%
SSR - 1,03	SSR - 0,44	SSR - 0,61	SSR - 1,34
DOR - 0,82	DOR - 0,84	DOR - 1,45	DOR - 1,13
ESTJ	ESFJ	ENFJ	ENTJ
N - 295-44	N - 80-14	N - 75-14	N - 285-37
13,1%	3,5%	3,3%	12,7%
SSR - 1,41	SSR - 0,60	SSR - 0,57	SSR - 1,69
DOR - 0,90	DOR - 1,04	DOR - 1,13	DOR - 0,78

	N	%	N	%	
E	1241	55,2	1650	73,4	T
I	1007	44,8	598	26,6	F
S	918	40,8	1281	57,0	J
N	1330	59,2	967	43,0	P

Figura 21. Estudiantes de derecho (N = 2248 – 374 de los cuales abandonaron).
Fuente: Miller (1965, 1967)

Los resultados son bien visibles. Lo esencial para el derecho es T, preferiblemente TJ. Los cuatro tipos TJ tienen una autoselección positiva y un índice de abandonos inferior a la media. Tres de los tipos TP tienen una autoselección positiva, pero un índice de abandonos *superior a la media*. Ninguno de los tipos de sentimiento tiene un SSR superior al 0,67, y seis de ellos tienen un índice de abandonos superior a la media. Aparentemente, las personas de mente dura son las que abordan mejor los estudios de derecho.

ISTJ	ISFJ	INFJ	INTJ
N - 39	N - 24	N - 3	N - 9
13,9%	8,6%	1,1%	3,2%
SSR - 1,72	SSR - 2,16	SSR - 0,51	SSR - 0,69
ISTP	ISFP	INFP	INTP
N - 19	N - 10	N - 6	N - 5
6,8%	3,6%	2,1%	1,8%
SSR - 1,32	SSR - 0,82	SSR - 0,51	SSR - 0,30
ESTP	ESFP	ENFP	ENTP
N - 22	N - 16	N - 7	N - 9
7,9%	5,7%	2,5%	3,2%
SSR - 1,02	SSR - 0,89	SSR - 0,35	SSR - 0,41
ESTJ	ESFJ	ENFJ	ENTJ
N - 72	N - 21	N - 6	N - 12
25,7%	7,5%	2,1%	4,3%
SSR - 1,64	SSR - 1,16	SSR - 0,61	SSR - 0,64

	N	%	N	%	
E	165	58,9	187	66,8	T
I	115	41,1	93	33,2	F
S	223	79,6	186	66,4	J
N	57	20,4	94	32,6	P

Figura 22. Policía urbana (N = 280).

La muestra de policía urbana, en la figura 22, nos permite una interesante comparación con la muestra de alumnado de derecho que acabamos de ver, puesto que ambos grupos tratan con la ley. El alumnado trata con las distinciones sutiles de la ley, lo que una persona puede o no puede hacer. También se enfrenta a la perspectiva sin fin de trabajar con palabras frente a adversarios armados también con palabras. Éstas son buenas razones que explican por qué el 59 % de los miembros de esta muestra están en el lado intuitivo.

Sin embargo, la policía se halla en S en un 79 %. Trata con una situación concreta y después otra, donde las palabras no son tan importantes como las decisiones y las acciones. Son más J que el alumnado de derecho, y muchos más de ellos se encuadran en tipos de sentimiento. Es decir, nos podemos encontrar con más compasión en las calles que en los tribunales de justicia.

ISTJ	ISFJ	INFJ	INTJ
N - 14	N - 12	N - 9	N -10
11,3%	9,7%	7,3%	8,1%
SSR - 1,40	SSR - 2,44	SSR - 3,44	SSR - 1,72
ISTP	ISFP	INFP	INTP
N - 0	N - 1	N - 3	N - 1
0%	0,8%	2,4%	0,8%
SSR - 0,0	SSR - 0,18	SSR - 0,58	SSR - 0,14
ESTP	ESFP	ENFP	ENTP
N - 1	N - 3	N - 6	N - 2
0,8%	2,4%	4,8%	1,6%
SSR - 0,10	SSR - 0,38	SSR - 0,68	SSR - 0,20
ESTJ	ESFJ	ENFJ	ENTJ
N - 27	N - 15	N - 7	N - 13
21,8%	12,1%	5,6%	10,5%
SSR - 1,39	SSR - 1,87	SSR - 1,59	SSR - 1,58

	N	%	N	%	
E	74	59,7	68	54,8	T
I	50	40,3	56	45,2	F
S	73	58,9	107	86,3	J
N	51	41,1	17	13,7	P

Figura 23. Miembros de la administración de escuelas (N = 124).
Fuente: von Fange (1961)

La tabla de tipos de la figura 23, que es una muestra de miembros de la administración escolar canadiense recogida por von Fange (1961), es única. Está todo en la parte superior y en la parte inferior. La muestra parece que no haya marcado preferencias entre E e I, S y N, o T y F. Sin embargo, en la relación con el mundo que les rodea existe un 86 % de J. Probablemente, la capacidad para tomar decisiones una y otra vez, grandes y pequeñas, sin desgastarse en exceso, sea vital para aquellas personas responsables de mantener estables los sistemas educativos.

CAPÍTULO 4

Los efectos de la preferencia EI

El comportamiento de las personas extrovertidas se basa en la situación exterior. Si son pensadoras, tienden a criticarla, analizarla u organizarla. Los tipos de sentimiento pueden defenderla, protestar contra ella o intentar mitigarla. Los tipos de sensación pueden disfrutar de ella, utilizarla o soportarla con el mejor talante. Y los intuitivos suelen intentar cambiarla. En cualquier caso, el tipo extrovertido comienza con la situación exterior.

El introvertido, no obstante, *comienza* desde bastante más atrás, con las ideas interiores, los conceptos mentales, derivados de lo que Jung llamó arquetipos. La teoría de tipos sostiene que los arquetipos son innatos en todos los seres humanos. No tienen su origen en la experiencia personal, individual, si bien la experiencia personal puede activarlos. Constituyen la esencia abstracta de la experiencia y las aspiraciones de la humanidad. Son los universales, las formas de pensamiento, que aportan patrones y significados fuera de la abrumadora multiplicidad de la vida. (Para los tipos extrovertidos, la multiplicidad es más bien agradable, pero puede ser intolerablemente molesta para los introvertidos, a menos que puedan ver un significado unificador que la ponga bajo control).

Cuando se encuentran con una situación externa que se corresponde con una idea o concepto familiar, los tipos introvertidos abordan la situación con cierta sensación de reconocimiento, como si vieran una buena ilustración de algo largo tiempo conocido. En tales situaciones, los introvertidos muestran una profunda comprensión. Sin embargo, la situación exterior se les puede antojar accidental, irrelevante y carente de importancia si no se corresponde en absoluto con conceptos familiares para ellos, de ahí que sea altamente probable que los tipos introvertidos gestionen mal esa situación. Un ejemplo histórico lo constituye la ceguera de Woodrow Wilson en Versailles, al fiar la paz a la Liga de Naciones, una decisión que su propio país no estaba preparado para aceptar. Estaba demasiado obsesionado con la idea de una organización mundial, y pasó por alto el propio proceso democrático, por lo que el senado le pareció irrelevante, y fracasó.

Debido a que las ideas influyen en sus energías, es importantísimo que las personas introvertidas dispongan de «ideas correctas» acerca de las cosas. Su característica pausa previa a la acción, que las extrovertidas califican con ligereza como duda, cumple un verdadero propósito, pues les da tiempo para estudiar y clasificar una situación novedosa, con el fin de que la acción emprendida tenga sentido a largo plazo. Sin embargo, se meten en problemas cuando no observan la situación exterior con la suficiente atención y, por tanto, no la ven realmente. Las extrovertidas no suelen *detenerse* a observar la situación concreta el tiempo suficiente como para ver la idea subyacente.

Las ventajas de comenzar con la situación exterior son obvias, y se valoran mucho en la actual civilización occidental, que está dominado por el punto de vista extrovertido. Existen multitud de razones para este dominio. Primero, que las personas extrovertidas son más vocales que las introvertidas. Segundo, que son más numerosas, en una proporción aparente de 3 a 1.[10] Y, tercero, que son más accesibles y comprensibles, en tanto que las introvertidas son difíciles de comprender

---

10. En un estudio de Isabel Briggs Myers de la primera época, no publicado, se pasó el Indicador de Tipo a la totalidad de estudiantes varones de undécimo y duodécimo grados de secundaria de la ciudad de Stamford, en Connecticut. Los introvertidos conformaron el 28,1 % de los 217 alumnos de undécimo grado y el 25,8 % de los 182 alumnos de duodécimo grado.

de inmediato, incluso entre ellas mismas, y es probable que sean completamente incomprensibles para las personas extrovertidas.

En consecuencia, convendrá señalar las ventajas de los tipos introvertidos, no sólo para los extrovertidos, sino incluso, para los propios introvertidos, pues las personas mejor ajustadas son las «psicológicamente patriotas» que están felices siendo quienes son. Los introvertidos más capaces pueden desenvolverse de forma sorprendentemente fácil en la extroversión, aunque nunca intentan *ser* extrovertidos. Mediante un buen desarrollo del proceso auxiliar, han aprendido a abordar de forma competente el mundo exterior sin necesidad de prometerle lealtad alguna. Su lealtad la ponen en sus propios principios interiores, y de ahí derivan una orientación vital segura e inquebrantable.

Una ventaja de las introvertidas es su inherente continuidad, su independencia de la situación externa momentánea, que por lo general es tan accidental como les parece a ellas. Las condiciones y los estímulos externos varían constantemente, pero los estímulos internos son bastante más constantes. Los niños y niñas introvertidos, que ignoran por completo muchos de los estímulos externos que pueden distraerlos, siguen sus propias y silenciosas inclinaciones, y los progenitores de esos pequeños e incansables introvertidos se maravillan ante su «poder de concentración».

Esta capacidad para la concentración es probable que caracterice la carrera profesional de los tipos introvertidos. En tanto que los extrovertidos tienden a ampliar la esfera de su trabajo, para presentar sus productos pronto ante el mundo, para darse a conocer a un amplio círculo, y para multiplicar relaciones y actividades, el introvertido adopta el enfoque opuesto. Al tiempo que profundizan más en su trabajo, los introvertidos son reacios a decir que lo han terminado y también a hacerlo público; y, cuando lo hacen, suelen ofrecer sólo sus conclusiones, sin los detalles de lo que han hecho. Esta brevedad impersonal de comunicación no redunda en beneficio de su audiencia y su fama, pero les evita sentirse abrumados ante las demandas externas y les permite volver sobre otra fase ininterrumpida de trabajo. Como dicen que comentó Jung en cierta ocasión, la actividad de los introvertidos se hace con ello más profunda, y su labor perdura más en el tiempo.

Otro aspecto útil del desapego de los introvertidos es que no se ven demasiado afectados por la falta de estímulo y apoyo. Si creen en lo que están haciendo, pueden trabajar felizmente durante mucho tiempo sin que se les tenga que animar, como deben hacer normalmente los pioneras. Tal comportamiento no tiene sentido para la mayoría de los extrovertidas. Una joven brillante y muy extrovertida (una ENTP) protestó: «¡Pues yo nunca estoy segura de si mi trabajo es bueno o malo hasta que me entero de lo que los demás piensan de él!».

Por último, aunque los extrovertidos tienen ciertamente más sabiduría mundana y un sentido más ajustado de conveniencia u oportunidad, los introvertidos tienen su ventaja correspondiente en sabiduría no mundana, dado que están más cerca de las verdades eternas. El contraste es especialmente evidente cuando un extrovertido y un introvertido crecen juntos en la misma familia. El niño introvertido suele ser capaz de captar y aceptar un principio moral –«tuyo y mío», por ejemplo– en su forma abstracta, mientras que el niño extrovertido no se deja impresionar por el principio abstracto en tanto no lo experimente; sólo después de aprender a las malas lo que los demás piensan, es cuando el extrovertido dispone de una base para la conducta.

Los rasgos de contraste resultantes de la preferencia EI se resumen aquí en dos columnas paralelas, en la figura 24. En general, estas diferencias distinguen a la gente en la mitad inferior de la tabla de los tipos de quienes se hallan en la mitad superior.

Tipos extrovertidos	Tipos introvertidos
Los que piensan las cosas tarde. No pueden comprender la vida hasta que la han vivido.	Los previsores. No pueden vivir la vida hasta que la comprenden.
Actitud relajada y confiada. Esperan que las aguas sean poco profundas, y se zambullen sin pensárselo dos veces en experiencias nuevas que no han sido puestas a prueba.	Actitud reservada e inquisitiva. Esperan que las aguas sean profundas, y hacen una pausa para sondear todo lo novedoso que no ha sido puesto a prueba.

Mente orientada hacia el exterior, el interés y la atención siguen los sucesos objetivos, principalmente aquellos del entorno inmediato. De ahí que su mundo real sea el mundo exterior de las personas y las cosas.

Mente orientada hacia el interior, normalmente inconsciente del entorno objetivo, el interés y la atención quedan absortos ante los acontecimientos internos. De ahí que su mundo real sea el mundo interior de las ideas y la comprensión.

El genio civilizador, las personas de acción y de logros prácticos, que primero hacen y luego se lo piensan.

El genio cultural, las personas de las ideas y las invenciones abstractas, que primero piensan y luego se lo vuelven a pensar.

La conducta en cuestiones esenciales está gobernada en todo momento por las condiciones objetivas.

La conducta en cuestiones esenciales está siempre gobernada por valores subjetivos.

Se entregan generosamente a reclamos y condiciones externas que, para ellos, constituyen la vida.

Se defienden en la medida de lo posible de los reclamos y las condiciones externas en favor de la vida interior.

Comprensibles y accesibles, normalmente sociables, más cómodos en el mundo de las personas y las cosas que en el mundo de las ideas.

Sutiles e impenetrables, normalmente taciturnos y tímidos, más cómodos en el mundo de las ideas que en mundo de las personas y las cosas.

Expansivos y poco vehementes, se descargan de las emociones mientras siguen la corriente.

Intensos y apasionados, embotellan sus emociones y las conservan con cuidado, como si de explosivos se tratara.

Su debilidad habitual se halla en cierta tendencia hacia la superficialidad intelectual, proclives a llamar la atención en los tipos extremos.

Su debilidad habitual se halla en cierta tendencia hacia lo no práctico, proclives a llamar la atención en los tipos extremos.

Su salud y su integridad dependen de un desarrollo razonable de la introversión que las equilibre.	Su salud y su integridad dependen del desarrollo razonable de la extroversión que las equilibre.
Freud	Jung
Darwin	Einstein
Roosevelt (tanto Theodore como Franklin Delano)	Lincoln

Figura 24. Los efectos de la preferencia
El Fuente de las figuras 24 a 31: las notas de Katharine C. Briggs.

CAPÍTULO 5

Los efectos de la preferencia SN

Cualquier persona que prefiera la sensación a la intuición estará interesada, principalmente, en realidades, mientras que cualquier persona que prefiera la intuición a la sensación estará principalmente interesada en posibilidades.

Esta preferencia es completamente independiente de la EI. Las personas intuitivas no tienen por qué ser introvertidas. Sus posibilidades pueden ser externas, e ir en pos de ellas en el mundo exterior de las personas y las cosas. Del mismo modo, los tipos de sensación no tienen por qué ser extrovertidos. Pueden ser tan objetivos y basados en los hechos reales en el mundo de las ideas.

Por definición, los tipos de sensación dependen de los cinco sentidos de la percepción. Cualquier cosa que provenga de los sentidos será parte de la experiencia personal de los tipos de sensación y será, por tanto, digna de crédito. Lo que provenga indirectamente de otras personas *a través de la palabra hablada o escrita* será menos digno de crédito. Las palabras no son más que símbolos que deben traducirse a la realidad antes de que signifiquen algo y, por tanto, portan menos capacidad de convicción que la experiencia.

Comparativamente, las intuitivas no se sienten tan interesadas en los informes sensoriales de las cosas tal como son, sino que escuchan las intuiciones que les llegan del inconsciente con seductoras visiones de posibilidades. Como ya se ha comentado, estas aportaciones de los procesos inconscientes varían desde la «corazonada» o «premonición» meramente masculinas hasta la «intuición femenina», pasando por todo el rango de ideas, proyectos, empresas e invenciones originales, hasta llegar a los ejemplos más sublimes de arte creativo, inspiración religiosa o descubrimiento científico.

El factor común en todas estas manifestaciones de la intuición es una especie de salto de esquí: un despegue ascendente desde lo conocido y lo establecido que termina en una llegada en picado a un punto avanzado donde, en apariencia, se ha prescindido de los pasos intermedios. Pero, claro está, esos pasos no han sido suprimidos realmente, sino que los ha recorrido el inconsciente en el inconsciente, por lo general con una velocidad extraordinaria. Y así, el resultado de los procesos inconscientes emerge en la mente consciente con un estallido de inspiración y certidumbre. Para las personas intuitivas, estas inspiraciones son el aliento de la vida. Los únicos campos que interesan a las intuitivas son aquellos que dan cierto juego a las inspiraciones. Aborrecen la rutina, porque no deja espacio para que la inspiración se emplee a fondo.

Así pues, la innovadora, la pionera en el pensamiento o la acción, es probable que sea una intuitiva. En los primeros tiempos de la América del Norte colonial, el atractivo de las posibilidades del Nuevo Mundo fue algo que debieron sentir con mucha más intensidad los intuitivos que los tipos de sensación. Esto debió suponer un potente factor selectivo. Si las colonias de América del Norte (y después de ellas los Dominios de Su Majestad Británica) extrajeron una cantidad desproporcionada de personas intuitivas, dejando en Inglaterra una inmensa mayoría (de algún modo inusual) de tipos de sensación, podríamos encontrar una explicación a algunas de las características comúnmente atribuidas a los nacionales ingleses. La solidez, el conservadurismo y la obstinada paciencia del inglés, su amor por las costumbres y las tradiciones, su serena adicción al té de las cinco y al prolongado fin de semana es algo característico de los tipos de sensación, que saben cómo aceptar y valorar su mundo tal como es. Por otra parte, nuestro «individualismo americano», el «ingenio yanqui» y el culto al «cuanto más grande mejor» es algo característico de los intuitivos, con su entusiasmo por todo aquello que pueda haber al otro lado de la esquina. Sin embargo, la dirección que las personas intuitivas le han dado a nuestra vida nacional no significa que sean mayoría. Incluso en Estados Unidos, los intuitivos parecen suponer sólo un cuarto o menos de la población total.

La proporción de intuitivos varía ampliamente de un nivel educativo a otro. De hecho, es en especial baja entre el alumnado de cursos de secundaria generales y vocacionales, y al menos el doble en secundaria preparatoria para universidad, y aún más alta en la universidad, sobre todo en facultades muy selectivas. En una muestra de finalistas de Becas Nacionales al Mérito había un 83 % de intuitivos. (Si se desea comparar varias muestras, *véase* el capítulo 3, figuras 3 a 23). La preferencia por la intuición *parece* llevar a la persona a buscar una educación superior, pero la diferencia puede ser tanto de interés como de aptitud.

La admisión de un solicitante en una universidad determinada puede parecer que se basa exclusivamente en la evaluación que hace el comité de admisiones a partir del historial académico del estudiante, basándose en sus notas y sus puntuaciones de aptitudes académicas. Pero, en realidad, durante doce años, el estudiante ha estado emitiendo un voto para ir a esta facultad de esta universidad o a cualquier otra. Por ejemplo, después de esforzarse mucho en sus estudios, pero sin tener un verdadero interés por seguir una carrera universitaria, un estudiante podría no estar dispuesto a continuar con otros cuatro años de estudios. Este sentimiento quedaría reflejado en las notas del estudiante. Por término medio, los niños y las niñas de sensación tienen menos interés en los estudios superiores que los niños y niñas de intuición. (En el capítulo 13 se discute lo que podría hacerse con respecto a esta tendencia).

También por término medio, los niños y niñas de sensación obtienen puntuaciones más bajas que niñas y niños intuitivos en los test de inteligencia y de aptitudes académicas, si bien cometeríamos un error si llegáramos a la conclusión de que los tipos de sensación son menos «inteligentes», puesto que los test no tienen en cuenta la legítima elección entre dos técnicas rivales a la hora de aplicar la inteligencia en la vida.

La lengua nativa del niño de sensación es la realidad expresada por los sentidos. La lengua nativa del intuitivo, sin embargo, es la palabra, la metáfora, el símbolo, pronunciado por el inconsciente. La mayoría de los test mentales se acomodan necesariamente al lenguaje intuitivo, de tal modo que el niño de sensación tiene que hacer más «traducciones» a su lengua, y la traducción lleva tiempo.

Aunque los test de inteligencia son habitualmente test de velocidad por una cuestión de conveniencia, sería discutible si la velocidad tiene un lugar por derecho propio en el concepto básico de inteligencia. Los intuitivos tienden a definir la inteligencia como «rapidez de comprensión», por lo que juzgan el caso de antemano y en su favor, pues la intuición es muy rápida. La técnica intuitiva remite el problema como un relámpago al inconsciente, que opera con suma rapidez para ofrecer una respuesta inmediata.

Los tipos de sensación no tienen una comunicación tan estrecha con su inconsciente. No confían en que vaya a aparecer de repente una respuesta. No creen que sea prudente precipitarse. Tienden a definir la inteligencia como «solidez o solvencia de comprensión», un acuerdo seguro y sólido de las conclusiones con los hechos; ¿y cómo va a ser posible eso en tanto no se hayan considerado los hechos? Por tanto, para llegar a una conclusión quieren estar seguros de su solidez, como un ingeniero examinando un puente antes de decidir cuánto peso va a poder soportar. No van a tomarse la cosa a la ligera, y detestan que la gente no sea más específica en la conversación. El hecho de creer que las cuestiones inferidas no son tan fiables como las explícitamente establecidas hace que se sientan molestos cuando les dejas cosas a su imaginación. (Por su parte, las personas intuitivas se sienten molestas normalmente –cuando no aburridas– si no lo haces).

Así, un niño de sensación al que se le pase un test de inteligencia leerá cada pregunta lenta y cuidadosamente varias veces y, claro está, dará respuesta a menos preguntas que un niño intuitivo. Las personas de sensación confirman este hecho. A una mujer ISFJ que trabajaba en una oficina de personal que utilizaba el Indicador de Tipo se le preguntó cuál era su técnica a la hora de cumplimentar un test, y contestó: «¡Oh, yo siempre leo la pregunta tres o cuatro veces! ¡Tengo que hacerlo así!». No necesitaba hacerlo para poder comprender la pregunta, pero lo hacía con el fin de quedarse *satisfecha* con que la había comprendido bien, de ahí que fuera lentamente, y esa misma lentitud se convertía en un inconveniente. Hay, sin embargo, personas de sensación que se las ingenian para sacrificar su deliberación natural al cumplimentar un test, pero eso es algo que hacen en contra de su naturaleza. Un psicólogo ISTJ, que había obtenido sorprendentemente una serie ininterrumpida de puntuaciones bajas en los test hasta que llegó a los Exámenes de Registro para Graduados, recuerda que estaba tan enfadado con su rendimiento que decidió que no lo iba a hacer peor si «lo hacía a toda prisa como un idiota». Pues, bien, por vez primera en su vida obtuvo una puntuación elevada.

La elección entre las dos técnicas rivales de percepción tiene un efecto profundo en el rendimiento escolar desde un principio. Los niños y niñas de sensación que acaban de salir del jardín de infancia, sin instinto alguno para los símbolos, es poco probable que descubran por sí solos que una letra significa algo más allá de lo que obviamente es: una forma sobre un papel. Si nadie les explica qué significa, seguirán viendo formas en un papel hasta mucho después de que niñas y niños intuitivos vean sonidos, palabras y significados; y cuando empiecen a leer, difícilmente llegarán a leer por placer, a menos que se encuentren un libro en el que haya hechos que deseen conocer.

Con frecuencia, los niños y niñas de sensación resultan asimismo traicionados en el campo de la aritmética. Antes de ir a la escuela, necesitan tener una noción cuantitativamente sólida de lo que es un número, de tal modo que sepan que la *tresidad* es una cualidad para la cual el *tres* es un símbolo útil; *de otro modo, no pasarán de la idea de que «tres» es un garabato en la pizarra.* Tienen buen ojo, y se aprenderán los garabatos sin ningún problema. Después les dirán que, cuando una línea torcida llamada *dos* aparece debajo de otra forma llamada *tres,* tienen que recordar que han de poner abajo del todo una figura más complicada llamada *cinco.* Y como, por lo general, tienen una buena memoria, estos niños y niñas aprenderán esto. A base de tarjetas educativas nemotécnicas y de mucho insistir, se aprenderán de memoria todos los «hechos de la adición» y los «hechos de la sustracción» acerca de los garabatos, pero no habrá nada *inherente* en el aprendizaje que les haga sospechar que las líneas retorcidas significan algo. Para muchos de estos niños y niñas, dos más tres es completamente diferente de tres más dos, y tienen que aprendérselo por separado.

Los niños y niñas de sensación son precisos como una regla en sus cálculos simples, solo porque ponen más cuidado que los intuitivos; pero, cuando llegan al álgebra, o bien a problemas que se presentan con palabras, muchos de ellos tienen dificultades para discernir *qué* hay que calcular. Una niña de doce años decía acerca de un problema sobre porcentajes: «¡Lo he hecho de tres maneras, pero no sé cuál es la correcta!». La mayoría de las niñas y niños intuitivos, que comprenden los símbolos, reconocen el significado de las cifras desde un principio, y están listos para trabajar con los problemas sin demasiadas dificultades. El contraste con ellos puede hacer que los niños y niñas de sensación parezcan estúpidos, lo cual desanima mucho.

Los tipos de sensación, obviamente, no son estúpidos en absoluto, pero alguien tendrá que mostrarles el significado de los números antes de que cumplan los seis años. Si se les da el significado de los números de una forma que puedan comprender desde un principio, para que puedan entender lo que están haciendo, disfrutarán del hecho de que a dos más dos *se les puede hacer depender* para que hagan cuatro. Incluso puede que conviertan el trabajo con las cifras en el trabajo de toda su vida. Los tipos de sensación son sólidos y precisos, y disfrutan con la exactitud, de modo que pueden ser buenos contables, administradores de nóminas, navegantes y estadísticos.

Para que niños y niñas de sensación ejerciten su don del realismo, han de tener acceso a los hechos, además de tiempo para asimilarlos. En tanto que a los tipos intuitivos les gusta aprender de manera intuitiva, los tipos de sensación prefieren aprender familiarizándose con las cosas. Los tipos de sensación es más probable que destaquen en disciplinas en las que se den muchos hechos sólidos y contrastados, como historia, geografía, ciudadanía o biología, mientras que se hallan en desventaja en materias basadas en principios generales. Normalmente, el problema puede ser solo que el profesor ha sido demasiado breve y demasiado abstracto a la hora de hacer referencia a los principios, y ha pasado sobre ellos con tanta rapidez que el alumnado de sensación no ha tenido tiempo de relacionarlos con los hechos. La física, por ejemplo, puede ser una pesadilla para una mente basada en los hechos.

Se puede citar puntualmente un caso por lo que tiene de irónico. Un estudiante serio y esforzado con un nivel de notas de «B» (notable en el sistema español), que quería ser médico y tenía un tipo excelente para ello, el ISFJ, suspendió en un curso de preparación para medicina porque no pudo estar al nivel de los ingenieros en física. Ahora es médico y sus pacientes no se preocupan por la rapidez con la que haga sus diagnósticos, que son prolongados y consistentes. La misma confianza en las sensaciones que le hizo difícil la física es la que le es útil ahora como médico, donde trata con realidades inmediatas –el ritmo del latido cardíaco, el sonido de la respiración, el tono de color de la piel o su palidez–, con esa miríada de detalles que un médico debe percibir y sopesar. Tacto, vista y oído deben ser sus guías últimas a la hora de aplicar su propia experiencia o la sabiduría contenida en sus libros. Los tipos intuitivos son necesarios en la investigación médica, en el profesorado de las facultades de medicina y en las especialidades complejas; pero, como médicos de familia, los tipos de sensación están en su terreno, y su aptitud para la física tiene poco o nada que ver con su competencia. La Universidad Johns Hopkins hace mucho que reconoció esta discrepancia y creó una asignatura especial de física para estudiantes de preparatorio de medicina, dado que el curso habitual había estado descalificando a estudiantes valiosos.

Cuando los educadores tengan en cuenta la preferencia SN e intenten satisfacer las distintas necesidades del alumnado, ya desde el jardín de infancia, el uso de los recursos humanos será más satisfactorio y efectivo. Niños y jóvenes realistas ya no se verán penalizados por su preferencia por la observación directa y la experiencia de primera mano –tal como le ocurrió a Charles Darwin en sus años de formación, cuando sus profesores le evaluaban por debajo de la media a nivel intelectual.

Se ofrece aquí un resumen comparativo de los rasgos resultantes de la preferencia SN a través de dos columnas paralelas en la figura 25. Estos rasgos son más evidentes en los tipos EP, cuyo proceso perceptivo es a un tiempo *extrovertido y dominante,* y, en consecuencia, es más visible y está menos reprimido. Cuando el proceso perceptivo es el auxiliar, éste está subordinado al juicio del proceso dominante, y sus manifestaciones tienden a ser más moderadas.

Tipos de sensación	Tipos de intuición
Se enfrentan a la vida desde la observación, anhelando disfrutar de ella.	Se enfrentan a la vida desde la expectación, anhelando sentirse inspirados.
Admiten en la consciencia cada impresión de los sentidos y son intensamente conscientes del entorno externo; son observadores a expensas de la imaginación.	Admiten plenamente en la consciencia sólo las impresiones de los sentidos que guarden relación con la inspiración actual; son imaginativos a expensas de la observación.
Son amantes del placer y consumidores por naturaleza, aman la vida tal cual es y tienen una gran capacidad de disfrute; por lo general se dan por satisfechos.	Son iniciadores, inventores y promotores por naturaleza; no gustan de la vida tal como es, y tienen poca capacidad para vivirla tal como es, así como para vivir en el presente y disfrutar de él. Son normalmente inquietos.
Desean principalmente poseer y disfrutar, y son muy observadores. Esto les lleva a ser imitativos, queriendo tener lo que otros tienen y hacer lo que otros hacen, y son muy dependientes de su entorno físico.	Desean principalmente oportunidades y posibilidades, y son muy imaginativos. De ahí que sean inventivos y originales, bastante indiferentes ante lo que otras personas puedan tener o hacer, y son muy independientes de su entorno físico.

Les desagradan intensamente todas aquellas ocupaciones que requieran la supresión de las sensaciones, y son reacios a sacrificar el disfrute presente por una ganancia o un bien futuro.	Les desagradan intensamente todas aquellas ocupaciones que precisen de una concentración sostenida sobre las sensaciones, y están dispuestos a sacrificar el presente en gran medida, por cuanto no viven en él ni lo disfrutan especialmente.
Prefieren el arte de vivir en el presente a las satisfacciones que pueda proporcionar el emprendimiento y el logro.	Prefieren el gozo del emprendimiento y el logro, y prestan poca o ninguna atención al arte de vivir en el presente.
Contribuyen al bienestar público mediante su apoyo a toda forma de disfrute y recreo, y a toda variedad de confort, lujo y belleza.	Contribuyen al bienestar público mediante su inventiva, su iniciativa, su emprendimiento y su inspirado liderazgo en todas las direcciones de los intereses humanos.
Corren siempre el peligro de ser frívolos, a menos que alcancen cierto equilibrio mediante el desarrollo del proceso de enjuiciamiento.	Corren siempre el peligro de ser inconsistentes y volubles, y carecen de persistencia, a menos que alcancen cierto equilibrio a través del desarrollo del proceso de enjuiciamiento.

Figura 25. Los efectos de la preferencia SN.

CAPÍTULO 6

Los efectos de la preferencia TF

El pensamiento y el sentimiento son instrumentos que rivalizan a la hora de tomar decisiones. Ambos son razonables e internamente consistentes, pero cada uno opera según sus propias normas. Jolande Jacobi (1968) decía que el pensamiento evalúa desde el punto de vista «verdadero-falso» y que el sentimiento lo hace desde el punto de vista «agradable-desagradable». Pero esto parece más bien una formulación hecha por una persona del tipo pensamiento. «Agradable» es una palabra demasiado insulsa para la riqueza personal de la evaluación de un tipo de sentimiento.

Lo importante es reconocer que cada tipo de juicio tiene sus dominios. Recurrir al sentimiento cuando lo que se precisa es pensamiento puede convertirse en un error tan grave como recurrir al pensamiento cuando lo que se necesita es sentimiento.

El pensamiento es esencialmente impersonal. Su meta es la verdad objetiva, independiente de la personalidad y los deseos del pensador o de cualquier otra persona. Tal como lo resumió un pensador introvertido de diecisiete años, al especular sobre el método y el propósito de la Creación: «Me importa poco *cuál* sea la verdad al final, lo que quiero es que todo encaje». Mientras los problemas sean impersonales, como los que pueda suponer la construcción de un puente o la interpretación de un estatuto, las soluciones propuestas pueden y deben ser juzgadas desde el punto de vista «verdadero-falso», y el pensamiento es aquí el mejor instrumento.

Pero si el objeto son las personas en lugar de cosas o ideas –y se necesita la cooperación voluntaria de esas personas–, el enfoque impersonal tiene menos éxito. A nadie (ni siquiera a los pensadores) le gusta que se le vea de forma impersonal y se lo relegue al estatus de «objeto». Los motivos humanos son notablemente personales. Por tanto, en la gestión empática de los seres humanos, donde los valores personales son importantes, el sentimiento será el instrumento más efectivo.

Para las personas pensadoras, la idea de evaluar por medio del sentimiento suena a capricho, a algo poco fiable y descontrolado, pero las personas pensadoras no son juezas del sentimiento. Juzgarán de forma natural cualquier sentimiento de por sí, y sus sentimientos estarán relativamente poco desarrollados y serán poco fiables. Cuando el sentimiento está bien desarrollado es un instrumento estable que permite discriminar la valía de los valores personales, seleccionando como estrellas orientadoras aquellos valores que se hallan en lo más elevado, y subordinando los menores a los mayores. Cuando el sentimiento es extrovertido y se dirige sobre las personas, no sólo reconoce sus valores personales, sino que también se las ingenia para transmitir los suyos.

Así, en la enseñanza, la interpretación artística y otras artes, en la oratoria y en esa rama más humilde de la persuasión que se denomina venta, en las relaciones del clero con sus congregaciones, en la vida familiar, en los contactos sociales y en cualquier tipo de asesoramiento, *es el sentimiento el que sirve de puente entre un ser humano y otro.*

La preferencia TF es la única que muestra una diferencia entre sexos. La proporción de tipos de sentimiento es más elevada entre las mujeres que entre los hombres. Esta diferencia en las frecuencias de los tipos para los hombres y para las mujeres ha llevado a muchas generalizaciones en lo relativo al género. Se ha asumido gratuitamente que las mujeres no son tan lógicas como los hombres, pero son más tiernas; que tienen más tacto y son más sociables, pero son menos analíticas, y que tienen la tendencia a tomarse las cosas de forma personal. Todo esto son rasgos de sentimiento. Los tipos de sentimiento (de cualquier sexo) suelen tener estos rasgos. Los tipos de pensamiento (de cualquier sexo) no suelen tenerlos. Las generalizaciones no suelen vincular a las mujeres con el pensamiento y a los hombres con el sentimiento, en parte porque los tipos de personalidad que no encajan con los estereotipos sociales optan por disimular sus rasgos con el fin de protegerse.

Los méritos del enfoque lógico ante la vida propio de las personas de pensamiento son tan obvios y tan conocidos que no parece necesario extenderse mucho sobre ellos aquí. (Se habla de tales méritos con cierto detalle en las descripciones individuales de los tipos de pensamiento que se ofrecen en el capítulo 9). Sin embargo, no debería suponerse en ningún momento que las personas de pensamiento tienen el monopolio en todo lo que suponga una actividad mental que se precie, pues ni siquiera tienen el monopolio del pensamiento. Del mismo modo que las personas de pensamiento pueden conseguir, en ocasiones, un desarrollo del sentimiento ciertamente útil –desarrollo que no interfiere con sus juicios de pensamiento–, también las personas de sentimiento pueden en ocasiones recurrir al pensamiento para encontrar las razones lógicas necesarias para que un tipo de pensamiento acepte una conclusión a la que han llegado vía sentimiento. Antes de la publicación de una obra muy apreciada, emprendida desde el sentimiento y llevada a cabo intuitivamente, se puede utilizar el pensamiento para detectar posibles defectos o debilidades.

Las medidas convencionales de capacidad mental, tales como los test de inteligencia y los estudios académicos, demuestran que algunas de las puntuaciones más altas se encuentran entre los tipos INFP e INFJ, que relegan el pensamiento al último lugar o al penúltimo. La preferencia por el pensamiento parece tener un efecto bastante menos intelectual que la preferencia por la intuición, incluso en determinados campos técnicos, como la investigación científica, donde se esperaba que su influencia fuera de la máxima importancia.

Por tanto, parecería que la marca de un pensador no es tanto la posesión de poderes mentales como el hecho de hacerlos circular por una pista diferente. Las personas de pensamiento se encuentran en su salsa con lo impersonal, y más capaces para gestionar cosas que hay que manejar de manera impersonal. La jueza y el cirujano, por ejemplo, suelen descartar toda consideración personal. Había un famoso cirujano que era tan impersonal que su esposa no conseguía que prestara atención a sus hijos a menos que se los llevara al hospital.

Por último, el tipo de pensamiento no siempre produce un pensamiento de primera clase. Su producto no es mejor que los hechos con los que puso en marcha su pensamiento (y los hechos se obtuvieron a través de una percepción de calidad desconocida), ni tampoco es mejor que la lógica empleada. En cierta ocasión, una persona que había descrito la *lógica* como una forma organizada de equivocarse con confianza manifestó que no se fiaba de los tipos de marcada intuición y de sentimiento a la hora de tomar una decisión según este método tan claro y simple. Cuando una persona de sentimiento valora una idea, una persona o una línea de acción, le tienen sin cuidado los argumentos que una persona de pensamiento pueda esgrimir para refutar su valoración. ¡El juicio de la persona de pensamiento puede estar equivocado! Los pensadores suelen contradecirse entre sí, afirmando ambos: «Ésta es la verdad». Sin embargo, el tipo de sentimiento sólo tiene que decir «Esto es lo que yo valoro».

El resumen de la figura 26 diferencia a las personas de las columnas exteriores de la tabla de tipos de las personas de las columnas del medio. Los rasgos mencionados son de lo más evidentes en los tipos EJ, cuyo proceso de enjuiciamiento es a un tiempo extrovertido y dominante y, en consecuencia, es más visible y enfático. Cuando el proceso de enjuiciamiento es el proceso auxiliar, entonces queda subordinado a las percepciones del proceso dominante y sus manifestaciones tienden a ser más moderadas.

Tipos de pensamiento	Tipos de sentimiento
Valoran la lógica por encima del sentimiento.	Valoran el sentimiento por encima de la lógica.
Son habitualmente impersonales, estando más interesados en las cosas que en las relaciones humanas.	Son normalmente personales, estando más interesados en las personas que en las cosas.
Si se les obliga a elegir entre veracidad y diplomacia o tacto, optarán normalmente por la veracidad.	Si se les obliga a elegir entre diplomacia o tacto y veracidad, optarán normalmente por los primeros.

Son más fuertes en capacidad ejecutiva que en artes sociales.

Son más fuertes en artes sociales que en capacidad ejecutiva.

Es probable que cuestionen las conclusiones de los demás por principio, creyendo que probablemente están equivocados.

Es probable que muestren su acuerdo con las personas que les rodean, pensando del mismo modo que piensan los demás, creyendo que probablemente tienen razón.

Lacónicos y serios por naturaleza, a menudo parecen poco amables y sociables sin saberlo o pretenderlo.

Amables por naturaleza, sean sociables o no, les resulta difícil ser lacónicos y serios.

Normalmente, son capaces de organizar los hechos y las ideas en una secuencia lógica que establece el tema, resalta los puntos necesarios, llega a una conclusión y se detiene sin repetirse.

Habitualmente, les resulta difícil saber por dónde comenzar una declaración o en qué orden presentar lo que tienen que decir. De ahí que divaguen y se repitan, aportando más detalles de los que un pensador considera necesarios.

Reprimen, minusvaloran e ignoran los sentimientos que sean incompatibles con los juicios de pensamiento.

Reprimen, minusvaloran e ignoran los pensamientos que sean ofensivos para los juicios de sentimiento.

Contribuyen al bienestar de la sociedad mediante la crítica intelectual de sus hábitos, costumbres y creencias, sacando a la luz los errores, dando soluciones a los problemas y apoyando la ciencia y la investigación para el desarrollo del conocimiento y la comprensión humanos.

Contribuyen al bienestar de la sociedad con su apoyo leal a buenas causas y aquellos movimientos, normalmente considerados como buenos por la sociedad, que sienten correctos y a los que pueden servir de forma efectiva.

Se encuentran con más frecuencia entre los hombres que entre las mujeres, y cuando se casan con un tipo de sentimiento se convierten de forma natural en guardianes del pensamiento negligente y poco fiable de su pareja.

Se encuentran con más frecuencia entre las mujeres que entre los hombres, y cuando se casan con un tipo de pensamiento se convierten de forma natural en guardianes de los sentimientos negligentes y atormentados de su pareja.

Figura 26. Los efectos de la preferencia TF.

CAPÍTULO 7

Los efectos de la preferencia JP

Los tipos enjuiciadores creen que la vida es una cuestión de voluntad y decisión, mientras que los perceptivos ven la vida como algo que hay que experimentar y comprender. Así, a los tipos enjuiciadores les gusta establecer y resolver cosas o, al menos, tenerlas establecidas y resueltas, en tanto que los tipos perceptivos prefieren mantener sus planes y opiniones tan abiertos como sea posible con el fin de no perderse ninguna experiencia o descubrimiento valioso. El contraste en sus vidas es bastante evidente.

El tipo enjuiciador está llegando constantemente a conclusiones, con el sentido de finalidad que lleva implícito este término. Les *gusta* de verdad disponer de cosas, aunque no sean necesarias. Con frecuencia, los tipos enjuiciadores no sólo pretenden determinar lo que tienen que hacer ellos, sino también lo que tienen que hacer los demás. En cuanto se les presenta la ocasión, dicen lo que los demás tienen que pensar. Una persona claramente enjuiciadora es aquella que dice «lo que tendrías que hacer...» diez minutos después de conocer a alguien.

Los tipos enjuiciadores menos marcados piensan para sí lo que otra persona debería hacer, pero reprimen el impulso de decirlo en voz alta, en tanto que los tipos perceptivos ni siquiera piensan en ello; prefieren escuchar lo que la otra persona *está* haciendo. Dos ejemplos inmortales de tipos perceptivos son Rikki-tikki-tavi, de Kipling, cuyo lema era «corre y entérate», y el Hijo del Elefante, también de Kipling, insaciablemente curioso, que no hacía más que llevarse zurras por preguntar por qué.

Ese interés inextinguible en el qué y el por qué no tiene finalidad alguna. Los tipos perceptivos no llegan a conclusiones hasta que tienen que hacerlo, y a veces ni siquiera entonces. Siendo conscientes de cuántos factores hay implicados y cuánto se desconoce todavía, se horrorizan ante el anhelo de los tipos enjuiciadores por decidirse en algún tema. El dicho de «una mala decisión es mejor que ninguna» sólo tiene sentido para una persona enjuiciadora. Los tipos perceptivos tienen siempre la esperanza de poder resolver el problema comprendiéndolo mejor, «llegando al fondo de él» si son intuitivos o «viéndolo desde todos los lados» si son de tipo sensación. Y con frecuencia lo consiguen. En tales casos, casi no son conscientes del juicio; la solución estaba latente allí, en la situación, y simplemente, con el tiempo, «vieron» lo que había que hacer.

Claro está que, no por ello, los tipos perceptivos dejan de necesitar el juicio. De hecho, su percepción debería de estar *apoyada* por un proceso de enjuiciamiento adecuadamente desarrollado. De otro modo, se desplazarán a favor del viento como un velero con la quilla de seguridad recogida. *Hace falta el juicio* (sea de pensamiento o de sentimiento) *para dar continuidad de propósito y proporcionar una norma mediante la cual criticar y gobernar las propias acciones.*[11]

En el otro extremo, los tipos de juicio con una percepción insuficiente carecen del «dar» y de la cooperación. Si carecen de un proceso perceptivo adecuadamente desarrollado, serán estrechos, rígidos e in-

---

11. De ahí la importancia de una disciplina justa y firme en la construcción del carácter de la persona desde la infancia. Al principio, la madre y el padre son el juicio del niño o la niña. Si los progenitores titubean, los hijos no tendrán nada que juzgar; pero si los progenitores establecen una norma coherente según la cual los jóvenes deban medir su conducta y gobernarse a sí mismos, el padre y la madre les estarán dando el inestimable hábito de juzgar sus propias acciones años antes de que alcancen la edad suficiente como para establecer sus propias normas. Saber enjuiciarse a uno mismo es el comienzo del carácter. Los niños y niñas indisciplinados adquieren esta cualidad mucho más tarde, de forma más dolorosa e incompleta, si es que lo hacen.

capaces de ver cualquier punto de vista salvo el suyo. Esta característica de las personas implacablemente enjuiciadoras recibe el nombre de *prejuicio,* que es un juicio previo impermeable a la percepción.

Además, si los tipos de pensamiento o de sentimiento carecen de percepciones propias, se verán obligados a confiar en las formas de juicio a falta de contenido, por lo que aceptarán las formas que se dan actualmente en su entorno: los tipos de pensamiento dependerán de fórmulas y principios aceptados; los tipos de sentimiento adoptarán actitudes de aprobación y desaprobación; pero todos ellos las aplicarán mecánicamente, sin una percepción genuina de la situación concreta. *Hace falta la percepción* (sea de sensación o de intuición) *para aportar comprensión, apertura mental y un conocimiento de la vida de primera mano, necesarios para que el juicio no nos ciegue.*

Así, las personas equilibradas deberán tener siempre percepción para apoyar su juicio, y juicio para apoyar su percepción, aunque seguirán reteniendo, no obstante, su preferencia básica y las cualidades que otorga. Entre los dones del juicio se incluyen:

- *Sistema al hacer las cosas.* Para un tipo enjuiciador es natural decidir cuál es la mejor manera de hacer algo para luego, coherentemente, hacerlo de ese modo. El proceso de pensamiento intentará hacerlo con el método más lógico; el proceso de sentimiento intentará hacerlo con el método más placentero, adecuado o apropiado.
- *Orden en las posesiones.* Para el juicio, el orden es la primera ley del cielo. Los tipos de pensamiento creen en el orden por motivos utilitarios. Los tipos TJ pueden tenerlo todo en los cajones de su escritorio pulcramente clasificado en cajas, pero quizás no se preocupen en absoluto por cómo está el tablero superior del escritorio; los tipos FJ, que tienen una inclinación hacia la estética, es casi seguro que tendrán también limpio el tablero superior del escritorio.
- *La vida planeada.* El orden, aplicado a las actividades de la propia persona, significa programas y horarios. Los tipos enjuiciadores deciden de antemano lo que intentan conseguir, y establecen planes muy detallados y, a veces, a largo plazo. Los FJ suelen tener su agenda llena debido a sus muchas actividades sociales.

- *Esfuerzo sostenido.* Una vez se han decidido a hacer algo, los tipos enjuiciadores van en pos de ello. Una aplicación como ésta de la fuerza de voluntad da lugar a consecuciones impresionantes. La tortuga de la carrera con la liebre pertenecía, sin duda, al tipo enjuiciador. Por su parte, la liebre es probable que fuera una extrovertida intuitiva sin el adecuado juicio, ya que funcionaba a base de arrancadas y detenciones.

- *Decisión.* No todas las personas que viven según el juicio disfrutan tomando decisiones. A algunas de ellas simplemente les disgusta que haya asuntos sin decidir. Es más probable que éstas sean de tipos de sentimiento que de tipos de pensamiento.

- *Ejercicio de autoridad.* Los tipos enjuiciadores quieren que los demás se conformen a sus estándares, por lo que suelen mostrarse encantados de aconsejarles. Las personas TJ suelen tener mejores capacidades ejecutivas y organizativas; pero, allí donde las normas están firmemente establecidas, las FJ pueden ser muy buenas aplicándolas suavemente. De los 124 administradores escolares citados por von Fange (1961), el 86% eran J.

- *Opiniones establecidas.* Los tipos enjuiciadores saben qué pensar acerca de todo lo que consideren digno de pensar en ello.

- *Aceptación de la rutina.* La aceptación de la rutina se sitúa al final porque cualquier desarrollo destacado de la intuición es apto para anularla, pero los tipos enjuiciadores con sensación parecen capaces de asumir la rutina de un modo más filosófico que cualquiera de los otros tipos.

Por otra parte, entre los dones de la percepción están:

- *Espontaneidad.* La espontaneidad es la capacidad para aceptar de todo corazón la experiencia o la enseñanza del momento presente, aunque algunas cosas que se pretendían no se hayan conseguido. Los tipos perceptivos creen que es más importante ir a ver el nido que los niños han encontrado, tomarse tiempo para buscar la respuesta a una pregunta, o escuchar una confidencia con todo el corazón puesto en la otra persona, que comer a su hora.

- *Apertura mental.* La percepción trae consigo cierta hospitalidad de mente, la disposición a tomar en consideración hechos, ideas y propuestas novedosas, aunque eso suponga reabrir decisiones u opiniones. Los tipos perceptivos dejan muchas decisiones y opiniones en pie, abiertas, a la espera de nueva información.
- *Comprensión.* La percepción se aplica a las personas con el fin de comprender su punto de vista, en vez de pasar a juzgar sus actos. Aquellos progenitores que adoptan una actitud perceptiva con sus hijos e hijas siempre que pueden se hacen merecedores de la confianza de éstos, de tal modo que los jóvenes compartirán con ellos más confidencias que con aquellos progenitores que adoptan una opinión inmediata (y por lo general crítica) acerca de todo lo que se les dice. Las opiniones de padres y madres perceptivos, comparativamente poco abundantes, serán más respetados por los hijos, porque los progenitores les habrán escuchado lo suficiente como para apreciar la situación.

  Una actitud perceptiva *general* es bastante compatible con una disciplina parental firme. Hace falta disciplina para hacer cumplir los principios fundamentales, que ante todo deberían ser pocos. Si los niños cumplen fielmente con ellos, serán aceptados por la sociedad y, al igual que los mayores, tendrán derecho a que no se les atosigue con comentarios cada vez que hacen algo.
- *Tolerancia.* La actitud de «vive y deja vivir» surge en parte de la reluctancia a imponer nada a nadie y, en parte, del reconocimiento perceptivo de que puede haber diversidad de normas legítimas. La tolerancia sólo se hace peligrosa si se lleva al extremo de pasar por alto una verdadera *carencia* de normas en algún campo esencial.
- *Curiosidad.* Uno de los dones llamativos de los tipos perceptivos lo constituye la actitud de que puede ser interesante aquello que todavía no conocen. La curiosidad les lleva por senderos del conocimiento y la experiencia, haciéndoles almacenar una sorprendente cantidad de información. También previene el aburrimiento, dado que el tipo perceptivo encuentra algo interesante en cualquier situación.
- *Entusiasmo ante las experiencias.* Las personas perceptivas también esperan que vaya a ser interesante todo aquello que aún no hayan

hecho. Quizás se nieguen a vivir una nueva experiencia por una cuestión de gusto o de principios, o porque haya algo que les atraiga más, pero rara vez lo harán porque «no merece la pena», como hacen los tipos enjuiciadores.

• *Adaptabilidad.* Las personas perceptivas gestionan las dificultades adaptando los medios que tienen a su disposición para alcanzar los fines esenciales. Una mujer muy perceptiva valora el cumplido de su enjuiciador marido sobre lo bien que recompone los fragmentos de una situación cuando un imprevisto trastoca todo lo previamente planeado. El hecho de que la mujer nunca se hubiera aferrado al antiguo plan le da la libertad suficiente como para improvisar un nuevo plan que satisfaga las condiciones que se han visto alteradas, y *disfruta haciéndolo.*

Al considerar las cualidades relacionadas antes, puede que te resulte difícil evaluar tu propia preferencia JP, debido a la inconsistencia entre lo que sientes y lo que deberías hacer, lo que realmente haces y lo que tiendes a hacer de forma natural. Es la tendencia natural la que revela la preferencia básica. La idea que tiene una persona de lo que es correcto puede ser un ideal adquirido, prestado de otro tipo de personalidad, y el comportamiento real de esta persona puede ser el reflejo de un buen hábito, por incongruente que sea, que aprendió de sus progenitores o que aceptó a base de esfuerzo y obstinación.

Convendrá recordar, sobre todo en el caso de los introvertidos, que la preferencia JP se aplica a la actitud habitual que la persona tiene con respecto al mundo exterior. Lo que se muestra en los contactos más casuales con el resto de personas (y que rige el índice JP en el Indicador de Tipo) es el proceso extrovertido, aquel en el que normalmente se fundamenta la conducta en el mundo exterior. Para los extrovertidos, es el mismo que el proceso dominante; para los introvertidos, no.

Así, en un introvertido, la preferencia por la actitud enjuiciadora en materias externas puede ser bastante evidente, incluso obvia, pero no es definitiva. El proceso de enjuiciamiento utilizado en el mundo exterior está en realidad subordinado al proceso dominante introvertido (que es un proceso perceptivo) y está sujeto a los requerimientos de ese proceso perceptivo favorito. Por ejemplo, si el pensamiento es el proceso extrovertido, llevará las cosas con lógica y con decisión, pero la lógica no tendrá permitido obstaculizar la percepción interna.

De igual modo, en un introvertido donde sea obvia su preferencia por la actitud perceptiva, tal perceptividad estará en realidad subordinada a un proceso enjuiciador introvertido (de pensamiento o de sentimiento) y estará al servicio de valores y principios determinados por el proceso de enjuiciamiento. Por ejemplo, un estudiante introvertido perceptivo se sorprendió cuando lo nombraron como «el más decisivo» en su clase del instituto. El voto se dio poco después de que surgieran varios problemas que tocaron unos valores de sentimiento que, para él, eran fundamentales. Su certidumbre interna se impuso a su habitual perceptividad externa, y él defendió su posición en todos aquellos asuntos.

En la figura 27 se comparan algunas de las diferencias resultantes de la preferencia JP. En general, estas características diferencian a los extrovertidos, en la fila inferior de la tabla de tipos, de aquellos otros tipos que están en la tercera fila. También diferencia a los introvertidos, en la fila superior, de los tipos que se hallan en la segunda fila, con ciertas excepciones debido al papel especial del proceso dominante de la persona introvertida.

Tipos enjuiciadores[12]	Tipos perceptivos[13]
Prefieren decidir a curiosear.	Prefieren curiosear a decidir.
Viven según planes, normas y costumbres que no les resulta fácil dejar de lado, y a los cuales se tiene que conformar la situación del momento, si ello es posible.	Viven según la situación del momento y se ajustan fácilmente a lo accidental e inesperado.

---

12. En las personas introvertidas, estas características quedan modificadas de algún modo por la naturaleza perceptiva del proceso dominante.
13. En las personas introvertidas, estas características quedan modificadas de algún modo por la naturaleza enjuiciadora del proceso dominante.

Eligen de forma muy clara entre las distintas posibilidades de la vida, pero puede que no aprecien ni saquen partido de sucesos imprevistos, inesperados e incidentales.	Normalmente, son maestros en el manejo de sucesos imprevistos, inesperados e incidentales, pero puede que no hagan una elección efectiva entre las distintas posibilidades de la vida.
Siendo racionales, dependen de juicios razonados, propios o prestados de alguna otra persona, para protegerse de experiencias innecesarias e indeseables.	Siendo empíricos, dependen de su disposición para todo aquello que les proporcione un flujo constante de experiencia nuevas, muchas más de las que pueden digerir o sacar partido.
Prefieren tener las cosas resueltas y decididas lo antes posible, para así saber lo que está pasando y poder hacer planes y prepararse para ello.	Prefieren no tomar decisiones firmes hasta el último momento con tal de no hacer algo irrevocable, porque piensan que no saben todavía lo suficiente del tema.
Creen saber lo que los demás deberían hacer acerca de casi todo, y no tienen remilgos en decírselo.	Saben lo que los demás están haciendo, y se interesan por lo que resultará de ello.
Les resulta verdaderamente placentero terminar las cosas, quitárselas de en medio y sacárselas de la cabeza.	Les resulta muy placentero comenzar algo nuevo, hasta que la novedad se desvanece.
Suelen ver a las personas perceptivas como erráticas y sin rumbo.	Suelen ver a las personas enjuiciadoras como si vivieran a medias.
Su objetivo es tener razón.	Su objetivo es no perderse nada.
Se autorregulan, y son resueltas y exigentes.	Son flexibles, adaptables y tolerantes.

Figura 27. Los efectos de la preferencia JP.

CAPÍTULO 8

Comparación de las formas extrovertida e introvertida de los procesos

En los capítulos anteriores se ha hablado de los efectos de cada una de las cuatro preferencias –entre introversión y extroversión, entre sensación e intuición, entre pensamiento y sentimiento, y entre juicio y percepción–. *Combinadas,* las cuatro preferencias determinan el tipo, pero los rasgos que resultan de cada preferencia no se combinan mediante la simple *suma* de características a la hora de influir en la personalidad del individuo, sino que son el resultado de la interacción de las distintas preferencias.

Los efectos de la interacción de los procesos preferidos se hacen evidentes cuando la forma extrovertida de un proceso en concreto –pensamiento, sentimiento, sensación o intuición– se compara con la forma introvertida del mismo proceso. Las cuatro tablas que conforman este capítulo –es decir, las figuras 28 a 31– nos muestran el contraste entre distintas frases emparejadas en las que se describen las formas extrovertida e introvertida del pensamiento, el sentimiento, la sensación y la intuición. En las comparaciones que se pueden apreciar en las tablas que elaboró Katharine C. Briggs durante su estudio inicial de *Tipos psicológicos,* se incluyen, entre otras cosas, los efectos de la extroversión y la introversión sobre los tipos de información que un proceso en concreto utiliza o reprime, las fortalezas, las debilidades y las metas de los cuatro procesos discutidos o cómo se expresa cada uno de ellos.

Pensamiento extrovertido	Pensamiento introvertido
Se alimenta de datos objetivos –de hechos y de ideas prestadas.	Se alimenta de raíces subjetivas e inconscientes –arquetipos.
Depende de los hechos de la experiencia y contempla las ideas abstractas como insustanciales y casi sin importancia.	Depende de las ideas abstractas como factor decisivo, y valora los hechos principalmente como pruebas que ilustran la idea.
Para dar valor y solidez se basan en hechos externos al pensador, que son más decisivos que el propio pensamiento.	Para dar valor y solidez se basan en los poderes de observación y apreciación, y en el uso de la riqueza interior procedente de la experiencia recibida.
Su meta es la solución de problemas prácticos, el descubrimiento y la clasificación de hechos, la crítica y modificación de ideas generalmente aceptadas, la planificación de programas y el desarrollo de fórmulas.	Su meta es formular preguntas, crear teorías, generar expectativas, proporcionar visiones y, por último, ver cómo encajan los hechos externos en el marco de la idea o teoría que este pensamiento ha creado.
Se regodea en los detalles del caso concreto, inclusive en cosas irrelevantes.	Se aferra a las similitudes del caso concreto, desechando lo irrelevante.
Tiende a multiplicar los hechos hasta que el significado queda asfixiado y el pensamiento paralizado.	Tiende a pasar por alto los hechos, o bien a forzarlos para que concuerden con las idea, seleccionando sólo aquellos que la sustenten.

Consta de una sucesión de representaciones concretas que se ponen en marcha merced a la corriente cambiante de las percepciones sensoriales, más que a la actividad interna de los pensamientos.	Consta de una actividad interna de pensamiento, enlazada en todo caso a la corriente de impresiones sensoriales, que queda atenuada ante la intensidad de la corriente de impresiones internas.

Figura 28. Comparación entre pensamiento extrovertido e introvertido.

Sentimiento extrovertido	Sentimiento introvertido
Está determinado principalmente por el factor objetivo, y sirve para hacer que el individuo sienta correctamente, es decir, convencionalmente, en todas las circunstancias.	Está determinado principalmente por el factor subjetivo, y sirve como guía para la aceptación o el rechazo emocional de diversos aspectos de la vida.
Adapta a la persona a la situación objetiva.	Adapta la situación objetiva a la persona mediante el simple proceso de excluir o ignorar lo inaceptable.
Depende por completo de ideales, convenciones y costumbres del entorno, y es más extenso que profundo.	Depende del sentimiento abstracto –ideales como el amor, el patriotismo, la religión y la lealtad– y es más profundo y apasionado que extenso.
Encuentra solidez y valor fuera de la persona, en los ideales colectivos de la sociedad, que se aceptan normalmente sin cuestionar.	Encuentra solidez y valor dentro de la persona, en su propia riqueza interior y sus poderes de apreciación y abstracción.
Tiene su meta en la formación y mantenimiento de relaciones emocionales cómodas y armoniosas con los demás.	Tiene su meta en la promoción y la protección de una intensa vida emocional interna, y, en la medida de lo posible, en el cumplimiento y la realización externa de ese ideal interior.

Se expresa con facilidad, de modo que se comparte con los demás, creando un sentimiento similar y generando una cálida simpatía y comprensión.	Puede ser demasiado abrumador como para expresarse en modo alguno, generando una apariencia falsa de frialdad hasta la indiferencia, y puede ser completamente incomprendido.
Tiende a suprimir por completo el punto de vista personal, y presenta el peligro de convertirse en una personalidad de sentimiento, dando la impresión de falta de sinceridad, de que todo es una pose.	Tiene la tendencia a no encontrar un cumplimiento o realización –o salida– objetiva para su expresión, y presenta el peligro de basar la vida en el sentimiento, la ilusión y la autocompasión.

Figura 29. Comparación entre sentimiento extrovertido e introvertido.

Sensación extrovertida	Sensación introvertida
Reprime en la medida de lo posible el elemento subjetivo de la impresión sensorial.	Reprime en la medida de lo posible el elemento objetivo de la impresión sensorial.
Valora más el objeto percibido que la impresión subjetiva, de la cual la persona apenas es consciente.	Valora más la impresión subjetiva liberada por el objeto que al objeto en sí, del cual la persona es apenas consciente.
Ve las cosas de forma fotográfica, obteniendo una impresión de realidad concreta y nada más. La «prímula a la orilla del río» es simplemente una prímula.	Ve las cosas muy coloreadas por el factor subjetivo, siendo la impresión meramente la sugerida por el objeto, que emerge del inconsciente bajo la forma de un significado.
Lleva a un deleite específico, apresando plenamente la existencia momentánea y manifiesta de las cosas, y nada más.	Lleva a ideas, a través de la activación de los arquetipos, apresando más el trasfondo del mundo físico que su superficie.

Desarrolla la atención, que está remachada por el estímulo más intenso, el cual se convierte invariablemente en el centro de su interés, de tal modo que la vida parece hallarse totalmente bajo la influencia de sucesos externos accidentales.	Desarrolla la atención, que es muy selectiva, y la dirige íntegramente hacia una constelación interna de intereses, de tal modo que es imposible predecir qué estímulo externo captará su atención y la mantendrá.
Desarrolla un yo externo hedonista, muy rico en experiencias no digeridas y en conocimientos no clasificados de hechos no interpretados.	Desarrolla un yo interior individual y extremadamente excéntrico, que ve cosas que los demás no ven, y puede parecer muy irracional.
Debe estar equilibrada por un juicio que lleve a la introversión, o de lo contrario dará lugar a una personalidad superficial y totalmente empírica, con muchas supersticiones y ninguna moralidad, salvo las convenciones y los tabúes colectivos.	Debe estar equilibrada por un juicio que lleve a la extroversión, o de lo contrario dará lugar a una personalidad silenciosa e inaccesible, en absoluto comunicativa, sin conversación alguna, salvo las banalidades convencionales acerca del tiempo y otros intereses colectivos.

Figura 30. Comparación entre sensación extrovertida e introvertida.

Intuición extrovertida	**Intuición introvertida**
Utiliza la comprensión interior en beneficio de la situación objetiva.	Utiliza la situación objetiva en beneficio de la comprensión interior.
Contempla la situación inmediata como una prisión de la cual es urgentemente necesario escapar, y lo intenta por medio de un cambio radical de la situación objetiva.	Contempla la situación inmediata como una prisión de la cual es urgentemente necesario escapar, y lo intenta por medio de un cambio radical en la comprensión subjetiva de la situación objetiva.

Está totalmente dirigida hacia los objetos externos, en busca de posibilidades emergentes, y cuando las encuentre sacrificará todo lo demás por tales posibilidades.	Recibe su ímpetu de los objetos externos, pero las posibilidades externas no le frenan, ocupándose más bien en la búsqueda de nuevos ángulos desde los cuales ver y comprender la vida.
Puede ser artística, científica, mecánica, inventiva, industrial, comercial, social, política o atrevida.	Puede ser creativa en cualquier campo: artístico, literario, científico, inventivo, filosófico o religioso.
Expresarse le resulta natural y fácil.	Expresarse le resulta difícil.
Da un grandísimo valor a la promoción y la puesta en marcha de nuevos empeños.	Da un grandísimo valor a la interpretación de la vida y la promoción de la comprensión.
Precisa el desarrollo de un juicio equilibrador, no sólo para poder criticar y evaluar los entusiasmos intuitivos, sino también para no desviarse hasta llevar a término sus distintas actividades.	Precisa el desarrollo de un juicio equilibrador, no sólo para poder criticar y evaluar la comprensión intuitiva, sino también para que pueda impartir sus visiones a los demás y les lleve a la utilidad práctica en el mundo.

Ambas se caracterizan por una actitud expectante,
y ambas tienen una comprensión ágil.

Figura 31. Comparación entre intuición extrovertida e introvertida.

CAPÍTULO 9

Descripción de los dieciséis tipos

De los dieciséis tipos específicos que resultan de las distintas combinaciones de preferencias, todos y cada uno de ellos son el resultado de su proceso dominante, extrovertido o introvertido, según sea el caso, y modificado por la naturaleza del proceso auxiliar. (La modificación está marcada especialmente en los tipos introvertidos, cuyo proceso auxiliar es el principal responsable de su comportamiento externo). Cuando las afirmaciones que se hacen acerca de un tipo se contemplan en términos de causa y efecto, las características de cada tipo resultan más fáciles de recordar y buscar.

Entre estas descripciones no se incluyen todos los rasgos que emergen de cada preferencia, de los que ya se ha hablado en los capítulos 4 a 8. Es de esperar que cada tipo introvertido posea las características generales de los introvertidos, por lo que repetirlas en cada ocasión no haría otra cosa que oscurecer las características especiales de esa variedad particular de introvertido.

Los críticos de la teoría de Jung suelen argumentar que la introversión no es un rasgo unitario, que hay «demasiados tipos de introvertidos». Pero habrá que recordarles que la introversión no es un rasgo, sino una disposición u orientación básica. Esta orientación toma un aspecto diferente en cada uno de los ocho tipos de introvertidos, como consecuencia necesaria de las demás preferencias implicadas.

Cada una de las siguientes descripciones se ocupan de dos tipos, cuya única diferencia estriba en la elección del proceso auxiliar. La primera descripción considera los dos tipos de pensamiento extrovertido, ESTJ y ENTJ, lo que tienen en común y en qué difieren. La siguiente descripción se ocupa de los dos tipos de pensamiento introvertido, ISTP e INTP, de la misma forma. Después vienen los tipos de sentimiento extrovertido e introvertido, los tipos de sensación extrovertido e introvertido, y los tipos intuitivos extrovertido e introvertido.

Como sería de esperar, la máxima similitud entre un tipo extrovertido y un tipo introvertido tiene lugar cuando ambos difieren sólo en EI, pues dispondrán de la misma combinación de percepción y juicio, y su vida externa se conformará mediante el mismo proceso extrovertido. Las similitudes es probable que estén más marcadas en su vida diaria, y menos cuando se cuestiona algo muy importante y el proceso dominante del introvertido asume el control.

El lado sombrío

Las descripciones reflejan cada tipo en el mejor de sus casos, es decir, en personas normales, equilibradas, ajustadas, felices y efectivas. Así pues, la descripción básica da por sentado un buen desarrollo de ambos procesos, el dominante y el auxiliar. Sin embargo, en el mundo real, los tipos nos llegan en estados de desarrollo muy diferentes. Si el proceso auxiliar no está bien desarrollado, la persona carecerá del equilibrio necesario entre juicio y percepción, y también entre extroversión e introversión. Si el proceso dominante tampoco está bien desarrollado, no quedará demasiado del tipo salvo sus debilidades.

Bien desarrollado o no, todo el mundo tiene su *lado sombrío*. Del mismo modo que la personalidad consciente es el producto de los procesos mejor desarrollados, la *sombra* es el producto de la parte menos desarrollada, la cual rechaza y niega como suya la persona. La sombra recurre a tipos de juicio y percepción relativamente infantiles y primitivos, pero no lo hace de manera intencionada al servicio de los objetivos conscientes, sino que lo hace por su cuenta, para escapar de la personalidad consciente y como una forma de resistencia frente a los estándares conscientes.

Los resultados son normalmente lamentables, son actos de los cuales la persona dice después: «No sé cómo pude hacer eso. ¡Yo no quería hacerlo!». Todo esto es obra de la sombra, al igual que otras muchas cosas lamentables que la persona quizás ni siquiera sea consciente de haber hecho. El irascible profesor Henry Higgins, en el *Pigmalión* de George Bernard Shaw, insistía en que él era «un hombre muy tranquilo».

Es bueno comprender la sombra, dado que nos permite explicar algunas contradicciones curiosas de las personas. Si las preferencias aparentes de una persona indican un tipo determinado, pero la persona se ha conducido de un modo totalmente ajeno al tipo en cuestión, toma en consideración la calidad del acto. Si el acto era inferior al estándar habitual de la persona, puede que la sombra esté actuando ahí.

Un tipo de personalidad es el producto de la orientación consciente ante la vida: son las formas habituales e intencionadas en que uno utiliza su mente –habituales porque se nos antojan buenas, interesantes y dignas de confianza–. La sombra es algo que sucede cuando la persona no está mirando.

Hay introvertidos que le prestan tan poca atención consciente a la extroversión que alcanzan poco o ningún desarrollo en su proceso auxiliar *extrovertido*. Su extroversión será en gran medida inconsciente, y los procesos de su sombra pueden ser más evidentes que su personalidad consciente. Una mujer que rellena el Indicador de Tipos para su marido –un ISFJ–, un hombre extremadamente introvertido, según lo ve ella, puede que lo convierta en un ISTJ al pasar la mujer por alto el sentimiento que el hombre no expresa, dando cuenta, en cambio, del pensamiento inconsciente, inferior y crítico de su lado sombrío.

Los tipos de pensamiento extrovertido ESTJ y ENTJ

- Son analíticos e impersonales.
- Pueden ser ejecutivos, legales, técnicos o pueden estar interesados en reformar.

- Organizan los hechos –así como todo lo demás a su alcance.
- Son decisivas, lógicas, fuertes en razonamiento.
- Su objetivo es gobernar su propia conducta y la de los demás de acuerdo con unas conclusiones premeditadas.
- Valoran la verdad bajo la forma de hecho, fórmula y método.
- Su vida emocional es accidental.
- Su vida social es incidental.

Los tipos pensadores extrovertidos utilizan su pensamiento para dirigir y organizar tantas cosas del mundo como esté en sus manos dirigir y organizar. Se hallan en su ambiente toda vez que haya que organizar, criticar o regular la situación externa. Normalmente, disfrutan decidiendo qué debería de hacerse y dando las órdenes apropiadas para asegurarse su ejecución. Aborrecen la confusión, la ineficiencia, las medidas a medias, cualquier cosa que carezca de dirección y eficacia. Suelen ser personas que imponen disciplina, que saben comportarse con dureza cuando la situación lo exige.

Se podría decir que éste es el tipo ejecutivo estándar, pero hay otros tipos de ejecutivos, algunos de los cuales son muy brillantes y eficaces. Sin embargo, dudo que haya otro tipo que *disfrute* tanto siendo ejecutivo, o que se esfuerce tanto por conseguirlo. En ocasiones, a temprana edad, un niño o una niña de este tipo, con un propósito sistemático y un interés natural por dirigirlo todo, se convierte, popularidad aparte, en el líder de clase en la escuela.

Gran parte de la efectividad de los pensadores extrovertidos proviene de su disposición a dar órdenes estrictas, tanto a sí mismos como a los demás. Se ponen entre ceja y ceja sus objetivos de antemano, y aplican sistemáticamente grandes esfuerzos para alcanzarlos según los planes previstos. En el mejor de los casos, ponen un ojo despiadado sobre su propio comportamiento y someten a revisión todo lo que no se ajuste a la norma.

Los pensadores extrovertidos prefieren de forma natural la actitud enjuiciadora, y se conducen enérgicamente sobre la base de sus juicios, estén fundados o no. Uno de ellos me escribió una vez: «Di algo acerca de mi casi irresistible impulso de *tomar* decisiones, simplemente por el placer de tomarlas. Bajo este impulso no sólo voy a tomar decisiones rápidas y precisas *en mi propio campo,* sino que también tomaré decisiones igualmente rápidas, pero *defectuosas,* en otros campos, solo porque mi intención es tomar decisiones, y no me tomo el tiempo necesario para percibir plenamente los hechos».

Los pensadores extrovertidos deben desarrollar un buen proceso auxiliar perceptivo para dar fundamento a sus juicios, y tienen que aprender a suspender el juicio el tiempo suficiente como para darle una oportunidad a la percepción. Esto puede resultarles difícil, pero las recompensas son sustanciales. Una percepción más desarrollada no sólo les permitirá emitir juicios más sólidos, sino que, además, si la utilizan para contemplar otros puntos de vista, les facilitará las relaciones humanas, donde es posible que necesiten ayuda.

Los pensadores extrovertidos construyen un código de reglas en el que incorporan sus juicios básicos acerca del mundo. Su objetivo es vivir según esas reglas, y consideran que los demás deberían hacerlo también. Cualquier cambio en sus modos de vida precisa un cambio consciente en las reglas. Si su percepción no es suficientemente buena como para mostrarles, de cuando en cuando, de qué modo podrían ampliarse sus reglas, el código terminará siendo tan rígido que se convertirá en una tiranía, no sólo para los pensadores, sino también para las personas que los rodean, sobre todo en la familia. Todo lo que se conforme a las reglas será correcto; todo lo que las violente será erróneo; y todo lo que no esté cubierto por las reglas carecerá de importancia. Esas reglas se convertirán, tal como lo expresó Jung, en «una ley mundial que habrá que respetar en todo momento y en toda estación. [...] [Cualquiera] que se niegue a obedecer estará equivocado, se estará resistiendo a la ley mundial y será, por tanto, una persona poco razonable, inmoral y sin conciencia» (1923, p. 435).

El error básico aquí es la imposición del propio juicio sobre las demás personas. Los tipos enjuiciadores deberían de emplear su juicio sobre sí mismos, no sobre los demás. Los juicios de pensamiento suelen ser más duros con la persona que se juzga que los juicios de sentimiento, porque el pensamiento es crítico por naturaleza. Éste analiza y decide qué cosas serían mejores si fueran diferentes, y normalmente lo expresan así, mientras que los juicios de sentimiento suelen ser parte complementaria del tiempo. El sentimiento disfruta apreciando cosas, pero eso puede ser demasiado pedir para los pensadores, en los cuales el sentimiento es el proceso menos desarrollado. Sin embargo, los pensadores pueden poner entre sus reglas que, de vez en cuando, utilizarán la percepción para ver qué hay de apreciable en una persona, y hacer mención de ello.

Sobre ese trasfondo, cualquier sugerencia se puede transmitir con más gracia y mejor talante que del otro modo. A todo el mundo le gusta que se le trate perceptivamente, pero es en especial importante en el caso de personas subordinadas, que no pueden defender sus propios puntos de vista, así como con hijos, hijas y cónyuges, que sólo pueden hacerlo a expensas de la paz familiar.

Existe otro motivo por el cual los pensadores deberían practicar, por su propio bien, una actitud perceptiva; y es que, si permiten que domine el juicio de pensamiento durante todo su tiempo de vigilia, su sentimiento quedará tan reprimido que no podrán hacer uso de él. Puede que incluso se avergüencen de él en ocasiones ante inesperados estallidos de mal genio, en los que nunca hubieran «pensado» que podrían caer de manera consciente. No obstante, si cultivan la percepción, apagando de cuando en cuando su juicio de pensamiento, le darán al sentimiento una salida constructiva antes de que llegue al punto de ebullición.

A los pensadores extrovertidos se les convence mediante el razonamiento, y cuando se convencen podemos decir que eso es todo un logro, porque cuando deciden hacer algo, indudablemente lo hacen.

El pensamiento extrovertido apoyado por la sensación

Las personas ESTJ contemplan el mundo con la sensación, en vez de con la intuición; de ahí que se interesen tanto por las realidades percibidas por los cinco sentidos y que sean pragmáticas y prácticas, receptivas y retentivas de detalles de facto, que toleren bien la rutina, diestras en cuestiones mecánicas y preocupadas con el aquí y el ahora. Su proceso de pensamiento parece deliberado, porque suele tratarse de pensamiento real, en lugar de los atajos que emplea la intuición.

La curiosidad de una persona ESTJ se ve estimulada sobre todo por todo lo nuevo que atraiga directamente a los sentidos –objetos nuevos, artefactos y artilugios, nuevas actividades físicas, nuevas personas, nuevos hogares, nuevos alimentos y nuevos paisajes–. Lo novedoso que no pueda ser captado por los sentidos –las ideas abstractas y las teorías– se les antojan menos reales y mucho menos aceptables. Cualquier intangible es desagradable, dado que socava la seguridad de ese mundo de hechos en el que las personas pueden estar seguras de sus juicios.

Las ESTJ resuelven los problemas aplicando y adaptando con pericia las experiencias del pasado. Les gusta trabajar allí donde puedan alcanzar unos resultados inmediatos, visibles y tangibles. Tienen una inclinación natural por la empresa y la industria, la producción y la construcción. Disfrutan de la administración y de que todo esté organizado y al día. Los ejecutivos de este tipo prefieren basar planes y decisiones sobre hechos y procedimientos establecidos, y no escuchan demasiado a su intuición. De hecho, puede que necesiten a una persona intuitiva alrededor que les indique las ideas novedosas valiosas.

Tradicionalmente, éste es quizás el tipo más «masculino», y tiene en sus filas a más hombres que ningún otro tipo.

El pensamiento extrovertido apoyado por la intuición

Las personas ENTJ contemplan más el mundo con la intuición con la sensación, de ahí que estén sobre todo interesadas por las posibilidades que existen más allá del presente, de lo obvio, de lo conocido. La intuición estimula su interés intelectual, la curiosidad acerca de nuevas ideas (sean inmediatamente útiles o no), la tolerancia por la teoría, el gusto por los problemas complejos, los vislumbres, la visión y el interés por posibilidades y consecuencias a largo plazo.

Las ENTJ rara vez están satisfechas con un trabajo que no haga exigencia alguna a su intuición. Necesitan problemas que resolver, y es probable que sean expertas en encontrar soluciones. Se interesan por la visión general, amplia, de las cosas, no por los detalles en procedimientos o hechos.

Las ejecutivas de este tipo es probable que se rodeen de otras personas intuitivas, porque les gustan las personas que sean de mente rápida y ágil, que opere en los mismos modos de pensamiento que los suyos, pero harán bien si tienen al menos una persona de sensación en su equipo, pues ésta hará que no se les pasen por alto hechos relevantes y detalles importantes.

Los tipos de pensamiento introvertido ISTP e INTP

* Son analíticos e impersonales.
* Están interesados, principalmente, por los principios subyacentes.
* Se organizan en relación con conceptos e ideas (si es INTP), o hechos (si es ISTP), pero *no* con personas o situaciones, a menos que sea necesario.
* Son perceptivos, no dominantes, dado que la capacidad decisoria del pensamiento sólo se muestra en cuestiones intelectuales.
* Exteriormente, son silenciosos, reservados, desapegados, quizás incluso distantes, excepto con sus íntimos.
* Interiormente, se absorben en el análisis o problema que tienen entre manos.
* Muestran cierta inclinación hacia la timidez, sobre todo cuando son jóvenes, dado que los intereses principales del pensamiento introvertido son de escasa ayuda en pequeñas conversaciones o contactos sociales.

Los pensadores introvertidos recurren a su pensamiento para analizar el mundo, no para dirigirlo. Su confianza en el pensamiento los hace lógicos, impersonales, objetivamente críticos, y no es probable que se dejen convencer salvo mediante razonamiento. Como introvertidos, centran su pensamiento en los principios subyacentes a las cosas, en vez de en las cosas en sí. Y dado que les resulta difícil en su vida cotidiana pasar con el pensamiento de las ideas a los detalles, finalmente optan por dirigir su vida exterior sobre todo a través de su proceso perceptivo preferido, lo que los hace desapegadamente curiosos y bastante adaptables –hasta que alguien viola uno de sus principios rectores, momento en el cual dejan de adaptarse.

Es muy probable que sean perseverantes e independientes de las circunstancias externas en grado sumo, con una singularidad de propósito que subordina los aspectos sociales y emocionales de la vida ante un logro a largo plazo de la mente. Pueden tener dificultades para transmitir sus conclusiones al resto del mundo, y en conseguir que esas conclusiones sean aceptadas o, incluso, comprendidas. Jung dice que el pensador introvertido «rara vez abandonará su camino para conseguir que alguien aprecie sus ideas […]. Simplemente las expondrá, y por lo general se molestará en extremo cuando no puedan abrirse paso por sí mismos» (1923, p. 486).

El pensamiento introvertido aplicado a las matemáticas puede verse en Einstein; aplicado a la filosofía, en Kant; aplicado a los asuntos mundiales, en Woodrow Wilson; y aplicado a la psicología, en Jung. En el campo industrial, el puesto de trabajo de un pensador introvertido debería ser el de discernir los principios necesarios que subyacen a un problema u operación. Después, otros tipos podrán tomar el relevo y hacer las operaciones. Una aplicación radical de los principios subyacentes a la producción en masa se puede ver en los logros de Henry Ford. (Ford se esforzó mucho siempre en preservar su independencia, y nunca tuvo la necesidad de convertir a los demás a sus ideas).

Para ser efectivos, los pensadores introvertidos *deben* tener un buen proceso auxiliar que aporte percepción al pensamiento. Si no desarrollan adecuadamente ni la sensación ni la intuición, sufrirán un déficit general de percepción, de tal modo que su pensamiento no dispondrá de suficientes cosas en qué pensar y, en consecuencia, será estéril e improductivo. La falta de un proceso auxiliar adecuado les reducirá en gran medida también la extroversión, por lo que su relación con el mundo exterior será inadecuada, incluso para los estándares de las personas introvertidas.

El proceso menos desarrollado de los pensadores introvertidos es, inevitablemente, el sentimiento extrovertido. Son incapaces de saber, a menos que se les cuente, lo que le importa a otra persona en términos emocionales, pero pueden y deben actuar sobre el principio de que a todo el mundo le gusta que se aprecien sus méritos y que se respete su punto de vista. Tanto la vida laboral como la personal de los pensadores introvertidos irá mejor si se toman la molestia de hacer dos sencillas cosas: pronunciar palabras de aprecio cuando honestamente haya que elogiar a alguien y mencionar los puntos en los cuales coinciden con otra persona *antes* de sacar a relucir los puntos de desacuerdo.

Con los pensadores introvertidos, al igual que con cualquier tipo de introvertido, la elección del proceso auxiliar supone una gran diferencia, además de colorear la personalidad externa. En la combinación ISTP, la sensación prestará realismo, pragmatismo, a veces una diversión inesperada de por sí, con frecuencia interés en los deportes y en las actividades al aire libre en general. En la combinación INTP, la intuición prestará sutileza, imaginación y cierto gusto por los proyectos y ocupaciones que exijan ingenio.

La elección del proceso auxiliar afecta también al *uso* que se dará al proceso dominante, porque el tipo de percepción empleada determinará en gran medida qué elementos del mundo exterior serán traídos ante la atención del pensamiento gobernante. Si es la sensación la que hace la selección, el material presentado será más tangible y concreto, incluyendo con frecuencia asuntos relacionados con la mecánica o la estadística, pero en cualquier caso será un material factual. Si la intuición es la que elige, el material será más teórico y abstracto, abriendo la puerta al ejercicio de la perspicacia y la originalidad.

El pensamiento introvertido apoyado por la sensación

Las personas ISTP tienen un marcado interés por la ciencia práctica y aplicada, sobre todo en el campo de la mecánica. De todos los procesos, la sensación facilita enormemente la comprensión de las propiedades visibles y tangibles de la materia, cómo se comporta, qué puedes y qué no puedes hacer con ella. Es probable que las personas de este tipo se manejen bien con las manos, lo cual es un verdadero activo en la aplicación práctica de los principios científicos.

Con los intereses no técnicos, los ISTP pueden utilizar los principios generales para aportar orden a partir de datos confusos, y significado a partir de hechos desorganizados. La capacidad de sensación a la hora de captar los hechos y los detalles puede ser muy útil para los ISTP que trabajan en el campo de la economía, como analistas de valores, o como analistas de mercado y ventas en los negocios o la industria; en resumen, al tratar con las estadísticas en cualquier campo.

Algunas ISTP, sobre todo las jóvenes, creen firmemente en la idea de economizar esfuerzos. Esta creencia las puede llevar a ser eficientes, si juzgan acertadamente cuánto esfuerzo hace falta y proceden de inmediato a aplicarlo. Sin embargo, si se equivocan en sus cálculos o no rinden como sería deseable, la economía del esfuerzo puede aproximarse peligrosamente a la holgazanería, y poco se va a poder hacer desde ahí.

El pensamiento introvertido apoyado por la intuición

Los tipos INTP generan buenos académicos, teóricos y pensadores abstractos en campos tales como las ciencias, las matemáticas, la economía y la filosofía, pues los INTP son, quizás, los más profundos intelectualmente hablando de todos los tipos. La intuición les proporciona atisbos y percepciones más profundas que las que concede el pensamiento por sí solo. Proporciona a sus poseedores una característica curiosidad intelectual, rapidez de comprensión, ingenio y abundancia de ideas al abordar los problemas, y un destello extra de posibilidades a las que la lógica aún no ha podido acceder. En lo negativo, la intuición hace que la rutina sea menos llevadera, si bien una persona intuitiva puede, durante el transcurso de su vida, llegar a adaptarse bastante bien a ella.

Por tanto, las personas del tipo INTP son ciertamente adecuadas para la investigación y para captar nuevas visiones. De hecho, es muy probable que les interese más analizar un problema y encontrar una solución que llevar a cabo sus ideas. Son personas que formulan principios y generan teorías; valoran los hechos sólo como evidencias o como ejemplo para una teoría, nunca por su valor intrínseco.

Un profesor de psicología de este tipo le explicaba a una alumna extrovertida: «Este trabajo está bien, pero has destacado mucho más los hechos que el principio subyacente, pues es obvio que, para ti, los hechos son lo más importante. Por tanto, tu nota es una "B" (notable)». La alumna estaba más indignada por el motivo expuesto por su profesor que por la nota, pues decía: «*Claro está* que los hechos son lo más importante».

Muchos expertos de este tipo son profesores, sobre todo en las universidades, porque la universidad valora sus consecuciones, y porque ellos aprecian la oportunidad que les presta la universidad para dedicarse al estudio y la investigación. Pero como profesores se caracterizan por preocuparse más por la asignatura que por el alumnado. A Gauss, el gran matemático, le resultaba tan molesta la enseñanza que intentaba desalentar a sus futuras alumnas y alumnos diciéndoles que el curso por el cual estaban preguntando probablemente no se llegaría a impartir.

Otro problema que obstaculiza la enseñanza para este tipo de personalidad es la comunicación. Cuando se enfrentan a una sencilla pregunta que precisa una respuesta asimismo sencilla, los pensadores introvertidos se sienten obligados a decir toda la verdad, con todos los detalles que su erudita conciencia les dicte; es decir, la respuesta es tan exacta y tan complicada que muy pocas personas pueden seguirla. Si estos profesores redujeran sus explicaciones hasta que les parecieran, según su opinión, excesivamente simples y obvias, entonces estarían respondiendo de la forma adecuada a la pregunta planteada.

Los ejecutivos INTP son más bien raros fuera de círculos científicos o académicos. Los buenos ejecutivos serán aquellos que hayan desarrollado cierta facilidad para la extroversión, al menos lo suficiente para permitirles estar en contacto con las situaciones que van a tener que gestionar. Para ejercer la autoridad de un modo perceptivo, los INTP tendrán que recurrir al ingenio y a la comprensión para alcanzar los fines deseados. Pero someterán a prueba cada medida que se proponga con la vara de medir de sus principios, a fin de que todo aquello que ellos dirijan lleve incorporada su integridad.

Las INTP (así como de las personas extrovertidas con intuición) tienen la tentación de *dar por hecho* que cualquier posibilidad atractiva que su intuición le sugiera es tan posible como parece, por lo que convendrá que comprueben hasta los más atractivos de sus proyectos intuitivos a la luz de los hechos más relevantes y de las limitaciones que estos hechos puedan imponer. De otro modo, podrían descubrir demasiado tarde que han malgastado sus energías intentando algo imposible.

Los tipos de sentimiento extrovertido ESFJ y ENFJ

• Valoran, por encima de todo, los contactos humanos armoniosos.
• Se les dan mejor los trabajos en los que se relacionan con gente, así como aquellas situaciones en las que la necesaria cooperación se consigue mediante la buena voluntad.
• Son amables, discretos, empáticos, y normalmente pueden expresar sus sentimientos del modo adecuado y al momento.
• Son susceptibles al halago y a las críticas, y se ponen ansiosos en su intento por conformarse a las legítimas expectativas de todos.
• Su juicio está dirigido hacia el exterior, lo cual les lleva a querer tener siempre las cosas decididas y planificadas.
• Son perseverantes, concienzudos, ordenados, incluso en asuntos pequeños, y suelen insistir en que los demás hagan lo mismo.
• Son idealistas y leales, capaces de una gran devoción por la persona, la institución o la causa amada.
• Pueden recurrir al juicio del pensamiento de vez en cuando con el fin de apreciar y adaptarse a los argumentos de un pensador, pero al pensamiento no le está permitido oponerse a los objetivos marcados por el sentimiento.

Los tipos de sentimiento extrovertido irradian calidez humana y fraternidad, y sienten la necesidad vital de encontrar sentimientos similares en los demás, de recibir una respuesta afectuosa y cálida. Precisan especialmente la aprobación de los demás y son muy sensibles a la indiferencia. Gran parte de su placer y de sus satisfacciones provienen no sólo de los sentimientos cálidos de los demás, sino también de los suyos propios. De hecho, disfrutan admirando a la gente y tienden a centrarse en las cualidades más admirables de una persona.

Son notablemente capaces de encontrar cosas positivas en las opiniones de otras personas, e incluso cuando las opiniones son conflictivas, tienen fe en que se podrá alcanzar la armonía de algún modo, y suelen ingeniárselas para conseguirlo. Su intensa concentración en los puntos de vista de otras personas les lleva a veces a perder de vista que sus propios puntos de vista también pueden ser valiosos. Piensan mejor cuando están hablando con los demás, y disfrutan de la conversación.

Todos sus procesos mentales parecen operar mejor a través del contacto. De hecho, Van der Hoop decía: «Sus pensamientos toman forma a medida que se expresan» (1939, p. 84). Sin embargo, los pensamientos que surgen a través y durante el proceso de expresión parecen largos y torpes para un rápido pensador abstracto. Quizás sea una ventaja este tipo de pensamiento para profesores y oradores en su discurso, pero les dificulta ser breves y concisos, por lo que puede empeorar su rendimiento en empleos relacionados con los negocios. Tienden a dedicar mucho tiempo a conferencias y congresos, así como a reuniones de comités.

Su bien conocido idealismo opera de dos maneras. Por una parte, se esfuerzan mucho por alcanzar sus ideales y, por otra, idealizan a aquellas personas e instituciones que valoran. En ambos casos, los tipos de sentimiento extrovertido se sienten obligados a reprimir y repudiar todo lo que en sí mismos o en los demás entre en conflicto con el sentimiento; pero esta manera de proceder puede llevar a una falta de realismo toda vez que el sentimiento esté implicado. (Los tipos de sensación extrovertida se parecen a los tipos de sentimiento extrovertido en su facilidad de trato y sociabilidad; pero, ante un hecho frío e inarmónico, los de sentimiento extrovertido niegan su existencia, los de sentimiento introvertido condenan su existencia, en tanto que los de sensación extrovertida aceptan su existencia y siguen adelante).

Dado que el proceso dominante, el sentimiento, es un proceso de enjuiciamiento, estos tipos de sentimiento extrovertido prefieren por naturaleza la actitud de enjuiciar. No se trata tanto de que estas personas disfruten conscientemente de establecer, planificar y organizar las cosas, como suele ocurrir con los pensadores extrovertidos, sino que les gusta en gran medida que todo esté en su sitio, o al menos *sentir* que todo está en su sitio. Tienden a ver el mundo como un lugar en el que la mayoría de las decisiones se han tomado ya. Para estas personas, está clara, a priori, la deseabilidad o no de la mayoría de variedades de conducta, discurso, opinión y creencia. Para ellas, estas verdades son evidentes en sí mismas. Así, es muy probable que lo evalúen todo de inmediato y tengan el impulso de expresarlo también al instante.

Pero, para tener cualquier validez, estos juicios *deben* basarse en un proceso perceptivo bien desarrollado. Si la intuición está bien desarrollada como proceso auxiliar, ésta proporcionará ideas y entendimiento. Si la que está bien desarrollada como proceso auxiliar es la sensación, ésta ofrecerá conocimientos de la vida realistas y de primera mano. Ambas pueden ofrecer una base genuina para los juicios de sentimiento, pero si ninguna de las dos ha sido cultivada, no se podrá hablar de fundamento alguno donde asentar los juicios.

Los tipos de sentimiento extrovertido que no están equilibrados por el proceso auxiliar tienen, no obstante, la urgente necesidad de basar sus juicios de sentimiento en *algo,* y no tienen otra opción que adoptar las *formas* de juicio de sentimiento que la sociedad sanciona como adecuadas. Por consiguiente, se adaptan a la sociedad como colectivo, pero su déficit de percepción les impide adaptarse a otras personas a nivel individual.

A una mujer de sentimiento extrovertido poco perceptiva, que estaba pasando por una mala racha con sus hijos adolescentes, se la persuadió para que intentara suspender el juicio y, a cambio, utilizara con consistencia una actitud perceptiva y no enjuiciadora con ellos. Tiempo después comentó: «Funciona como un hechizo, pero es lo más difícil que yo haya hecho jamás».

En ausencia de una adecuada percepción, los tipos de sentimiento extrovertido son proclives a llegar a conclusiones y a actuar sobre suposiciones que resultan ser erróneas. Es muy probable que estén ciegos antes los hechos cuando se hallan frente a una situación desagradable o reciben una crítica dolorosa. Para estas personas resulta más difícil que para las demás mirar de frente a aquellas cosas que desearían que no fueran ciertas; de hecho, sólo ver esas cosas ya les resulta extremadamente difícil. Si no consiguen afrontar hechos desagradables, ignorarán sus problemas, en vez de buscar buenas soluciones.

El sentimiento extrovertido apoyado por la sensación

Los ESFJ tienden a ser prácticos y pragmáticos, convencionales, habladores natos, y se mostrarán interesados por las posesiones, por disfrutar de casas hermosas y en todo aderezo tangible del buen vivir. Les interesan principalmente los detalles de la experiencia directa –de la suya propia, de la de sus amigos y conocidos, incluso la experiencia de personas extrañas cuyas vidas toquen de algún modo la suya.

En un estudio de Harold Grant de 1965 *(véase* p. 157), los ESFJ fueron el único tipo de personalidad que optó por «la oportunidad de estar al servicio de los demás» como el rasgo más importante del empleo ideal. Se sienten más atraídos por la pediatría que por cualquier otra especialidad médica, y son el tipo de personalidad que más atracción siente por ella. Su compasión y su preocupación por las condiciones físicas los llevan con frecuencia al ejercicio de profesiones relacionadas con la salud, particularmente la enfermería, donde proporcionan cariño y confort a los pacientes, así como devotos cuidados. (Junto con su tipo homólogo, el ISFJ, obtuvieron la tasa de abandono de estudios más baja en mi estudio de 1964 con alumnos y alumnas de enfermería; *véase* McCaulley, 1978).

Incluso en los empleos de oficina, su sentimiento juega un papel destacado, y se las ingenian para inyectar un elemento de sociabilidad en cualquier trabajo que se les asigne. De todos los tipos, son los que mejor se adaptan a la rutina. Puede que no les preocupe demasiado el tipo de trabajo que hacen, pero sí que necesitan hablar durante la jornada laboral, y les gusta trabajar en un ambiente de relaciones amistosas. Una empleada de una compañía telefónica se opuso a que la trasladaran a otra unidad en tanto no le aseguraran una fiesta de despedida de sus compañeras de trabajo y una fiesta de bienvenida por parte de sus nuevas compañeras. Su sentimiento sólo aceptó tal cambio cuando se elevó al nivel de un acontecimiento social.

El sentimiento extrovertido apoyado en la intuición

Las ENFJ suelen mostrar curiosidad por las ideas novedosas en cuanto a tales, tienen gusto por los libros e intereses académicos en general, son tolerantes ante las teorías, tienen visión y percepción interna, y hacen gala de una buena imaginación para posibilidades novedosas, más allá de lo presente, lo obvio y lo conocido. Es probable que las ENFJ disfruten del don de la expresión, pero puede que lo usen más hablando en público que escribiendo.

La combinación NF de calidez afectiva y percepción interna alcanza su aspecto más cálido y armonioso en este tipo. Los ENFJ se desempeñarán bien en muchos campos, por ejemplo, como maestros, clérigos, asesores personales y profesionales, o psiquiatras. Aparentemente, su necesidad de armonizar se extiende incluso al ámbito de las opiniones intelectuales. Un encantador ENFJ, que ha estado interesado por los tipos de personalidad desde sus días de instituto, me dijo un día totalmente en serio: «Fulana de tal me preguntó qué pensaba de los tipos de personalidad, y no supe qué decirle, porque no sabía lo que él pensaba acerca del tema».

Los tipos de sentimiento introvertido ISFP e INFP

- Valoran, por encima de todo, la armonía en la vida interior de los sentimientos.
- Se desempeñarán mejor en un trabajo individual que incluya valores personales –en el arte, la literatura, la ciencia, la psicología o la percepción de necesidades.
- Tienen sentimientos profundos, pero rara vez los expresan, debido a que su ternura interior y su apasionada convicción se hallan enmascaradas por la ley moral interna.
- Son independientes del juicio de los demás, por estar sujetos a la ley moral interior.
- Dirigen el juicio hacia el interior, en un intento por mantener todos los valores menores subordinados al mayor.
- Tienen un potente sentido del deber y son leales a sus obligaciones, pero no desean impresionar a los demás ni influir en ellos.
- Son idealistas y leales, capaces de una gran devoción a la persona, propósito o causa que aman.

- Puede que utilicen de vez en cuando el juicio del pensamiento para que les ayude a granjearse el apoyo de un pensador hacia los objetivos del sentimiento, pero nunca le permitirá que se oponga a estos objetivos.

Los tipos de sentimiento introvertido son cálidos afectivamente y rebosan entusiasmo, pero puede que no lo muestren hasta que no conocen bien a la otra persona. Su lado cálido lo llevan dentro, como el forro de piel de un abrigo. Su confianza en los sentimientos les lleva a juzgarlo todo desde los valores personales; saben lo que es más importante para ellos y lo protegen a toda costa.

Pero dado que su sentimiento es introvertido, dirigen su vida exterior principalmente desde su proceso perceptivo preferido, sea la sensación o la intuición. Esto hace a estas personas gente de mentalidad abierta, flexible y adaptable, hasta que sientan que una de las cosas que más valoran se halla en peligro. En ese momento dejarán de adaptarse.

Trabajan mucho mejor en aquellos oficios en los que creen, puesto que su sentimiento añade energía a sus esfuerzos. Desean que su trabajo constituya una contribución a algo que realmente les importe: la comprensión o la felicidad humanas, o bien la salud, o quizás el perfeccionamiento de un proyecto o empeño. Detrás de su nómina quieren que exista un propósito, por muy elevada que sea la nómina. Son perfeccionistas en todo aquello con lo que conecte su sentimiento y, por lo general, son más felices desarrollando un trabajo individual.

La efectividad de los tipos de sentimiento introvertido dependerá de si encuentran un canal a través del cual expresar sus certidumbres e ideales internos en el exterior. Si lo encuentran, las certidumbres internas prestan dirección, poder y propósito en estas personas. Pero, si carecen de esa salida, las certidumbres las vuelven más sensibles y vulnerables cuando las relaciones no cumplen con sus ideales. El resultado puede ser cierta sensación de impotencia e inferioridad, con pérdida de confianza en sí mismas y aumentando, así, la desconfianza ante la vida.

El contraste entre lo real y lo ideal pesa más en las personas ISFP, que son más conscientes de la situación actual de las cosas, que en las

INFP, cuya intuición les permite atisbar vías esperanzadoras de mejora. También es más probable que los ISFP sufran el consiguiente déficit de confianza en sí mismos. En ambos casos, el contraste plantea un problema más agudo que en el resto de tipos.

La solución llega con el uso incondicional de la percepción y de la comprensión como forma de vida, porque éste es el modo de adaptación al mundo al que están destinados, el modo en el que deben poner su fe, con el que deben trabajar y al cual deberán recurrir frente a los problemas, tanto internos como externos. Si confían en la percepción, ya no tendrán que abrirse camino embistiendo los obstáculos, sino que «verán» su camino a través de ellos. Y si se encuentran con la desconfianza, la indiferencia o antagonismos, que pueden bloquear empeños externos o amenazar su paz interior, conseguirán, a través de la comprensión, lo que no podrían lograr jamás a través de un asalto frontal. Esopo hablaba de un viajero que se desprendió de su capa cuando le alcanzaron los rayos del sol, después de que el viento más fiero hubiera fracasado en arrancársela. La mayoría de la gente se derrite bajo la calidez de una comprensión genuina y carente de críticas.

No debería minimizarse en modo alguno la confianza en su forma de vida que muestran los tipos de sentimiento introvertido por el hecho de no *parecer* tan buena como la de los tipos opuestos, aquellos que dependen de la extroversión en vez de la introversión, o del pensamiento en vez del sentimiento, o del juicio en vez de la percepción, ni siquiera de aquellos que combinan los tres, como los de pensamiento extrovertido, que externamente parecen ser los que más confianza en sí mismos tienen de todos los tipos.

Los tipos de sentimiento introvertido tienen sus propias maestrías. Pueden lograr determinadas cosas que otros tipos no pueden, y el valor de sus contribuciones es insuperable. Tomar conciencia de que cada tipo tiene sus excelencias, donde las diferencias entre tipos se ven más como virtudes que como defectos, debería fortalecer su confianza en sus propios dones. Y debería servir para aliviar en parte el conflicto que probablemente sentirán cuando no puedan estar de acuerdo con alguien a quien aman o admiran.

El sentimiento introvertido apoyado en la sensación

Los ISFP ven las realidades –las necesidades del instante– e intentan satisfacerlas. El ISFP es uno de los dos únicos tipos, del total de dieciséis, que *prefiere* decididamente ejercer la medicina general, que le va a poner frente a la más amplia variedad de enfermedades humanas. También puede que encuentren una salida satisfactoria en aquellos campos donde se valora el gusto, la discriminación y el sentido de la belleza y la proporción. Destacan en artesanías, y parecen tener un intenso amor por la naturaleza y una cálida simpatía por los animales. Son menos elocuentes que las personas INFP, pero el trabajo de sus manos es normalmente más elocuente que cualquier cosa que puedan decir.

Pueden estar bastante adaptados a aquellos trabajos que requieran devoción y una gran adaptabilidad, como es el caso de las enfermeras o enfermeros visitantes, que nunca pueden contar con las condiciones normativas, sino que tienen que adaptarse a cada situación novedosa y revisar sus protocolos de actuación para que encajen en las circunstancias presentes.

Los ISFP tienen tendencia a subestimarse y no valorarse a sí mismos, y lo cierto es que el tipo ISFP es el más modesto. Cualquier cosa que haga bien un ISFP dará por sentado que ése no es un gran logro. No necesitan para nada el mandato de san Pablo de «no se vean a sí mismos más elevados de lo que deberían verse». En la mayoría de los casos, deberían verse más elevados de como ven.

El sentimiento introvertido apoyado en la intuición

Los INFP destacan en aquellos campos que tratan de las posibilidades de la gente, como el asesoramiento u orientación, la enseñanza, la literatura, el arte, las ciencias, la investigación y la psicología. Incluir aquí las ciencias puede sorprender a alguien, pero no a mí. Mi padre, Lyman J. Briggs, fue director de la National Bureau of Standards (Oficina Nacional de Normas), de ahí que mi madre y yo esperáramos que las personas dedicadas a la investigación científica fueran en su mayor parte INT como él, no INF como mi madre y como yo misma. Y resultó que, entre los principales investigadores de la Oficina, había ciertamente menos investigadores INF que INT, pero no eran menos distinguidos. Quizás el entusiasmo generado por el sentimiento de una persona INF espolea a la intuición para que llegue a una verdad que el análisis a través del pensamiento terminará confirmando a su debido tiempo.

Los INFP disfrutan normalmente del don del lenguaje. En la clase de último curso de secundaria que se analizó durante las primeras validaciones del Indicador de Tipo se encontraron cuatro mujeres INFP. Una era la editora de la revista del instituto y en la clase la eligieron como «la que más probablemente tendrá éxito en la vida». Otra era la editora del anuario, editora literaria de la revista y la alumna con mejores calificaciones. La tercera había sido la ganadora de una beca abierta de cuatro años, y se convertiría en la editora del periódico de su facultad en la universidad. La cuarta, que disponía de la misma combinación de imaginación y lenguaje, pero menos capacidad para utilizarla en el mundo exterior, escribía una evocadora poesía en la cual hablaba de las «soñadoras» que «deambulan por los horizontes de los vivos».

La evidente tendencia literaria de este tipo se deriva de la combinación de la intuición y el sentimiento. La intuición provee de imaginación y percepciones internas, el sentimiento suministra el impulso de comunicar y compartir, y el dominio del lenguaje es, al parecer, el resultado conjunto de la capacidad intuitiva para los símbolos y la discriminación y el gusto artístico del sentimiento. Por tanto, los cuatro tipos NF deberían tener esta aptitud literaria. Sin embargo, los tipos extrovertidos, ENFP y ENFJ, e incluso las personas intuitivas introvertidas que se extrovierten con el sentimiento, INFJ, es probable que tomen un atajo y empleen su comunicación verbal como profesores, sacerdotes, psicólogos, etc. El sentimiento introvertido en los INFP es tan reservado que suelen preferir la palabra *escrita* a la verbal como forma de comunicación, para evitar así el contacto personal.

Los tipos de sensación extrovertida ESTP y ESFP

- Son realistas.
- Son prácticos y pragmáticos.

- Son adaptables, normalmente es fácil llevarse bien con ellos, se sienten como en casa en el mundo, tolerantes con los demás y consigo mismos.
- Disponen de una gran capacidad para disfrutar de la vida y cierto gusto por vivir experiencias de todo tipo.
- Les gustan los hechos concretos y son buenos en los detalles.
- Aprenden más y mejor de la experiencia, destacando más en la vida que en la escuela.
- Son normalmente conservadores, valoran las costumbres y las convenciones, y les gustan las cosas tal como son.
- Son capaces de absorber un inmenso número de hechos, les gustan los hechos, los recuerdan y sacan provecho de ellos.

La mayor fortaleza de los tipos de sensación extrovertidos es su realismo, y confían principalmente en el testimonio de sus propios sentidos –lo que ven, escuchan y saben de primera mano–, y de ahí que sean siempre conscientes de la situación real en su entorno. Los tipos donde el sentimiento es dominante son proclives a ver las cosas como «deberían» ser; los tipos donde el pensamiento es dominante son proclives a ver las cosas como lógicamente «tendrían» que ser; los tipos donde la intuición es dominante son proclives a ver las cosas como podrían ser; pero los tipos de sensación extrovertida ven las cosas como son, al menos hasta donde alcance el ojo. Su enfoque de la situación se caracteriza por una economía sin esfuerzo; es decir, nunca forcejean con los hechos, sino que los aceptan y los utilizan. No rompen la línea inútilmente. Si lo que han comenzado a hacer queda bloqueado, lo hacen de otra manera. No seguirán ningún plan que ya no se ajuste a las circunstancias.

Sin embargo, también pueden hacer las cosas sin seguir un plan, pues les encanta abordar una situación tal como surge y confían en que siempre se les ocurrirá una solución cuando capten completamente los hechos. Libres de «deberías» o «tendrías», van en pos de los hechos y salen con una solución sobre todo práctica.

Como consecuencia de ello, las personas pertenecientes a este tipo resultan ser bastante buenas para reconciliar facciones opuestas y conflictivas, así como para hacer que las cosas discurran con suavidad. Su capacidad para armonizar se debe en gran medida a su conciencia de todos los elementos factuales y personales presentes en las situaciones a las que se enfrentan. Son capaces de aceptar a las personas y de tratar con ellas tal como son, y no se dejan engañar acerca de sus cualidades.

Disfrutar de los hechos y absorberlos constituye una función esencial de su vigorosa curiosidad. Una persona de sensación extrovertida me escribió en cierta ocasión: «Es verdad que tengo en la cabeza una ingente cantidad de hechos sobre temas totalmente distintos, y siempre quiero saber más». Al igual que otros tipos ES, las personas ESTP y ESFP sienten curiosidad por todo lo nuevo que se les presente ante los sentidos –alimentos, paisajes, personas, actividades, objetos, artilugios o dispositivos novedosos–. Sin embargo, otras cosas novedosas que no pueden ser captadas por los sentidos –ideas abstractas, teorías, etc.– se les antojan menos reales y, por tanto, menos aceptables. Cualquier cosa misteriosa les resulta desagradable, dado que socava la seguridad que sienten en el mundo de los hechos. Y una idea nueva no será por completo de su gusto ni confiarán en ella hasta que no haya pasado el tiempo suficiente como para que la dominen y la fijen firmemente en un marco de hechos sólidos.

Por tanto, los tipos de sensación extrovertida están más en su ambiente cuando tratan con variaciones de todo aquello que les resulte familiar y conocido que cuando es algo del todo nuevo. Su punto fuerte es su impecable manejo de las cosas y las situaciones, sobre todo aderezadas con algo de variedad.

Suelen tener una afinidad instintiva con todo tipo de maquinaria y el sentido de lo que se puede y lo que no se puede hacer con ella. Entre los primeros veinte hombres que identificamos como tipo de sensación extrovertida nos encontramos con un ingeniero mecánico de primera, un maquinista de precisión, un profesor de taller de ingeniería de gran éxito, un «oficial de accidentes» de la Marina y un experto del gobierno cuyos detallados estudios de los restos de aviones estrellados han llevado a la detección de unos defectos oscuros pero fatales en el diseño de un avión.

En el aspecto personal, estos tipos intentan sacarle al máximo partido a la vida. Valoran las posesiones materiales y dedican tiempo para conseguirlas, cuidar de ellas y disfrutarlas. Valoran mucho los placeres concretos, desde la buena comida y la buena ropa hasta la música, el arte, las bellezas de la naturaleza y todos los productos de la industria del entretenimiento. Pero aun sin estas ayudas, estas personas disfrutan mucho de la vida, lo cual hace su compañía divertida. Disfrutan del ejercicio físico y de los deportes, que normalmente se les dan bien; si no, son buenos hinchas de quienes se les dan bien.

En los estudios, no tienen en gran estima los libros como preparación para la vida ni como sustitutivos de la experiencia de primera mano. La mayor parte de su esfuerzo académico es memorístico y, aunque esta técnica es útil en algunas asignaturas, se queda corta en física o matemáticas, en las cuales hay que entender los principios. Se cuenta que un general del ejército, que destacó en su vida por su habilidad en el manejo de las tropas en el campo de batalla, a punto estuvo de suspender en la academia militar de West Point cuando intentó pasar una asignatura de táctica memorizando las clases palabra por palabra.

Van der Hoop dice de estas personas: «Les impresionan mucho los hechos, y su originalidad encuentra expresión en que los ven de una forma más veraz y con menos prejuicios que otros […]. De algún modo, rehúyen los ideales. Se aferran a la experiencia, son empíricos por excelencia, y son en general conservadores en la vida práctica, si no ven perspectivas de beneficio en los cambios. Son agradables, buenos camaradas y amigos íntimos divertidos […] y se les da bien contar historias […]. Suelen ser buenos observadores, y hacen un buen uso práctico de esa habilidad […]. Tienen una gran capacidad para percibir los detalles y para hacer evaluaciones prácticas basadas en éstos; además, se les da bien evaluar la utilidad y empleabilidad de cualquier cosa» (1939, p. 927).

Estos tipos prefieren de forma natural la actitud perceptiva, de tal modo que tienden a ser de mentalidad abierta, tolerantes y adaptables, antes que basarse en esfuerzos sostenidos, metodologías y decisiones. Estas últimas cualidades sólo aparecen cuando se equilibra la sensación con un desarrollo superior del juicio. Es sumamente importante que estas personas cultiven lo suficiente el juicio de pensamiento o de sentimiento para desarrollar continuidad, propósito y carácter. De otro modo, corren el peligro de caer en la holgazanería y la inestabilidad, desarrollando una personalidad superficial en términos generales.

La sensación extrovertida apoyada en el pensamiento

Las personas ESTP toman sus decisiones más con el pensamiento que con el sentimiento y, por tanto, son más conscientes de las consecuencias lógicas de una acción o una decisión. El pensamiento les da una mayor comprensión de los principios subyacentes, les ayuda con las matemáticas y la teoría, y les permite adoptar actitudes duras cuando es necesario.

Al abordar problemas mecánicos o concretos de cualquier tipo, son personas sólidas y prácticas, y evitan las complicaciones. En asuntos sencillos, su juicio es preciso y fiable.

Suelen preferir la acción a la conversación, y cuanto más fácil se pueda traducir un asunto en acciones, más evidente y efectivo se hará su rendimiento. Finalmente, en las relaciones sociales suelen adoptar una actitud amable y dispuesta ante cualquier propuesta placentera.

La sensación extrovertida apoyada en el sentimiento

Las personas ESFP toman sus decisiones más con el sentimiento que con el pensamiento. El sentimiento las lleva a interesarse por las personas y observarlas, lo cual les proporciona una actitud marcadamente amable, tacto y habilidad en la gestión de las relaciones humanas, así como una valoración sólida y práctica de las personas. Entre las ESFP están aquellas estudiantes que fueron votadas en sus clases como «la más agradable y amigable» o «el mejor deportista». El sentimiento también proporciona gusto y juicio artístico, pero no es demasiado útil para el análisis. Por otra parte, este tipo es demasiado tolerante para imponer disciplina.

Los tipos de sensación introvertida ISTJ e ISFJ
• Son sistemáticos, concienzudos y meticulosos.
• Asumen responsabilidades especialmente bien, pero a los ISTJ les gusta más asumir responsabilidades que a los ISFJ.

- Son buenos trabajadores, los más prácticos de los tipos introvertidos.
- Exteriormente, son pragmáticos; en su interior, ante sus impresiones sensoriales, se dejan llevar por reacciones individuales.
- Llama la atención su paciente y voluntariosa aplicación al detalle.
- Se adaptan a la rutina magníficamente,
- Absorben ingentes cantidades de hechos y disfrutan con ellos.

Los tipos de sensación introvertida son fiables gracias a su combinación de preferencias. Utilizan su proceso favorito, la sensación, en su vida interior, y basan sus ideas en una sólida y profunda acumulación de impresiones, que les lleva a sustentar algunas ideas de forma casi inamovible. Después, recurren a su tipo preferido de juicio –pensamiento o sentimiento– para dirigir su vida exterior. Así pues, respetan los hechos de manera absoluta, realista y práctica, así como las responsabilidades que se derivan de estos hechos, sean cuales sean. La sensación les proporciona los hechos y, tras la pausa para la reflexión característica de las personas introvertidas, su juicio acepta las responsabilidades.

Estas personas son capaces de quedarse a ver pasar la tempestad sin dejarse sacudir, dado que la interacción entre la introversión, la sensación y su actitud enjuiciadora les proporciona una estabilidad extrema. No se meten en nada impulsivamente, pero, una vez dentro, es muy difícil que se distraigan, que se desanimen o que se detengan (a menos que los acontecimientos las convenzan de su error). Le dan estabilidad a todo aquello con lo cual se conectan.

El modo en que utilizan sus experiencias les da estabilidad. Normalmente, comparan las situaciones presentes con situaciones del pasado y, aplicada de forma ejecutiva, esta cualidad les permite generar una política consistente y aplicar el necesario cuidado siempre que se introduzcan cambios. Además, en la evaluación de personas o métodos, esta cualidad les permite aglutinar numerosos incidentes para dar soporte a una conclusión.

Les gusta que todo se reduzca al nivel de los hechos, que se especifique todo de forma clara y simple. En palabras de Van der Hoop, «no pueden tomarse en serio la intuición, y contemplan la actividad de la intuición en los demás con un evidente recelo» (1939, p. 32). El éxito les suele llegar a través de los demás, que reconocen y otorgan un valor muy alto a sus buenas cualidades, proporcionándoles un entorno en el cual pueden ser de lo más productivas.

Junto con sus evidentes virtudes, estas personas exhiben una extraña y encantadora cualidad que puede que no se haga evidente hasta que no se las conoce bien. Sus impresiones sensoriales generan una *intensa reacción privada* ante la esencia de aquello que se percibe. La reacción es completamente personal, y es impredecible. Es imposible saber qué diversión o entretenimiento encuentran en ello, ni que asociaciones de ideas inesperadas se están dando tras su aparente calma. Sólo cuando se hallen «fuera de servicio» –relajadas de su extroversión, sus responsabilidades y su actitud enjuiciadora– expresarán de forma espontánea lo que ha ocurrido en su interior. Entonces puede que cuenten lo que se les ha pasado por la cabeza u ofrezcan un atisbo de sus percepciones y asociaciones de ideas, que pueden ser absurdas, irreverentes, conmovedoras o hilarantes, pero nunca predecibles, porque su manera de percibir la vida es intensamente personal.[14]

Cuando estas personas están «de servicio» y están tratando con el mundo, la personalidad que exhiben refleja los procesos de juicio que habitualmente utilizan en sus relaciones con el exterior; es decir, su proceso auxiliar, sea de pensamiento o de sentimiento.

La sensación introvertida apoyada en el pensamiento

Los ISTJ resaltan la lógica, el análisis y la firmeza. Con la suficiente extroversión, los ISTJ pueden ser hábiles ejecutivos. También pueden ser abogados concienzudos y meticulosos que no dan nada por sentado, de tal modo que captan los deslices y omisiones de los demás. Los ISTJ necesitan revisar todos los contratos que hacen; no pasarán nada por alto en ellos, ni darán por sentado nada que no esté allí.

---

14. Una persona del tipo de sensación introvertida dijo acerca de un admirador extrovertido: «Se queja de que, cuando estamos juntos, es él el que lleva toda la conversación. En realidad, es una conversación en dos sentidos: lo que él me dice a mí y lo que yo me digo a mí mismo. Sólo que lo que yo me digo no se oye».

Estas personas conforman un buen tipo para contables, tipo que también parece ser ideal para taquimecanógrafos. La jefa de un departamento central de taquigrafía seleccionó a tres operadoras como personas que tenían un temperamento perfecto para el trabajo; las eligió por su precisión, continuidad, concentración y capacidad para sentirse satisfechas sin relacionarse demasiado con los demás en el trabajo. Las tres eran mujeres ISTJ bien definidas, si bien entre la población general de mujeres sólo una de cada veintitrés pertenece a este tipo.[15]

Las ISTJ se ofrecerán a ayudar si ven que su ayuda es necesaria, pero su lógica se rebelará contra cualquier requerimiento o expectativa de que hagan algo que no tenga sentido para ellas. Normalmente, les resulta difícil comprender aquellas necesidades que difieren mucho de las suyas propias. Pero en cuanto se convencen de que algo es muy importante para una persona determinada, la necesidad se convertirá para ellas en un hecho digno de respeto, por lo que serán capaces de ir muy lejos para ayudar a satisfacer esa necesidad, aunque sigan sosteniendo que no tiene sentido. De hecho, pueden mostrarse extremadamente críticas con los descuidos o la falta de previsión que han llevado a alguna infortunada a caer en una situación problemática y, al mismo tiempo, pueden dedicar mucho tiempo y energía para ayudarla.

En ocasiones, los ISTJ llevan el desarrollo de su tipo hasta más allá de sus procesos dominante y auxiliar, y logran un marcado desarrollo suplementario en su tercer mejor proceso, el sentimiento, para su utilización en las relaciones humanas, sobre todo a la hora de valorar y apreciar a sus amistades más cercanas.

La sensación introvertida apoyada en el sentimiento

Los ISFJ resaltan la lealtad, la consideración y el bienestar común. Se trata de un buen tipo de personalidad para una médica de familia,

---

15. Este dato procede de una investigación personal no publicada de la autora en el First Pennsylvania Bank de Filadelfia. La proporción de frecuencias se encuentra en el capítulo 3, figuras 6 y 7, donde se muestran los datos recogidos por la autora y procesados por el Educational Testing Service (Servicio de Pruebas Educativas).

pues el uso del sentimiento en los contactos con los pacientes proporciona el afecto y la tranquilidad que anhelan, y su sensación, altamente cultivada, no pasa por alto ningún síntoma, además de poder recurrir a una memoria enciclopédica muy precisa.

Se trata también de un tipo muy adecuado para profesionales de la enfermería. En una muestra de estudiantes que conseguí reunir desde distintas facultades de enfermería de Estados Unidos, los ISFJ mostraron el más elevado nivel de autoselección de la profesión y la tasa más baja de abandono de los estudios durante su formación. Esto último atestigua su motivación y su obstinación en seguir adelante.

Un miembro destacado de este tipo es un general del ejército de dos estrellas. Su tipo, bien equilibrado, le proporciona tres cualidades muy recomendadas por diversas autoridades militares: la robustez mental para absorber los shocks, que es el primer requisito para un general, según el general sir Archibald Wavell; la concienzuda atención a administración y suministros, que Sócrates situó en primer lugar de su lista; y el estricto realismo de la sensación, que Napoleón prefería a la intuición, su opuesto, al decir: «Hay hombres que, por su […] constitución, se crean una imagen completa a partir de un único detalle. Por muchas cualidades buenas que puedan tener, si no tienen esa cualidad, es porque la naturaleza no los ha señalado para mandar un ejército».

Estas tres cualidades son consistentes tanto con el pensamiento como con el sentimiento como proceso auxiliar. El proceso de enjuiciamiento del general de dos estrellas, su sentimiento altamente desarrollado, está enmascarado en la práctica por una profunda reserva. El sentimiento se expresa como lealtad al deber y preocupación escrupulosa por los intereses de sus subordinados, lo cual genera a cambio afecto y lealtad.

Los méritos más destacados de este tipo se encuentran también en ocupaciones muy diferentes. La persona más cuidadosa con su trabajo que yo haya conocido en mi vida, un hombre cuyo negocio consistía en el acabado de suelos, mostraba las típicas cualidades de un ISFJ. Le ayudaba su hijo, un joven extrovertido muy agradable, que aseguraba con triste admiración que «el viejo es de lo más particular».

Claro está que tanto los ISTJ como los ISFJ tienen que estar equilibrados para que se dé un desarrollo sustancial de pensamiento o de sentimiento. El juicio los ayuda a tratar con el mundo; equilibra la percepción introvertida, que por sí misma no está interesada en el mundo exterior. Si el juicio no se desarrolla, ignorarán en gran medida el mundo exterior y se volverán incomunicativos e incomprensibles, quedando absortos en reacciones subjetivas ante las impresiones sensoriales y careciendo de salidas para sus cualidades.

Los tipos bien equilibrados tienen tanto el juicio como la percepción bien desarrollados. Su problema estriba en el uso correcto de cada uno de ellos en el momento oportuno. Al igual que todos los demás tipos de juicio, los ISTJ y los ISFJ son más proclives a utilizar la actitud enjuiciadora cuando sería más adecuada la percepción que a cometer el error opuesto. De ahí que la pregunta sea: ¿cuándo no debería de recurrir al juicio un tipo enjuiciador? Y la respuesta es: cuando tratan con los demás.

Con independencia de cuál sea el tipo, el uso apropiado del juicio consiste en aplicarlo a los propios actos y problemas. Si hay que utilizar el juicio con los demás, la percepción es más justa, amable y productiva.

Los tipos intuitivos extrovertidos ENTP y ENFP

- Están alerta ante todas las posibilidades.
- Son originales, individuales, independientes, pero son también extremadamente perceptivos a la hora de valorar las visiones de los demás.
- Tienen una fuerte iniciativa y un potente impulso creativo, pero no se les da tan bien llevar a término los proyectos.
- Su vida es muy probable que sea una sucesión de proyectos.
- Las dificultades los estimulan, y son los más ingeniosos a la hora de resolverlas.
- Operan mediante la energía de los impulsos, más que por fuerza de voluntad concentrada.

- Son incansables en aquello que les interesa, pero les resulta difícil terminar todo lo demás.
- Detestan la rutina.
- Valoran la inspiración por encima de todo y la siguen confiadamente en todo tipo de oportunidades, empresas, aventuras, exploraciones, investigaciones, invenciones mecánicas, promociones y proyectos.
- Son versátiles, normalmente son sorprendentemente inteligentes, entusiastas, de trato afable y llenos de ideas acerca de todo cuanto brille bajo el sol.
- En su mejor aspecto, poseen una percepción interna que equivale a sabiduría y que tiene el poder de inspirar.

Los intuitivos extrovertidos son difíciles de describir debido a que tienen una amplísima variedad. Su interés, su entusiasmo y su energía se derraman súbitamente a través de canales imprevisibles, como una inundación repentina que lo barriera todo, superando todos los obstáculos, creando un sendero que los demás seguirán mucho después de que la fuerza que lo trazó desembocara en otras cosas.

La fuerza que anima a los intuitivos extrovertidos no es una fuerza de voluntad consciente, ni siquiera se basa en un propósito planificado, como en el caso de los tipos enjuiciadores. Es más bien una energía perceptiva, la visión intuitiva de alguna posibilidad en el mundo exterior, que estas personas la sienten como propia porque «la vieron primero» de una forma muy original y personal. Aparte de cualquier consideración práctica, se sienten a cargo de una misión, la de llevar a término esa posibilidad. Ésta ejerce una atracción irresistible sobre ellas, una innegable llamada, que se convierte en su dueña y hace que se olviden de comer o dormir por estar a su servicio. Son incapaces de descansar en tanto no consigan sacar al genio de la lámpara. Como dice Jung: «Las posibilidades que emergen son motivos convincentes de los cuales la intuición no puede escapar, y ante las cuales todo lo demás debe ser sacrificado» (1923, p. 464). Sin embargo, en cuanto sacan al genio de la lámpara, o llegan al punto en que todo el mundo reconoce que *puede* haber salido, deja de interesarles. El genio ya no es una posibilidad; es un mero hecho. Alguna otra persona podrá ocuparse de él a partir de ahí.

Si debido a esta pérdida de interés calificamos a la persona como voluble, como harían los tipos enjuiciadores, habremos errado el tiro, pues los intuitivos tienen un deber esencial que llevar a cabo en este mundo: tienen que asegurarse de que las inspiraciones humanas no se desperdicien. No pueden saber de antemano si una inspiración va a funcionar o no; para ello, tendrán que arrojarse de cabeza a ella, en cuerpo y alma. Y cuando ya lo saben, tienen que entregarse a nuevas posibilidades, dotados con todo lo aprendido con la vieja inspiración. Los intuitivos son tan obstinadamente leales a su principio directriz, a la posibilidad inspiradora, como los tipos de sensación lo son a los hechos, o los tipos de sentimientos a su jerarquía de valores, o los pensadores a las conclusiones de su pensamiento.

Así, la vida de una persona intuitiva tiende a convertirse en una serie de proyectos. Si tiene suerte y siente la llamada de una línea de trabajo que le permite tal corriente de proyectos, la sucesión de entusiasmos le proporcionará una carrera coherente. En el caso de los escritores, puede ser una secuencia de libros, en los que se vayan presentando diferentes problemas a ser resueltos, escritos y guardados en el estante. En el caso de un empresario, puede ser una sucesión de expansiones en el negocio dentro de nuevos campos; para un vendedor, la conquista de nuevas perspectivas de futuro; para un político, una sucesión de campañas para cargos cada vez más elevados; y para un psiquiatra, el intrincado misterio de la mente de cada nuevo paciente.

Si la búsqueda de inspiraciones auténticas de las personas intuitivas quedara completamente bloqueada, se sentirán aprisionadas, aburridas y desesperadamente insatisfechas. Se trata de dificultades externas ante las cuales no es probable que se sometan durante demasiado tiempo, pues la intuición casi siempre encuentra una salida.

Sin embargo, existen dos peligros *internos* que hay que considerar seriamente. El primero, que los intuitivos no deben derrochar sus energías. En un mundo lleno de proyectos posibles, deberán elegir aquellos que tengan un valor potencial, sea un valor intrínseco o sea por su valor para el desarrollo de los propios intuitivos. Después, una vez en marcha, no deberán abandonar. Tendrán que perseverar hasta que hayan establecido algo –que la idea funciona o no funciona, que deberían seguir o no–. No hay que contar como abandono que una mujer intuitiva escriba una buena novela de misterio y que deje de escribir novelas de misterio porque no es lo que quiere hacer durante el resto de su vida; pero *sí* será un abandono si deja la novela a medias o finaliza mal lo que podría haber culminado bien.

En ambos casos, elección y perseverancia, los intuitivos van a necesitar la influencia estabilizadora de un bien desarrollado pensamiento o sentimiento. Cualquiera de ellos les puede dar una norma para evaluar sus inspiraciones y proporcionarles la fortaleza de carácter y la autodisciplina necesarias para perseverar a través de los tramos más duros del trabajo.

Los intuitivos sin juicio no finalizan las cosas (esto es particularmente evidente porque comienzan demasiadas), no se sienten espoleados ante los obstáculos como sí lo hacen los intuitivos bien equilibrados, y son inestables, poco fiables y se desaniman fácilmente; y, como muchos de ellos admiten en privado, no hacen nada que no les apetezca hacer.

Por tanto, los intuitivas extrovertidos deben comenzar por desarrollar su juicio lo antes posible. Este tipo se puede reconocer normalmente a muy temprana edad. Van der Hoop señala que «los niños de este tipo son alegres y llenos de vida; pero con frecuencia se cansan pronto. Siempre están pensando en algo nuevo, y su imaginación les sugiere constantemente nuevas posibilidades. Tienen un dedo en cada pastel, lo quieren saber todo […] y desde temprana edad quieren hacer algo especial» (1939, p. 43). Por ejemplo, se toman bastante menos interés en satisfacer las exigencias escolares básicas que en hacer algo extra o fuera de lo ordinario. Por su propio bien, no debería de aceptarse en ellos lo espectacular y lo inesperado *si es a costa de* lo fundamental.

Sin embargo, no es fácil disciplinarlos, porque disfrutan desde la misma cuna de la notable capacidad de obtener lo que quieren de la gente. Este don es una combinación de ingenio, carisma y comprensión de la otra persona, que les permite proceder con una enorme confianza en sí mismos. En cierta ocasión le dije a un niño de tres años que quizás su madre le daría un cachete por lo que había hecho, a lo que me respondió serenamente: «No. Mi madre no sabe cómo son las cosas».

Durante su existencia posterior, esa extraña facultad para apreciar la realidad de los demás les lleva a ser profesores que pueden adivinar los potenciales insospechados de un alumno, psicólogos que pueden estimar con precisión el cociente intelectual de alguien sobre la base de una breve entrevista y ejecutivos que tienen el don de seleccionar bien y hacer buen uso de sus subordinados.

Esta facilidad para evaluar a las personas, combinada con su convincente entusiasmo en la búsqueda de sus objetivos, puede hacer de los intuitivos extrovertidos unos líderes muy eficaces, capaces de persuadir a los demás del valor de su propia visión y de recabar su apoyo y su cooperación.

La intuición extrovertida apoyada en el pensamiento

Es más probable que los ENTP tomen una dirección ejecutiva o empresarial que los ENFP. Los ENTP suelen ser independientes, analíticos e impersonales en sus relaciones con la gente, y se plantean más cómo los demás pueden afectar a sus proyectos que cómo sus proyectos van a afectar a los demás. Pueden convertirse en inventores, científicos, solucionadores de problemas, promotores o casi cualquier cosa que les interese ser.

La intuición extrovertida apoyada en el sentimiento

Los ENFP son más entusiastas que los ENTP, se preocupan más por las personas y son más hábiles en su manejo. Los ENFP se sienten atraídos por el asesoramiento y la orientación, donde cada persona que llega plantea un problema nuevo a resolver y posibilidades nuevas que comunicar. Pueden ser profesores, científicos, artistas, publicistas o vendedores, todos ellos ciertamente inspirados, o pueden ser casi cualquier cosa que deseen ser.

Los tipos intuitivos introvertidos INTJ e INFJ

• Se dejan llevar por su visión interior de las posibilidades.
• Cuando toman una determinación pueden llegar a la terquedad.
• Son intensamente individualistas, aunque algo menos las INFJ, pues se toman más molestias para conjugar su individualismo con el entorno.
• Las dificultades los estimulan, y la mayoría se las ingenia para superarlas.
• Están dispuestos a conceder que lo imposible lleva un poco más de tiempo de conseguir… pero no mucho más.
• Prefieren abrir nuevos caminos antes que cualquier cosa que puedan encontrarse en un camino ya trillado.
• Los motiva la inspiración, que valoran por encima de todo lo demás, y recurren a ella para alcanzar sus mejores logros en cualquier campo que elijan –ciencia, ingeniería, invenciones, construcción de imperios políticos o industriales, reformas sociales, enseñanza, literatura, psicología, filosofía o religión.
• Un empleo rutinario que no ofrezca posibilidades a la inspiración les sume en un profundo descontento.
• Están muy bien dotados y, en el mejor de los casos, disponen de una percepción muy fina para captar el significado profundo de las cosas; también disponen de un poderoso impulso.

Al igual que con todos los introvertidos, la personalidad externa de los intuitivos introvertidos está fuertemente influenciada por su proceso auxiliar. Por ejemplo, dos de los más destacados oficiales candidatos en una unidad de entrenamiento naval eran intuitivos introvertidos. Aquel cuyo proceso auxiliar era el pensamiento (INTJ) fue designado comandante de batallón durante tres ejercicios consecutivos, siendo su rendimiento de lo más eficiente. Por su parte, aquel cuyo proceso auxiliar era el sentimiento (INFJ) fue *elegido* para los tres cargos más destacados que se pueden conceder en el cuerpo de guardiamarinas: presidente del gobierno de estudiantes, presidente del comité ejecutivo y presidente de su clase. Una mujer que conocía bien a ambos resumió el contraste diciendo que, si ambos fueran en un barco que fuera torpedeado, el INTJ estaría más interesado en controlar los daños, mientras que la principal preocupación del INFJ sería el bienestar de la tripulación. Ambos coincidieron en que la mujer tenía razón.

Las personas intuitivas introvertidas suelen destacar en los campos de la investigación y de la ingeniería de diseño. Es más probable que las INTJ se interesen más que las INFJ por cuestiones científicas y técnicas, pero cuando una INFJ se interesa por estos temas su desempeño puede ser tan bueno como el que más. En un entorno académico, las INFJ pueden ser incluso mejores, probablemente porque el sentimiento está más dispuesto a satisfacer las demandas docentes, mientras que el pensamiento es probable que critique el modo en que se imparte una asignatura y no quiera tomarse la molestia de lidiar con elementos que considera irrelevantes.

El juicio de pensamiento o de sentimiento es de todo punto necesario, y los tipos intuitivos introvertidos tienen que desarrollarlo por sí mismos, porque su absoluta convicción de la validez de la intuición los hace impermeables a la influencia del juicio externo. No exagero al destacar la necesidad de que los intuitivos introvertidos cultiven un proceso de juicio que equilibre su intuición y la sustente.

Sus mayores dones proceden directamente de su intuición: los resplandores de la inspiración, las vislumbres en las relaciones de las ideas y el significado de símbolos, el ingenio, y la visión de cómo podrían ser las cosas. Todo esto son dones interiores del campo perceptivo. Sin un proceso auxiliar de juicio bien desarrollado, la personalidad exterior de estas personas se desarrollará poco, si es que lo hace, y se verán igualmente limitadas a la hora de hacer uso de esos dones. Sin embargo, un buen proceso de juicio llevará las percepciones intuitivas hacia conclusiones o acciones que tendrán un claro impacto en el mundo exterior.

Van der Hoop reconoció también este problema:

> En lo relativo a este conocimiento interior existe un problema peculiar, y es el de encontrar una expresión, por aproximada que sea, para lo que se percibe. De ahí que sea sumamente importan-

te que las personas de este tipo consigan a través de la educación una técnica de expresión [...].

El desarrollo de este tipo es más lento y arduo que el de la mayoría de los otros tipos [...]. Estos niños no están demasiado dispuestos a dejarse influir por el entorno. Pueden tener períodos de incertidumbre en los que se muestran reservados, tras los cuales se les ve más decididos; si entonces se les lleva la contraria, pueden mostrarse sorprendentemente tercos y obstinados. Como consecuencia de su intensa y espontánea actividad interior, su humor es cambiante, unas veces brillante y original, otras veces reservado, obcecado y arrogante.

Posteriormente, a lo largo de la vida, las personas de este tipo muestran una característica persistente: que, en tanto que por una parte poseen una gran determinación, por la otra les resulta muy difícil expresar lo que quieren. Aunque quizás tengan sólo una vaga sensación acerca de cuál es el camino que desean emprender, o de cuál es el sentido de su vida, rechazarán no obstante con gran obstinación todo lo que no encaje con esto. Y todo ello por miedo a que las influencias o circunstancias externas les lleven en una dirección equivocada, de ahí que se resistan desde el mismo principio. (1939, p. 48)

La conclusión es que es muy difícil coaccionar a estas personas. Ni siquiera se les puede *decir* algo sin su permiso, pero aceptarán que se les ofrezcan hechos, opiniones o teorías para que las tomen en consideración libremente; pero hay que confiar en lo excelente de su entendimiento a la hora de reconocer lo que es cierto.

La intuición introvertida apoyada en el pensamiento

Los INTJ son los más independientes de los dieciséis tipos de personalidad, y se sienten más o menos orgullosos de esa independencia.

Sea cual sea su campo, es muy probable que sean innovadores. En los negocios, son reorganizadores natos. La intuición les da una imaginación iconoclasta y una visión clara de las posibilidades; por otra parte, el pensamiento extrovertido proporciona una capacidad organizadora ciertamente crítica. «¡Esté como esté, sin duda se puede mejorar!». Sin embargo, es probable que se organicen a sí mismos fuera del trabajo. No pueden estar reorganizando constantemente la misma cosa, y un producto terminado carece ya de interés. De ahí que necesiten nuevas tareas de continuo, con problemas más grandes y mejores, para ejercitar sus poderes.

Si les interesan las cuestiones técnicas, estas personas tenderán a la investigación científica, a los inventos y la ingeniería de diseño. Es probable que se les den bien las matemáticas, sobre todo los problemas, pero no son adeptas a la teoría matemática pura, como pueden serlo las INTP. A las INTJ se les ocurren muchas cosas, y decididamente se les da mejor solucionar problemas que a las INTP. Pueden hacerlo todo, pero sólo mostrarán interés si los problemas implicados son suficientemente complicados como para que les suponga un reto. La producción en rutina sería desperdiciar la intuición, y un trabajo de investigación puramente teórico sería desperdiciar el pensamiento extrovertido, que anhela ver la aplicación práctica de las ideas.

Aún bien equilibradas, estas personas tienen la tendencia a ignorar los puntos de vista y los sentimientos de otras personas. Recurrir a una actitud crítica en las relaciones personales es un lujo destructivo que no debería tomarse la persona, pues puede tener un efecto desintegrador en su vida privada. De modo que harán bien si se esfuerzan por limitar su capacidad crítica a problemas impersonales y a sí mismas, y convendrá que desarrollen el aprecio (no hace falta que le llamen sentimiento) para sus relaciones con los demás.

La intuición introvertida apoyada en el sentimiento

Los tipos INFJ se preocupan por los demás de manera innata, a veces tanto que parecen extrovertidos, pero en realidad es el proceso del sentimiento, y no la persona, lo que es extrovertido. Con todo, la hermandad y la armonía son muy evidentes en estos tipos, hasta el punto de que parecen conformar la base de su personalidad.

El individualismo de las personas INFJ es menos evidente, no porque su visión interior sea menos clara y convincente, sino porque su preocupación por la armonía las lleva a intentar granjearse (más que exigir) la aceptación de sus propósitos. Para cuando hayan convencido a los demás para que comprendan, aprueben y cooperen en dirección a una meta, tanto los INFJ como su meta habrán encajado de un modo casi natural en el patrón comunitario.

También pueden parecer, sobre todo para sí mismos, menos originales que los INTJ. Cuando la intuición se centra en las personas y sus problemas, no se dan tantas oportunidades para regodearse en lo nunca visto, como lo hace la intuición científica. Una obra maestra de la percepción interna aplicada a las relaciones humanas puede no parecer original en modo alguno, pues es tan precisa que parece obvia.

Las visiones de las INFJ se centran en el bienestar humano, y sus aportaciones es probable que sean independientes y no se integren en un movimiento de masas. Sin embargo, de vez en cuando, la aportación individual *pone en marcha* un movimiento de masas, una religión o una cruzada.

TERCERA PARTE

Implicaciones prácticas del tipo

CAPÍTULO 10

La utilización de los opuestos

Salvo en los lectores más objetivos, las descripciones de tipos que se acaban de ofrecer habrán generado más simpatías y aprobación por unos tipos que por otros. El tipo de cada lector y el de sus allegados se verá normalmente bajo una mejor disposición debido al hecho de que ven o valoran las cosas de un modo que se les antoja natural; mientras que los tipos que son bastante diferentes, que reflejan distintas virtudes y valores, pueden no parecer tan deseables.

Cuando no hay demasiada buena voluntad, el conflicto entre opuestos puede llegar a hacerse grave. La teoría de los tipos se confirma de manera informal con las dificultades que tienen los tipos opuestos para llevarse bien entre ellos, y con las fricciones que se ahorran cuando entienden la base de su oposición.

Los desacuerdos se hacen súbitamente menos irritantes cuando Pérez reconoce que difícilmente sería de esperar que Martínez estuviera de acuerdo. Martínez parte de un punto de vista diferente y procede en una dirección distinta. Así, cuando Martínez llega a una conclusión bastante alejada de la de Pérez, no es por mala voluntad, sino simplemente porque pertenece a un tipo diferente.

Al hacer tales concesiones, Pérez debe tener en cuenta algo que no es fácil de aceptar: que no sólo Martínez es débil donde Pérez es fuerte, sino que también Martínez es fuerte donde Pérez es débil. Los pensadores, por ejemplo, perciben la falta de lógica en un tipo de sentimiento, y tienden a minusvalorar el juicio de esa persona porque no es lógico. Tienen motivos para no confiar en los sentimientos. Sabiendo que su propio sentimiento es errático y no es demasiado útil, los pensadores intentan mantener el sentimiento lejos de sus decisiones, y dan por supuesto que el sentimiento de los demás tampoco es digno de confianza. En realidad, el sentimiento de los tipos de sentimiento constituye una clase de juicio más preciso incluso que el pensamiento del pensador, por ejemplo, al juzgar qué cosas valora más la gente.

De forma similar, las personas intuitivas se dan cuenta de que una persona de sensación no maneja las ideas de forma intuitiva y, por tanto, es probable que minusvaloren la percepción de ésta. No se dan cuenta de que la consciencia de realidades de una persona de sensación es mucho más aguda que la suya. Por su parte, las personas de sensación cometen un error análogo; al confiar en su mayor captación de la realidad, tienden a desconfiar de toda inspiración intuitiva, porque su propia intuición no está desarrollada y no les aporta gran cosa de valor.

Lo ideal sería que tales opuestos se complementaran mutuamente en un empeño conjunto, sea en los negocios o en el matrimonio. Abordar un problema desde posiciones opuestas es muy probable que deje al descubierto lo que cada persona había pasado por alto. Sin embargo, demasiada oposición puede hacer difícil el trabajo juntos, aunque comprendan su diferencia de tipos. Los mejores compañeros de trabajo son probablemente aquellos que difieren en percepción *o* en tipo (pero no en ambas cosas), y se parecen al menos en alguna otra preferencia. Una diferencia así es útil, y las dos o tres preferencias que tienen en común les permiten comprenderse mutuamente y comunicarse.

Cuando dos personas llegan a un callejón sin salida en la gestión de una situación dada, el problema puede ser el resultado de su diferencia de tipo, que ha interferido en sus comunicaciones. Cuando dos personas no conocen los mismos hechos o no consideran las mismas posibilidades, o no anticipan las mismas consecuencias, cada una de ellas tendrá un conocimiento del problema insuficiente. Tienen que hacer una puesta en común. Cada persona tiene que utilizar los cuatro procesos, sea cual sea su nivel de desarrollo: sensación para recoger los hechos relevantes, intuición para ver todas las medidas que se podrían tomar, pensamiento para determinar las consecuencias y sentimiento para considerar el impacto de estas consecuencias en las personas implicadas. La puesta en común de sus respectivas percepciones y juicios ofrecerá la mejor oportunidad para encontrar una solución válida para todos.

Las dificultades que puede tener cualquier tipo es probable que se hallen en los campos pertenecientes a los procesos menos desarrollados por ese tipo. Por ejemplo, los tipos difieren en su capacidad de análisis requerido para formular una política a largo plazo en una cuestión complicada. El análisis exige un reconocimiento de los principios básicos implicados, de tal modo que se puedan anticipar todas las consecuencias de la acción propuesta, incluidas aquellas que no se pretendían o deseaban. Así, el análisis le resulta más fácil a un tipo de pensamiento que a un tipo de sentimiento, y será más fácil aún si el pensamiento es el proceso dominante, el más desarrollado. El pensamiento disecciona una propuesta poniendo el énfasis en la causa y el efecto, incluyendo todos los efectos previsibles, sean agradables o desagradables. El sentimiento tiende a concentrarse en el valor de un efecto, y se resiste a considerar los inconvenientes.

El análisis le resulta más fácil a los introvertidos que a los extrovertidos. Los introvertidos abordan mejor cualquier situación tomándola simplemente por un ejemplo de un principio general fiable, pues su habilidad consiste en reconocer principios subyacentes. No obstante, los extrovertidos abordan más situaciones, con más rapidez y hasta cierto punto de forma casual, y sin pensárselo tanto. Son más rápidos, en parte porque tienen ya un mayor conocimiento de las circunstancias. La información les resulta agradable, una estimulación útil cuando van a abordar sus quehaceres cotidianos. Los introvertidos, sin embargo, pueden ampliar la base de su análisis averiguando lo que puedan decir los extrovertidos en cualquier situación.

En el caso de las personas que no son ni pensadoras ni introvertidas, la siguiente herramienta de análisis que más útil les puede resultar es la intuición, que es un poderoso instrumento para el descubrimiento de posibilidades y relaciones. Es rápida y puede rendir brillantes resultados. Sin embargo, los tipos NF fuertes es probable que carezcan del suficiente realismo, por lo que convendría que comprobaran sus proyectos con un buen ST para descubrir qué hechos y consecuencias están pasando por alto.

A los extrovertidos que no son fuertes en pensamiento ni en intuición, es decir, a los tipos ESF, es probable que les resulte difícil el análisis. Se desenvuelven mucho mejor con problemas concretos con los que están familiarizados, que se pueden gestionar cara a cara a partir de conocimientos de primera mano y experiencia personal. Estas personas deberían reconocer que toman sus decisiones con un ojo puesto en la situación inmediata y el otro en los deseos de los demás. Haciendo una propuesta novedosa a un pensador, pueden descubrir lo que no va a funcionarles a largo plazo; es decir, qué principios o políticas violentaría tal propuesta; qué precedentes establecería; qué consecuencias inesperadas podría tener; en resumen, qué coste tendrá seguir el rumbo que parece más agradable en ese momento. Probablemente no les gustará lo que pueda decir el pensador, pero deberían de hacerle caso.

Sin embargo, decidir sobre la norma a seguir es sólo una parte de la tarea. Normalmente, tenemos que vender nuestras ideas a nuestros superiores, asociados y subordinados, y la persuasión, que es una parte de la comunicación, se les da mejor a los extrovertidos y a los tipos de sentimiento. Los extrovertidos se expresan sin cortapisas, de tal modo que sus asociados se informarán simplemente escuchando. Pero las personas vinculadas con los introvertidos, que están mucho más a oscuras en estos puntos de lo que los introvertidos creen, no se van a dejar persuadir en tanto no se les comuniquen las ideas.

Los tipos de sentimiento suelen expresarse con mucho tacto. El hecho de que les guste la armonía les lleva a considerar de antemano qué impacto va a tener su información en la otra persona, y diseñan su presentación para la audiencia concreta. Por consiguiente, será más fácil que se escuchen sus propuestas que las de los tipos de pensamiento. Los tipos de pensamiento no van a ser demasiado conscientes de los demás, a menos que lleven su respeto por la causa y efecto al campo de las relaciones humanas. De hecho, cuando plantean sus propios puntos de vista, calmada y desapasionadamente, pero sin hacer referencia alguna a nadie, suelen encontrarse con una sorprendente oposición.

Claro está que nadie puede apreciar el punto de vista de otra persona a menos que lo comprenda. Los tipos perceptivos es más probable que lo comprendan que los tipos enjuiciadores, en tanto en cuanto los perceptivos suelen detenerse a escuchar más.

Ningún tipo lo tiene todo. Las personas introvertidas y pensadoras, aunque es probable que lleguen a las decisiones más profundas, pueden tener muchas dificultades para que los demás acepten sus conclusiones. Los tipos opuestos son mejores en cuanto a comunicación, pero no se les da tan bien determinar las verdades que se han de comunicar.

Para una máxima efectividad, todos los tipos tienen que añadir a sus talentos naturales un uso adecuado de los opuestos, sea en su aplicación a otras personas o sea mediante su uso controlado dentro de sí mismos. Ejemplos del primero se ofrecen en la figura 32, en tanto que el último es la fase culmen en el desarrollo de los tipos. Para cuando las personas tienen pleno control de su proceso dominante y su proceso auxiliar, conocen bien sus puntos fuertes y los utilizan diestramente. Si entonces comenzaran a utilizar un opuesto, toda vez que fuera más adecuado que sus procesos mejor desarrollados, pueden desarrollar la habilidad necesaria en su uso y, en caso de ser necesario, pueden pasar de lo natural a lo adecuado. Este paso es difícil, pero se puede facilitar si se comprende *por qué* la respuesta natural y automática no es necesariamente la mejor.

Por ejemplo, el proceso natural del pensador no es adecuado si se utiliza en las relaciones personales con tipos de sentimiento, porque supone una clara disposición a la crítica. La crítica es de gran valor cuando los pensadores la aplican a su propio comportamiento y a sus conclusiones, pero tiene un efecto destructivo sobre los tipos de sentimiento, que necesitan un clima armonioso.

Los tipos de sentimiento tienen una gran necesidad de simpatía y de aprecio. Desean que los demás se den cuenta de su forma de sentir y que compartan su sentimiento o bien reconozcan su valor. Desean que los demás los aprueben y valoren su valía. Extraen afecto y vida de las relaciones armoniosas, y les recorre un frío paralizante y doloroso si sienten antagonismos Detestan el distanciamiento, aunque sólo sea temporalmente, de aquellas personas a las que aprecian.

Las críticas desinhibidas generan mucho estrés en las personas de sentimiento e, irónicamente, todo intento por defenderse no hace más que empeorar las cosas. Las justificaciones, las discusiones y los contraataques no llevan a otra cosa que a un antagonismo más intenso. Por ello, los tipos de sentimiento tienen la batalla perdida desde un principio debido al simple hecho de que la paz y la amistad son sus objetivos, si bien hay quienes sólo se ponen a la defensiva de vez en cuando y normalmente toleran las críticas en silencio. Otros intentarán defenderse o argumentar contra el pensador. Sea como sea, el daño estará ya hecho.

Las personas que son conscientes de tal daño y quieran evitarlo pueden mejorar las cosas. Los tipos de sentimiento pueden evitar tomarse las críticas de forma personal; muchas veces, las críticas no pretenden ser un ataque, sino simplemente una forma de expresión personal.

Los pensadores pueden hacer tres cosas para limitar los daños que sus críticas pueden causar. Primero, pueden reprimir un comentario crítico si saben que no va a hacer ningún bien. Segundo, pueden tener cuidado en no exagerar los defectos que desean que se cambien. Esto es más importante de lo que pueda parecer, pues los pensadores extrovertidos tienen la tendencia a exagerar las cosas por el mero hecho de dar énfasis, y la víctima se puede sentir tan humillada con una exageración injusta que deje de prestar atención a lo que hay de cierto en su argumento. Tercero, pueden tener presente cómo responden los tipos de sentimiento ante la simpatía y el aprecio. Con ellos puede atemperar una crítica necesaria, pero el pensador deberá expresar primero su simpatía o su aprecio.

La tercera técnica es efectiva tanto en el hogar como en el trabajo. Existe una diferencia crucial entre «Creo que estás completamente equivocada con Martínez» y «Entiendo que te sientas así, pero me parece que estás equivocada con Martínez»; o entre «Claro está que García perdió el puesto. No debería de haber…» y «Fue una lástima que García perdiera el puesto. No debería de haber…».

Los tipos de intuición necesitan tipos de sensación

Para sacar a colación hechos
   pertinentes
Para aplicar la experiencia
   a los problemas
Para leer la letra pequeña
   en un contrato
Para tomar conciencia de lo que
   precisa atención en estos momentos
Para tener paciencia
Para enfrentarse a las dificultades
   con realismo
Para recordarles que las alegrías
   del presente son importantes

Los tipos de sensación necesitan tipos de intuición

Para plantear nuevas posibilidades
Para aportar ingenio a los problemas
Para leer las señales de un cambio
   en ciernes
Para ver cómo prepararse para
   el futuro
Para tener entusiasmo
Para enfrentarse a las dificultades
   con ánimo
Para demostrarles que las alegrías
   del futuro merecen el esfuerzo

Los tipos de sentimiento necesitan tipos de pensamiento

Para analizar
Para organizar
Para encontrar defectos de antemano
Para reformar lo que haya que
   reformar
Para mantener consistentemente
   una política
Para sopesar «hechos y pruebas»
Para despedir a alguien cuando
   es necesario
Para mantenerse firme contra toda
   oposición

Los tipos de pensamiento necesitan tipos de sentimiento

Para persuadir
Para conciliar
Para anticipar cómo se van a sentir
   los demás
Para generar entusiasmo
Para enseñar
Para vender
Para publicitar
Para apreciar al pensador

Figura 32. Utilidad mutua de los tipos opuestos.

175

Normalmente, un pensador puede comprender hasta cierto punto los sentimientos de la otra persona, y se da cuenta de que para García es duro haber perdido el puesto, aunque García se lo haya buscado de algún modo. Las circunstancias mitigadoras se pueden muy bien mencionar, si el pensador piensa que vale la pena tomarse la molestia de hacerlo. Pero, desde el punto de vista de las relaciones humanas, merece mucho más la pena que las molestias que toma. Un poco de simpatía o aprecio, esgrimidos previamente, sitúa a los pensadores en el mismo terreno que a los tipos de sentimiento, y el deseo de los tipos de sentimiento por permanecer en el mismo terreno les llevará en la medida de lo posible a estar de acuerdo con los pensadores.

Esta técnica mejora con la práctica y, con el tiempo, se vuelve automática. Los pensadores sólo tienen que hacer el esfuerzo de mencionar los puntos en los cuales coinciden o los que aprueban sinceramente antes de pasar a esgrimir los puntos de diferencia. Se sorprenderán al ver qué pocas veces la gente les rebate esos puntos diferenciales, y su olvidado lado afectivo se sentirá también satisfecho.

Una fusión adecuada y breve de sentimiento y pensamiento por parte del pensador puede ser tolerada por el pensamiento debido a que el proceso de sentimiento se está poniendo al servicio del pensamiento; en tanto en cuanto el sentimiento ayuda a ganarse la aceptación de las ideas y los propósitos del pensador. No hay ningún tipo de abdicación, sino sólo una ligera delegación de autoridad.

El logro correspondiente para una persona de sentimiento es una breve fusión en el uso del pensamiento al servicio del sentimiento, por ejemplo, para esbozar de un modo lógico las ideas y propósitos determinados por el juicio del sentimiento, para reforzarlos con argumentos lógicos aceptables por el pensador, o para anticipar críticas que se dirijan a algún punto apreciado y corregir defectos. Pero, cuando se dan las críticas a pesar de los esfuerzos por desmontarlas, el tipo de sentimiento podría utilizar incluso el pensamiento para analizar las críticas y aprender de ellas.

Sin embargo, por lógicas que intenten ser, las personas de sentimiento nunca son suficientemente lógicas como para valorar el verdadero coste de algo que les atrae, por lo que les resultará muy beneficioso consultar a un genuino pensador y aceptar lo peor de su discurso. El pensador, por su parte, debería tomar en consideración los méritos de la propuesta, y ambos podrían proceder así en beneficio mutuo.

No obstante, el tipo de sentimiento debería ser breve. La característica que probablemente molesta más a los pensadores es la tendencia de los tipos de sentimiento a hablar demasiado, desgranando demasiadas irrelevancias, excesivos detalles y repeticiones. Cuando haya algo que decir, los pensadores quieren que se diga de forma concisa. Los tipos de sentimiento extrovertido, como el padre de uno de ellos decía, no suelen tener «instalaciones terminales».

Los tipos de sensación y los de intuición constituyen otro ejemplo de opuestos mutuamente útiles. La persona de sensación tiene fe en los hechos, mientras la intuitiva tiene fe en lo posible; y dado que cada una se centra en su parte, rara vez van a ver algo desde el mismo ángulo. La diferencia de puntos de vista se agudiza, a veces hasta la exasperación, cuando la persona de sensación tiene autoridad sobre la intuitiva y ésta sale con una idea apasionada. La persona intuitiva tiende a presentar su idea de forma burda –aceptable sólo para otra persona intuitiva– y espera que la persona de sensación se centre en el punto principal e ignore los detalles, que bien pueden haber sido sólo esbozados. Sin embargo, la reacción natural de la persona de sensación es la de centrarse en lo que echa en falta, de ahí que decida que la idea no va a funcionar (y, de hecho, no va a funcionar bajo esa forma) y la desestime simple y llanamente. Una idea se ha desperdiciado, una persona intuitiva ha sido frustrada y un empresario de sensación va a tener que lidiar con un subordinado resentido.

Esta colisión se podría haber evitado si uno y otro hubieran mostrado respeto por el proceso opuesto. La persona intuitiva debería ser suficientemente realista como para saber cuál iba a ser la reacción de su jefe y prepararse para ello, elaborar los detalles de la propuesta y organizar los hechos necesarios de una manera irrefutable. A continuación, y reconociendo lo mucho que los tipos de sensación aprecian el orden lógico, la persona intuitiva debería comenzar por resaltar los problemas que la nueva idea podría resolver. (Al abordar a un empresario *intuitivo,* el trabajador no debería alentar a su jefe a pensar en el problema para que la solución propuesta no se vea obstaculizada por nuevas sugerencias imprevistas).

El tipo de sensación debería de darle una oportunidad a la idea del tipo intuitivo, aunque sin aceptar necesariamente que vaya a funcionar. El ejecutivo o empresario de sensación puede decir: «Podría funcionar *si…*», y a continuación sacar a colación todas las objeciones que su experiencia le sugiere, para después preguntar: «¿Qué harías tú al respecto?». El tipo intuitivo, concentrándose felizmente en los obstáculos (en vez de infelizmente concentrarse en su ejecutivo jefe) desarrollará por lo general una solución valiosa, aunque para ello tenga que revisar la idea original hasta que quede irreconocible.

No sólo se puede evitar el choque de personalidades, sino que puede ser beneficioso para la persona intuitiva pedir a un tipo de sensación que evalúe su proyecto con el realismo que caracteriza a este último. Si las personas intuitivas desarrollan por sí mismas algo de ese realismo, podrán recurrir a su propio proceso de sensación para examinar los hechos e incrementar su efectividad. De hecho, los intuitivos pueden tolerar las combinaciones que se ponen al servicio de proyectos intuitivos.

El logro equivalente para los tipos de sensación es una combinación que recurra a la intuición para contemplar objetivos y posibilidades futuras. Estas personas pueden justificar el hecho de soñar despiertas, tan poco característico de ellas, con el pretexto de que, algún día, un intuitivo desbocado puede intentar cambiarlo todo, y ellas, como personas prácticas que son, deben estar preparadas para reconducir la situación.

Aunque las combinaciones son muy útiles, la visión más clara acerca del futuro sólo puede venir de un intuitivo, la practicidad más realista sólo puede venir de un tipo de sensación, el análisis más incisivo sólo puede venir de un pensador y la gestión más hábil de las personas sólo puede venir de un tipo de sentimiento.

CAPÍTULO 11

Tipo y relación de pareja

Las diferencias de tipo en una pareja pueden dar lugar a fricciones, pero éstas se pueden mitigar o incluso eliminar si se comprende el origen de esas diferencias. Nada en este capítulo pretende desanimar a nadie en su relación con una persona de un tipo que, en gran medida, puede ser opuesto, pero tales emparejamientos deberían de abordarse con pleno conocimiento de que la otra persona es diferente y tiene derecho a serlo, y con disposición plena a centrarse en las virtudes del otro tipo en lugar de en sus defectos.

El papel del tipo en el cortejo y la elección de pareja está sometido a debate. Según el refrán: «Dios los cría y ellos se juntan», de modo que parece razonable que cuanto mejor se comprenda una pareja, cuantas más similitudes haya entre ellos en conjunto, mayor será la atracción y la estima mutua. Entre las 375 parejas casadas de las cuales se obtuvieron indicadores en la década de 1940, la situación más frecuente fue la de parejas que tenían en común tres de sus cuatro preferencias, en vez de sólo dos, que hubiera sido lo esperable por azar.[16]

Por otra parte, Jung decía de personas extrovertidas e introvertidas, «por triste que resulte, ambos tipos tienen la tendencia a hablar mal

---

16. Investigación no publicada de la autora.

uno del otro […] con frecuencia entran en conflicto. Sin embargo, esto no impide que muchos hombres se casen con mujeres del tipo opuesto» (1971, p. 517). Plattner (1950), un asesor matrimonial suizo, comentaba que, en la mayoría de los matrimonios, extrovertidos e introvertidos se casan entre sí, mientras que dos analistas junguianos, Gray y Wheelwright (1944), formularon la teoría del «emparejamiento complementario».

El aparente conflicto de evidencias en este campo es, de por sí, esclarecedor. Los autores citados no hacían otra cosa que atestiguar lo que habían visto en su práctica profesional. Sus clientes tenían problemas matrimoniales o psicológicos, o ambas cosas a la vez. Se dice que Jung comentó en cierta ocasión: «Por supuesto, los analistas tenemos que tratar mucho con matrimonios, en especial aquellos que no van bien porque los tipos son a veces tan diferentes que no se comprenden el uno al otro de ninguna de las maneras». Si las parejas en tratamiento por analistas han tenido problemas debido a que sus tipos son demasiado diferentes, entonces sería de esperar que analistas y orientadores de parejas se encuentren con más tipos opuestos que en los casos de parejas que funcionan, lo cual confirmaría la tesis de que tener dos o tres preferencias en común contribuye al éxito de la relación y reduce la necesidad de orientación.

Entre nuestras 375 parejas, hubo significativamente más similitudes que diferencias en cada una de las cuatro preferencias. La similitud más frecuente fue en SN, lo cual sugiere que *ver las cosas de la misma manera,* sea por sensación o por intuición, hace que dos personas se comprendan mejor mutuamente que si comparten preferencia en EI, TF o JP.

El porcentaje de distribución de las parejas fue el siguiente:

Semejantes en todas las preferencias	9
Semejantes en tres preferencias	35
Semejantes en dos	33
Semejantes en una	19
Semejantes en ninguna	4

Las parejas que eran en gran medida semejantes superaron en dos a uno a aquellas que eran en gran medida opuestas. Entre las parejas que eran semejantes en todas las preferencias, la mayoría eran tipos de sentimiento y puede que tuvieran la armonía como meta consciente en la elección de pareja. Entre las parejas que eran diferentes en todas las preferencias, casi todos los hombres eran pensadores.

El monto de semejanza que dos personas pueden encontrar realmente en una relación puede terminar siendo bastante inferior a las expectativas. A este respecto, el hombre extrovertido antes de la relación tiene una clara ventaja sobre su hermano introvertido, pues es más consciente de lo que le suele gustar a la gente, circula más en entornos sociales y sabe más de mujeres. Dispone de un círculo más amplio entre el cual elegir y puede tener una idea más clara de lo que está eligiendo. Este tipo de elección, más amplia e informada, podría explicar por qué el 53 % de los hombres extrovertidos (pero sólo el 39 % de los introvertidos) tenía al menos tres preferencias en común con su pareja.

El efecto de una preferencia en la elección de pareja parece variar de tipo en tipo. Los hombres que aparentemente se preocupan más por la semejanza en EI son los de los tipos FJ con sentimiento extrovertido. Se supone que los tipos FJ son los más empáticos y a los que más les preocupa que haya armonía. El pretendiente FJ puede, por tanto, ser más susceptible al hecho de que la pareja comparta las mismas preferencias a la hora de divertirse, del tiempo libre y de sociabilidad. Tal persona puede intentar emparejarse conscientemente con alguien que tenga casi idénticos intereses. En el estudio realizado en la década de 1940, en aquellos casos en los que el hombre era FJ, la pareja era similar en EI en un 65 % de los casos, en contraposición al 51 % del resto de tipos combinados.

Los hombres que parecían más inclinados a emparejarse con sus opuestos en EI fueron los introvertidos con pensamiento, que quizás lo hicieran más por timidez que por otra cosa. Quizás, por cada introvertido de pensamiento varón que elige conscientemente a una mujer introvertida y callada hay otro que de manera inconsciente es elegido por una mujer extrovertida y abierta. La sociabilidad de ella establece un puente sobre la vergüenza que normalmente atormenta al varón introvertido cuando inicia una nueva amistad.

Con independencia de quién es la extrovertida y quién es la introvertida en una relación, las diferencias en sociabilidad pueden causar problemas. El deseo de la persona extrovertida por una sociabilidad activa va en contra del deseo de privacidad de la persona introvertida, sobre todo cuando ésta tiene un trabajo socialmente exigente. En este caso, el trabajo diario puede agotar toda la extroversión disponible, por lo que el hogar representa la oportunidad de paz y de silencio necesarios para recuperar el equilibrio. Si la pareja extrovertida quiere salir, traer gente a casa o, al menos, pasar el tiempo en casa conversando, la frustración puede hacer mella en la persona introvertida. Para ella, el silencio o la oportunidad de reflexionar tranquilamente es esencial, y precisa, para ello, la cooperación de su pareja. Se trata de una necesidad difícil de explicar e imposible de entender para una persona extrovertida, a menos que se le explique muy bien. Pero en cuanto los dos miembros de la pareja comprenden las necesidades del otro, sea de tranquilidad o sea de sociabilidad, normalmente pueden hacer ajustes constructivos.

La semejanza en TF debería de ser más difícil de conseguir debido a que, en nuestra cultura, hay más mujeres de sentimiento que de pensamiento, y más hombres de pensamiento que de sentimiento, si bien estas diferencias van reduciéndose con el tiempo, progresivamente. En la muestra de la década de 1940 no había suficientes hombres de sentimiento para todas las mujeres de sentimiento, ni suficientes mujeres de pensamiento para todos los hombres de pensamiento. Como máximo, sólo el 78 % de las parejas *hubieran podido* emparejarse sobre la semejanza TF.

No obstante, allí donde el hombre era extrovertido, el 62 % de las parejas eran similares en TF; en tanto que, donde el hombre era introvertido, el 49 % de las parejas eran similares en esta preferencia. Donde ambos miembros de la pareja eran extrovertidos, la similitud en TF se llegó a incrementar hasta el 66 %, lo cual es una cifra bastante elevada si tenemos en cuenta que el máximo posible era solamente del 78 %.

Puede que las personas extrovertidas descubran antes que las introvertidas los efectos de una diferencia TF. Las personas extrovertidas son notablemente francas: si las críticas abiertas de un pensador hieren los sentimientos de un tipo de sentimiento, y las quejas abiertas de éste por sus sentimientos heridos le resultan molestas al pensador, puede que terminen rompiendo y buscando relaciones alternativas.

La similitud en JP parece afectar principalmente a tres tipos de extrovertidos: el 65 % de los hombres ENTP y ENFP (que viven desde la espontaneidad) se emparejaron con mujeres perceptivas; el 93 % de los hombres ESTJ (que viven desde el sistema, la organización y la toma de decisiones) se emparejaron con mujeres enjuiciadoras. Del resto de las parejas, sólo el 52 % eran similares en JP. El hecho de que tanto percepción como juicio estén representados en una pareja tiene sus ventajas prácticas, pues muchas decisiones se le pueden dejar cómodamente a la pareja que disfruta tomando decisiones.

La semejanza en SN es muy importante para todos los tipos. La proporción más alta de semejanza, el 71 %, se dio en parejas donde la mujer prefería el pensamiento al sentimiento. Evidentemente, una persona que confía en la lógica prefiere una pareja con una orientación similar.

En su conjunto, los hombres extrovertidos, con un círculo de conocidos más amplio, consiguen una mayor similitud en sus emparejamientos que los hombres introvertidos. Su porcentaje de similitud oscila entre el 58 y el 66 % en las cuatro preferencias. Por su parte, salvo por el 62 % en SN, el porcentaje de similitud para los hombres introvertidos oscila entre el 49 y el 52 %.

Las conclusiones que se pueden extraer del estudio de estas 375 parejas son, necesariamente, provisionales. Los sujetos de investigación fueron en su mayor parte licenciados universitarios o los progenitores de éstos. Todos ellos eran voluntarios, con edades que oscilan entre los 17 y los 85 años. La mayoría de los emparejamientos habían tenido lugar entre 1910 y 1950, y todos los sujetos salvo unos pocos de los más jóvenes cumplimentaron el Indicador de Tipo después de casarse.

A partir del estudio de esta muestra emergen varias conclusiones. En estas parejas, que no tenían dificultades aparentemente, había significativamente más similitudes que diferencias en cada una de las cuatro preferencias. Este hallazgo contrasta enormemente con las observaciones de psiquiatras y asesoras matrimoniales de que las parejas a las que tratan tienen más diferencias de tipo que similitudes. Es decir, las similitudes parece que contribuyen al éxito de la relación.

Las preferencias comunes simplifican las relaciones humanas, proporcionan un atajo para comprender a los demás, porque es más fácil entender lo semejante que lo diferente. Cuando una persona comprende y admira a alguien cuyo tipo es cercano al suyo, está, en cierto modo, apreciando sus propias cualidades, lo cual está bien y es productivo, pero quizás no sea tan educativo como apreciar a alguien bastante diferente.

Hasta con sólo una única preferencia en común, una pareja se puede llevar maravillosamente bien (como yo misma puedo atestiguar), si ambos se toman las molestias necesarias para comprender, apreciar y respetar al otro. No verán las diferencias entre ellos como signos de inferioridad, sino como variaciones interesantes de la naturaleza humana que enriquecen sus vidas. Como un joven ISTJ le dijo a su pareja ENFP: «¡Si ella fuera como yo, ya no sería divertido!».

Comprensión, aprecio y respeto hacen posible una relación de pareja larga y provechosa. La similitud de tipo no es importante, salvo en la medida que lleve a estas tres cosas. Sin ellas, la gente se enamora y se desenamora a continuación; con ellas, dos personas se van haciendo cada vez más valiosas la una para la otra, y saben que están haciendo su aportación a la felicidad de la otra. Se valoran conscientemente más y se saben valoradas a cambio. Y ambas llegan más alto en el mundo de lo que podrían llegar por sí solas.

Claro está que existen problemas a lo largo del camino; por ejemplo, los defectos de la pareja. Pero esos defectos son probablemente no más que el anverso de sus rasgos más admirables. Un hombre de sentimiento puede que valore mucho la fortaleza, la presencia de ánimo en las crisis y la firmeza ante un posible desastre de su esposa pensadora. La pensadora no se va a tomar las pequeñeces demasiado en serio, salvo para señalar lo que debería hacerse o debería haberse hecho. Una pensadora puede enamorarse de un tipo de sentimiento, afectuoso, ágil de respuesta, que nutre al sentimiento medio muerto de hambre de la pensadora. La persona de sentimiento no se va a parar a pensar en la lógica de cada comentario y acto. Hasta la mejor de las cualidades tiene efectos secundarios inconvenientes, que pueden resultar molestos para aquellas personas que no ven motivo alguno para ello, pero los efectos colaterales son triviales en comparación con las buenas cualidades de las cuales emergen. Cuando yo era niña tenía una vecina que se quejaba mucho de los defectos de su marido. Un día, mi madre le preguntó qué le gustaría que cambiara en su marido. Le llevó algún tiempo encontrar la respuesta, hasta que finalmente dijo: «Ya sabes, esa cicatriz profunda en la mejilla. A mí no me molesta, pero a él sí».

Lo que importa es apreciar lo que está bien en el otro y transmitir ese aprecio, no necesariamente de forma sentimental. Hay personas que asumen que su aprecio por su pareja se da por sobreentendido, y de vez en cuando expresan ese aprecio de manera explícita. Si resulta muy difícil articular la expresión del aprecio con cosas grandes, pueden expresarlo con las pequeñas: «Me gusta la forma en que te ríes», «Ayer en la reunión me quedé mirándote y me sentí muy orgullosa de ti», «La tuya fue la mejor sugerencia que se hizo en la reunión», «Siempre piensas en algo bonito para hacerle a la gente», Lo que se diga se recordará.

Entre dos personas que se quieren puede surgir de pronto cierta hostilidad sin motivo aparente, pero tales choques serán menos dañinos si ambas comprenden el concepto de sombra, de esa parte que es visible para la pareja, pero no para su poseedor *(véase* pp. 84-85).

Jung dice que los actos de la sombra de una persona no deberían de tomarse como actos propios de ella. Obviamente, ésta es una sugerencia difícil de seguir, pero es importante en una relación de pareja. Si el comportamiento de la sombra de una persona se toma al pie de la letra, la pareja no sólo puede sentirse herida y resentida, sino que el resentimiento puede activar la propia sombra de la pareja; y todo ello irá en detrimento de la relación, pues una amarga discusión puede desencadenarse a continuación, y no una discusión entre la pareja, sino entre sus sombras.

Una escalada del conflicto así será probablemente más grave entre dos tipos de sentimiento, donde la erupción de la sombra se convierte en una extraña violación de su armonía. Sin embargo, los daños se pueden minimizar si comprenden lo que está ocurriendo. Cuando la sombra de una persona entra en erupción, la pareja puede reconocerlo como algo no intencionado, tal como aconseja Jung. Las erupciones inconscientes de la sombra no se pueden prevenir, porque nunca se sabe cuándo van a suceder; pero si una persona puede captar el eco de lo que la sombra dijo, o ve el reflejo de la sombra en el rostro de su pareja, siempre podrá enmendar la situación. «Ha sido mi sombra. Lo siento».

Por su parte, un tipo de sentimiento y otro de pensamiento como pareja deberán evitar algunas trampas. Los tipos de sentimiento no deberían hablar tanto; ante una persona de pensamiento, uno puede excederse hablando fácilmente. Por otra parte, los tipos de pensamiento no deberían ser tan impersonales, pues les parece obvio que por el mero hecho de vivir o casarse con otra persona ya han demostrado su cariño de una vez y para siempre, y que sus actos cotidianos serviciales son una muestra de su preocupación por el bienestar de la pareja (probablemente les parecería sentimental referirse al bienestar como felicidad); por tanto, mencionar siquiera el hecho les parece superfluo.

Por ejemplo, una NTP muy ocupada intenta siempre llamar por teléfono a casa todas las noches cuando está de viaje por negocios. Pregunta de manera pormenorizada cómo va todo, porque puede que haya surgido algún problema que pueda resolver. Al cabo de un rato, su marido ENFP cambia de tema. «¿No nos vas a decir que nos quieres?». A ella le desconcierta que su marido necesite escuchar que les quiere. ¡Si no les quisiera, ella no les estaría llamando a diario para preocuparse por cómo van las cosas en casa! Eso, claro está, es una inferencia lógica que su marido podría extraer, pero él no quiere una inferencia. Él quiere escuchar: «Os quiero».

Los tipos de sentimiento quieren alimento para sus sentimientos. Los pensadores se preocupan menos por los sentimientos que por la causa y efecto. Para evitar cometer errores, miran hacia delante a partir de una acción propuesta hasta su probable efecto; ésa es una precaución productiva. También miran hacia atrás desde una situación insatisfactoria hasta su probable causa, para descubrir qué error se cometió e intentar asegurarse de que no vuelva a ocurrir. Cuando el error es suyo, se benefician de ello porque pueden cambiar su propio comportamiento como consideren mejor. Pero si intentan cambiar el comportamiento de su pareja de sentimiento mediante la crítica, es posible que no haya ningún beneficio, y sí un elevado coste. ¿Por qué? Porque la pareja de sentimiento puede reaccionar a la defensiva, normalmente con más intensidad de la que la ecuanimidad del pensador puede tolerar, y no va a conseguir nada, salvo frustración en su caso y malestar en el caso de su pareja.

Si la persona pensadora en una pareja pensamiento-sentimiento desea de verdad que se dé un cambio en el comportamiento de su pareja de sentimiento (algo que en realidad suponga una diferencia para la persona pensadora), lo mejor que puede hacer es evitar las críticas por completo y sólo expresar, de la mejor manera posible, la necesidad que siente por aquello que desea y la admiración que sentiría por su pareja si accediera a ello. La pareja de sentimiento tendrá entonces un incentivo válido para hacer el esfuerzo que sea necesario y para hacerlo de buen grado. Hay mucho alimento para los sentimientos en el pensamiento de «¡A mi pareja le gusta que haga esto!», pero no hay ningún alimento para los sentimientos en «No quiere que lo haga si yo no estoy dispuesto». El primero es un galardón a la excelencia, el segundo es una reprobación por caer por debajo de la norma. Este enfoque funcionará probablemente mejor que las críticas en cualquier relación de pareja. No hace exigencias, sino que tan sólo pide algo –muy deseado– que la pareja tiene el poder de conceder o no.

Muchas de las críticas de las personas pensadoras no se expresan con la expectativa de generar cambios. Simplemente las dejan caer a medida que pasan de un pensamiento a otro. Aun en el caso de que las personas pensadoras sean conscientes de sus tendencias críticas y se refrenen con discreción en el trabajo o en sus contactos sociales, normalmente pensarán (sobre todo las TJ) que en casa están en su derecho de dejar salir la presión del vapor de forma contundente, pintoresca y con la característica exageración de las TJ. Entre los objetivos de sus críticas casuales pueden estar sus amigos y familiares de sentimiento, la religión, la política, las opiniones sobre cualquier tema o, simplemente, algo que se acaba de decir con la intención de divertir a la persona pensadora; y, bajo esta exagerada forma, las críticas no van a ser auténticas. La pareja de sentimiento tendrá la tentación de defenderse frente a esta severidad indebida, pero convendrá que se resista con tenacidad a esta tentación.

Por el bien de la paz familiar, conviene que la pareja de sentimiento aprenda el arte de lidiar con estas «críticas conversacionales», que no pretenden que se corrija realmente algo, sino que tan sólo expresan los puntos de vista negativos de la persona pensadora («¡No sé cómo aguantas al cabeza de chorlito de Martínez!»). La pareja de sentimiento tiene que permitirle a la pensadora el lujo de expresar sus puntos de vista negativos sin que haya represalias.

La pareja de sentimiento no debería enzarzarse en una discusión en defensa de Martínez, pero tampoco conviene que parezca que está de acuerdo. Una sonrisa relajada ante el comentario de la persona pensadora le reconoce el derecho de pensar y opinar como le plazca; un comentario animado y casual como «Martínez también tiene puntos buenos» reserva el mismo derecho a la pareja de sentimiento a sentir como le plazca, y el tono de voz deja a un lado el asunto.

Puede que un día la pareja pensadora haga una crítica tan mordaz o feroz que parezca quitarle el suelo de debajo de los pies a su pareja de sentimiento, pero existen al menos dos posibilidades, aparte de la que le anuncia el fin del mundo a la pareja de sentimiento. Una es que el comentario ha sido un fallo garrafal de comunicación, que la pareja pensadora no pretendía decir las cosas tal como han sonado, y que no siente lo mismo que sentiría la pareja de sentimiento si dijera una cosa así. La otra posibilidad, y la más probable, es que no ha sido la pareja pensadora la que ha dicho eso, sino su sombra.

En cualquier relación de pareja, una diferencia de tipo puede generar a veces un conflicto directo entre puntos de vista opuestos. Si esto ocurre, la pareja puede elegir entre tres opciones. Primero, que uno de ellos o ambos den por sentado que es un error por parte del otro ser diferente, y sentirse indignado con todo el derecho, con lo cual degrada a su pareja. Segundo, que uno de ellos o ambos den por sentado que el error es propio por ser diferente, y sumirse en la depresión, con lo cual se degrada a sí mismo. O, tercero, pueden reconocer que cada miembro de la pareja es *interesante y justificablemente* diferente del otro, y sorprenderse y divertirse con ello. Su diversión puede ser afectuosa o distante, irónica o tierna, según sean sus tipos, pero les ayudará a resolver la situación y a mantener intacta la dignidad de la pareja y el precioso tejido de su relación.

CAPÍTULO 12

Tipo y aprendizaje temprano

La más llamativa relación entre tipo y educación se halla en la aparente ventaja de la que disfrutan las personas intuitivas en la mayoría de los campos académicos, pues estas personas gravitan hacia la educación superior, tal como muestran las frecuencias de las tablas de tipos del capítulo 3.

Entre las personas intuitivas nos encontramos con frecuencia tanto con una elevada aptitud para los estudios como con un alto interés académico. Y esto es más que un hecho. Es la prometedora pista hacia la mecánica del aprendizaje. ¿Qué hacen las niñas y niños intuitivos que les hace más fácil e interesante el aprendizaje? ¿De qué modo se podría ayudar a otros niños y niñas para que hicieran lo mismo?

Si lo traducimos literalmente de su raíz latina, *intuición* es mirar hacia dentro o contemplar. En la terminología de los tipos, la intuición es la percepción del resultado de los propios procesos inconscientes de uno. De mismo modo que los dominios de la sensación se sitúan en el entorno físico, los de la intuición se ubican en el inconsciente, del cual proceden tales percepciones internas.

Todo niño tiene la capacidad de realizar operaciones concretas con gran rapidez en el nivel inconsciente. Utiliza de forma rutinaria el inconsciente para traducir símbolos en significados o significados en símbolos mientras habla, escucha, lee o escribe. Otro uso rutinario del inconsciente consiste en la recuperación de información desde la memoria; todos hemos experimentado esa sensación de mente en blanco cuando la comunicación entre el consciente y el inconsciente falla de repente y el nombre buscado nos resulta completamente inaccesible hasta que, de forma igualmente repentina, se restablece la comunicación con la memoria.

Pero muchos usos de las capacidades inconscientes son creativos en vez de rutinarios. Cuando una niña pregunta «¿Por qué?» o «¿Cómo?», está preguntando por algo previamente desconocido para su mente consciente, una apercepción que debe construirse inconscientemente a través de una novedosa combinación de información almacenada. Esa petición la hace la intuición, a veces en su propia búsqueda de relaciones, interpretaciones y posibilidades, en ocasiones sólo al servicio de la sensación, el sentimiento o el pensamiento. Sea cual sea la petición, la intuición lee el producto del inconsciente.

La confiabilidad de símbolos, memoria y percepciones internas depende de lo adecuado que sea lo que se almacena en el inconsciente. El inconsciente de un niño absorbe tres tipos de materiales nuevos: información nueva que hay que ordenar, almacenar y relacionar con información previamente almacenada; nuevas ideas que hay que transformar en principios, que le permiten al niño ordenar y relacionar las informaciones nuevas, y almacenarlas en un contexto con sentido; y preguntas específicas que precisan respuestas basadas en toda información e ideas relevantes.

Toda nueva información que capta (o fuerza) la atención consciente de la niña es utilizada por el inconsciente, pero eso no necesariamente lleva a que esa información esté disponible. Para aprender un nuevo hecho o idea —es decir, para hacerla permanentemente accesible al recuerdo voluntario—, la niña tiene que prestarle atención suficiente como para fijarla en su mente. La cantidad requerida de atención se concede en ocasiones toda de una vez, como en el aprendizaje por experiencia de que las abejas pican, pero lo más habitual es que se haga mediante un refuerzo gradual, como cuando se aprende a sumar de memoria o como en el aprendizaje de palabras nuevas a partir del contexto en el cual aparecen.

Cuánta atención precisará el proceso de aprendizaje en cada caso dependerá de las percepciones internas inconscientes del niño. Si el niño no dispone todavía de la percepción interna necesaria para darle sentido a la información novedosa y para enlazarla con lo que ya sabe, no habrá un contexto en el cual almacenar la información. Irá a parar a un limbo de hechos separados y arbitrarios, difíciles de comprender, áridos de recordar, carentes de interés, que exigen una atención excesiva para poder ser aprendidos. Si el niño tiene la percepción interna necesaria para vincular la información novedosa con cosas ya conocidas, tal información se aprenderá de forma permanente con sólo poner una cantidad modesta de atención y quizás, si es intrínsecamente interesante, sorprendente o divertida, sin hacer esfuerzo alguno.

Las ideas sobre principios generales pueden llegar desde fuentes externas o desde el propio inconsciente de la niña. Las niñas pequeñas carecen de la información almacenada necesaria para establecer muchos de los principios que el inconsciente aplica. Y, para aprender a un buen ritmo, niñas y niños van a necesitar ayuda para establecer principios.

Cuanto antes se ayude a los niños, tanto mejor. Aunque, en el momento de nacer, sus habilidades para procesar la información son limitadas, en los dos o tres primeros años de vida los niños adquieren muchas habilidades esenciales para el desarrollo intelectual. Hacia los tres años, un niño puede haber establecido un patrón para abordar lo desconocido con ávida comprensión, en tanto que otro puede haber aceptado la habitual incomprensión como forma de vida y ni siquiera preocuparse por ello.

Las más destacadas psicólogas y psicólogos cognitivos coinciden en señalar la importancia de la información que el pequeño absorbe durante este período temprano. En su estudio sobre la fisiología del cerebro, Hebb (1949) diferenció claramente entre el *aprendizaje primario,* mediante el cual el bebé establece inicialmente los *procesos centrales autónomos* que se supone subyacen al pensamiento y dan cuenta de la inteligencia, y el aprendizaje posterior, que sólo se hace posible cuando estos procesos centrales se han afianzado. Piaget (1936), observando con detalle el desarrollo de la inteligencia infantil, descubrió que el interés del bebé se difunde como las ondas de agua en un estanque; cuantas más cosas nuevas ve y escucha el bebé, más cosas nuevas estará interesado en ver y escuchar. Bruner (1960), que investigó casi todos los aspectos de la educación, llevó a cabo un estudio sobre cómo los bebés recién nacidos aprenden a vincular percepciones. Hunt (1961), por su parte, sostenía que el aprendizaje puede ser un proceso acumulativo, pues afirmaba que los dos primeros años son los más importantes, «de manera que la idea es hacer esto a partir del mismo momento de nacer: gestionar la vida del niño de un modo que mantenga vivo su interés a medida que crece» (Pines, 1966, p. 48).

Piensa en lo que ocurre a partir del momento de nacer. En los primeros días, la información con la que se encuentra el bebé está constituida por impresiones sensoriales distintas, no correlacionadas entre sí, y lo primero que pide el inconsciente es probablemente una pista, cualquiera, que le pueda dar un significado a toda esa confusión de imágenes, colores y ruidos. Si el inconsciente puede emitir el informe de que «parece que hay cosas que siguen apareciendo», esa idea se vuelve inmediatamente útil tanto a nivel consciente como inconsciente. Incorporada como habilidad inconsciente, proporciona los primeros rudimentos para organizar la información. Las nuevas impresiones sensoriales comienzan a aglutinarse en torno a unas cuantas de las más distintivas «cosas que siguen apareciendo». El aspecto que tienen las cosas (desde diversos ángulos) se vincula con cómo se siente, qué gusto tiene y cómo suena; estas piezas de información se almacenan juntas como material para futuras apercepciones. Desde el punto de vista consciente del bebé, la idea de la existencia de «cosas» le permite abrir una brecha entre la confusión reinante para establecer porciones de información suficientemente concretas como para tomarlas en consideración. El «¿qué es todo esto?» se convierte en «¿qué es eso?», que es un problema más interesante y digno de una atención más estrecha.

Aquí se halla el comienzo del reconocimiento de cosas y personas por parte del bebé. Esta habilidad se desarrolla antes en el bebé que dispone de cosas fácilmente reconocibles que mirar y manejar a su alrededor, cosas que son suficientemente grandes como para no pasar desapercibidas. Un color sólido es preferible a manchas de colores, que tienden a camuflar la forma; un color sólido destaca sobre el fondo. El movimiento también diferencia al objeto del fondo y le añade interés, incluso drama; a los bebés les encanta ver cómo algo desaparece y vuelve a aparecer.

Ver a la gente correctamente es más difícil para un bebé de lo que los progenitores se imaginan. A diferencia de los bebés nativos americanos, a los cuales los llevan sus madres a la espalda y pueden ver a la gente desde un principio desde la perspectiva correcta –es decir, desde arriba–, los bebés ven desde las cunas a las personas como objetos horizontales. Cuando el bebé está acostado sobre la espalda, ve a la madre que se inclina sobre él en horizontal. Si está de lado, ve a gente en horizontal como si subiera y bajara por un suelo vertical. (Los lectores pueden simular esta experiencia volteando la cabeza noventa grados). En tanto el bebé no sea capaz de sentarse por sí solo, no va a tener la oportunidad de ver el mundo como lo verá durante el resto de su vida, por lo que las imágenes de la familia y del entorno que han estado construyendo durante seis o siete meses descubren de pronto que no eran correctas.

Con un poco de cuidado, los progenitores pueden hacer que las percepciones tempranas del bebé se correspondan con la realidad. Cuando se le da la vuelta al bebé de tal manera que los pies apuntan hacia la madre o el padre cuando lo cambian, lo bañan o lo visten, el bebé ve a la madre o al padre en la posición correcta. El bebé que se mira en un espejo cuando se le incorpora para que eructe se verá de la forma correcta sobre el hombro del padre o la madre. Cuando el bebé tiene la edad suficiente como para mantener la cabeza erguida, la madre o el padre pueden ponerse al bebé sobre el estómago y darle la vuelta para que pueda ver; en esta posición podrá ver a los demás caminando erguidos. También en las sillitas de bebé pueden ver lo que pasa y desarrollar de forma permanente una serie de imágenes válidas.

Otra importante idea que utiliza el inconsciente para organizar la información es la de «a determinados sucesos les siguen otros sucesos». Un bebé de nuestra familia descubrió antes de las dos semanas de vida que cuando se le envolvía bien en una sábana no iba a tardar en mamar. En cuanto se le envolvía en la sábana, dejaba de llorar pidiendo la cena y abría la boca. Esto indica que, en cuanto un bebé comprende a un nivel subconsciente una secuencia de acontecimientos, las secuencias dignas de tener en cuenta se archivan debido al hecho de que podrían repetirse, y esas secuencias que se repiten de forma consistente dan lugar a percepciones novedosas acerca del comportamiento de todo lo animado e inanimado a su alrededor. A nivel consciente, los bebés ponen a prueba la idea de la secuencia en cada acontecimiento que pueden provocar. «¿Qué pasará si…?». A la décima ocasión en que arrojan el sonajero al suelo desde la cuna, los bebés puede que estén observando si alguien lo recoge esta vez, o puede que estén preguntándose si el sonajero se estampará contra el suelo de nuevo, ¡lo cual sucede!

Aquí se halla el comienzo de la generación racional de expectativas y del comportamiento orientado a un fin. El ritmo en el cual un bebé desarrolla expectativas e intenciones dependerá en gran medida de la variedad y el atractivo de los acontecimientos que él mismo puede provocar, que a su vez dependerá de la variedad y el atractivo de los materiales a los cuales tenga acceso. Todo objeto será interesante si reacciona ante algo que el bebé pueda hacer; si, por ejemplo, algo suena cuando lo sacude, rechina cuando lo aprieta o retumba cuando lo golpea, o bien cuelga de una cinta elástica, se rompe cuando lo suelta o, mejor aún, se enciende o se apaga cuando se lo estira hasta que hace clic.

Cada uno de estos acontecimientos no sólo acrecienta el conocimiento del bebé acerca del modo en que se comportan las cosas, sino que también le ayuda a establecer una idea que le acompañará durante toda la vida, la de que averiguar y descubrir es divertido.

Antes de que aparezca el lenguaje, los estímulos para averiguar o descubrir tienen que ser físicos o, como los denomina Piaget, sensoriomotores. Dado que la comunicación directa aún no es posible, toda nueva idea o percepción que debe producir el inconsciente del bebé estará limitada a aquello que pueda ser pensado en imágenes o a través de cualquier otra impresión de los sentidos.

Pero se da un gran paso adelante cuando una importante idea, la de que «las palabras tienen significado», abre el camino a la palabra. La palabra externa permite la comunicación; las preguntas que formulan los niños y sus respuestas, los cuentos y las explicaciones de los progenitores amplían las experiencias de los niños hasta más allá del entorno inmediato. La palabra interna, por otra parte, les permite hablarse a sí mismos; pueden formular pensamientos y preguntas a su inconsciente con una precisión que no sería posible si tuvieran que pensar todavía exclusivamente con imágenes.

Maya Pines (1966) describe determinados experimentos en los cuales «niños de entre un año de edad y dos años y medio a los que se les dijo el nombre del color rojo aprendían a encontrar una golosina debajo de una gorra roja con mucha más facilidad que aquellos otros niños que no disponían de un nombre para ese color; de hecho, precisaron sólo un tercio de los intentos» (p. 187). Disponer de una palabra para el detalle relevante les ayudó a concentrarse en él. En otro experimento, los niños no fueron capaces de elegir un par de mariposas con un patrón similar en las alas hasta que no se les dieron etiquetas verbales para los diferentes patrones: *manchas, rayas,* etc. Así, cada palabra que adquiere un bebé trae consigo un área adicional de consciencia, la cual incrementa su poder para pensar en las cosas, para observarlas, compararlas, categorizarlas y recordarlas. Pero, además, cada nueva palabra incrementa también su ritmo de aprendizaje, incluso en tareas que no supongan el uso externo de la palabra. A partir de aquí se desarrolla la capacidad verbal, de la cual dependen multitud de cosas.

Las operaciones del inconsciente son más interesantes para los bebés intuitivos que para los bebés de sensación desde el mismo momento de nacer, de ahí que los bebés intuitivos muestren más interés por el significado de las palabras y presten más atención a las palabras que escuchan. Debido a que todos los niños aprenden el significado y uso de las palabras a un ritmo proporcional a la atención que les prestan los bebés de sensación tendrán que prestar a éstas la misma cantidad de atención que los bebés intuitivos con el fin de desarrollar la capacidad verbal al mismo ritmo que éstos. Y para que las palabras sean suficientemente interesantes para ellos deberán relacionarse de manera explícita y activa con los objetos, las experiencias o actividades que resulten de interés para sus sentidos.

Los bebés comprenden el tono de voz antes de entender las palabras que se pronuncian. Si una voz no suena interesada, ¿para qué molestarse en escucharla? Pero si lo que se les dice suena como si las palabras portaran algo importante acerca del objeto presentado, entonces los bebés intentarán captarlo todo de inmediato. Sin duda, las palabras resultan ser importantes. Palabras para objetos, palabras para acciones, palabras para atributos, palabras para relaciones; cada palabra que los bebés pueden pensar por sí mismos cristaliza la realidad que esa palabra representa y hace esa realidad útil en las operaciones mentales.

Tan pronto como la comunicación se establece, los niños ya no necesitan tantear toda idea o percepción, puesto que se les puede decir y mostrar la estructura básica de la vida y la experiencia. Por ejemplo:

- *La gente tiene deseos y necesidades.* Ambos merecen respeto. La gente no debería interferir con los planes o las posesiones de los demás. Aquí comienza el concepto de los derechos de los demás.
- *Las cosas tienen usos.* Las cocinas son para cocinar, las camas para dormir, los libros para leer, las flores para contemplarlas, todo sirve de diferentes modos a los deseos o necesidades de las personas. Aquí se halla el concepto del valor basado en la utilidad.
- *Las cosas tienen que ser hechas.* O bien tienen que crecer o cultivarse, o ser capturadas en el mar o desenterradas. Aquí se halla el concepto del esfuerzo humano como impulso primario de la civilización.
- *Hay que pagar por las cosas.* Cuando una persona quiere algo que no puede hacer o no quiere hacer por sí misma, tiene que conseguirlo a través de otra persona y pagar por ello. Para ganar dinero con el fin de poder pagar por algo, la persona tiene que hacer algo útil que otra persona quiera que se haga y esté dispuesta a pagar por ello. Aquí se hallan los conceptos de comercio y del dinero como medio de intercambio.
- *La gente trabaja de cientos de maneras.* Trabaja para obtener materias primas y elaborar cosas a partir de ellas. Existe una historia de trabajo y esfuerzo detrás de cada objeto familiar de uso diario.

Los niños pueden comprender estas sencillas ideas mucho antes de que puedan deducir las ideas de forma independiente. Una vez comprendidas, estas ideas dan lugar a una imagen de un mundo en plena actividad, donde la gente hace cosas útiles constantemente. Pero, para completar el cuadro, los niños necesitan entender los principios que se hallan tras todo cuanto observan.

Una de las maneras de hacerlo consiste en tomar los materiales básicos a partir de los cuales se han hecho las cosas durante miles de años –piedra, arcilla, madera, metal, cristal, lana, algodón y cuero– y mostrarle al niño no sólo para qué se utilizan en la vida cotidiana, sino *por qué*. La dureza de la piedra, la facilidad con la que se pueden trabajar la arcilla y la madera, la fortaleza del metal y su capacidad para conservar el filo, la trasparencia del cristal, la tenacidad de las fibras de lana y algodón cuando se hilan, la resistencia y la elasticidad del cuero, todos ellos son hechos interesantes de por sí. Tomados en su conjunto, estos hechos generan un concepto acerca de las diferentes propiedades de la materia, y le proporcionan al niño nuevas categorías de clasificación y descripción.

A partir de las propiedades obvias de las materias primas, sólo hay que dar un paso más para comprender de qué formas se pueden transformar. Por ejemplo, las temperaturas elevadas tienen efectos radicalmente diferentes sobre las distintas sustancias. La arcilla se endurece, y luego soporta tanto el fuego como el agua. Los metales se ponen al rojo vivo, luego al blanco, y finalmente se funden; cuando se enfrían, se solidifican, adoptando la forma del molde en el cual se derramaron. Los materiales orgánicos de plantas y animales se consumen a altas temperaturas y no se pueden recuperar. (Piaget dice que a los niños les cuesta captar el concepto de un proceso irreversible, por lo que es importante que comprendan que la destrucción es irreversible).

Después de las materias primas, el interés se centra en los pasos básicos mediante los cuales éstas se transforman en cosas útiles. Estos pasos se pueden ver con más claridad en los métodos originales y primitivos de hacer determinadas cosas. Los niños recuerdan la experiencia y los principios cuando se imaginan a sí mismos calentando un trozo de hierro en la forja, forzando la entrada de aire con el fuelle, para luego sacar el hierro al rojo con unas tenazas y darle forma con el martillo hasta obtener un cuchillo de caza.

Un buen punto de partida acerca de los principios mecánicos se puede obtener merced a las «máquinas sencillas» de antaño. Cada una de ellas, a su manera, permite a las personas hacer un trabajo que, en realidad, se halla más allá de sus fuerzas, y se consigue mediante el método de extender el esfuerzo a lo largo de un tiempo o espacio más prolongado. Los principios subyacentes de la palanca, la rueda y el eje, la polea, el tornillo, la cuña y el plano inclinado se pueden señalar en objetos familiares para el niño. Por ejemplo, el principio de la palanca se demuestra cuando el niño se desliza hasta el extremo de un balancín para conseguir equilibrar el peso de un compañero de juegos más pesado, o cuando una niña abre unas tijeras más de lo habitual para poder cortar algo más grueso.

La rueda y el eje se utilizaban mucho para extraer cubos de agua de los pozos; los radios de la rueda servían de palanca para facilitar el giro del eje. Los principios de la rueda y el eje, y de la polea, conforman los fundamentos de la grúa. Los niños pueden ver operar la rueda y el eje en el volante de un automóvil, y utilizarlos cada vez que giran el pomo de una puerta o la manivela de un sacapuntas antiguo.

El plano inclinado se utilizó para construir las pirámides; en la actualidad, los niños lo usan como rampa para bajar con la bici a la calzada desde la acera.

Un plano inclinado en torno a un cilindro da lugar al espiralado de un tornillo que, cuando se gira, hace que lo que hay entre la rosca tenga que girar con ella o bien moverse a lo largo de la espiral. Arquímedes utilizó ese principio para elevar las aguas del Nilo. En la actualidad, por otra parte, se emplea para levantar las casas de sus cimientos, para ajustar la altura del taburete de un piano o para sujetar la tapa de un tarro de mantequilla de cacahuete.

Estos principios tienen más importancia de lo que pueda parecer. El hecho de comprender un principio en un campo novedoso le da al niño un punto de apoyo en ese campo. Cuando, posteriormente, se encuentra con un hecho o idea relacionada, el niño puede clasificarlos mentalmente y relacionarlos con lo que ya conoce. Si comprende un principio en tantos campos como le resulte posible, su conocimiento, comprensión e *interés* pueden expandirse en todas direcciones.

Un principio de la geografía es que el clima está en función de en qué medida el sol calienta una zona. Las temperaturas en torno al ecuador son muy altas debido a que los rayos del sol caen perpendicularmente durante la mayor parte del año. Por otra parte, la luz solar incide en las regiones polares de forma muy oblicua y pierde gran parte de su fuerza, por lo que las temperaturas son allí muy bajas. Los climas intermedios son más moderados y agradables. La diferencia de temperaturas influye en el tipo de cultivos que la gente puede desarrollar en cada región del mundo, así como en la forma en la que construyen sus casas. Los contrastes entre el brillante sol del mediodía y el mortecino y rojo ocaso, y entre el verano y el invierno, les dan a los niños una idea de las diferencias entre climas.

Los principios biológicos, entre los que se incluyen las necesidades de alimento, agua, aire y una temperatura adecuada, sacan a colación multitud de preguntas interesantes, como por qué sangra una rodilla herida, por qué se incrementa la sensación de hambre después de jugar intensamente, por qué se aumenta la sed en verano y por qué los corredores se quedan sin aliento tras una carrera. Y así sucesivamente, a través de todos los campos del conocimiento.

CAPÍTULO 13

Estilos de aprendizaje

«Una de las mayores frustraciones de la enseñanza –comentaba una maestra en una discusión acerca de tipos de personalidad– es que te pasas la vida robándole a Pedro para darle a Pablo. Tu diseñas algo para alcanzar a un grupo de estudiantes, sabiendo que, al hacerlo así, vas a desmotivar a otro grupo. Proporciona cierto alivio descubrir que existe una explicación perfectamente comprensible». Miles de maestras y maestros conocen este problema por experiencia propia, y en este capítulo vamos a ofrecer una interpretación lógica, además de sugerir un método para abordarlo.

Los tipos de personalidad constituyen una diferencia natural y predecible en los estilos de aprendizaje y en la respuesta del alumnado ante los métodos de enseñanza. Por ello, comprender el tipo puede ofrecer una explicación acerca de por qué hay estudiantes que captan bien una forma de enseñanza y les gusta, y por qué otros no la captan ni les gusta. Aquí nos encontramos con dos tipos de problemas distintos, porque captar es una cuestión de comunicación, mientras que gustar es una cuestión de interés.

La comunicación de profesor a estudiante comienza con la palabra hablada en el aula, donde el estudiante debe ser capaz de escuchar de forma efectiva, para después integrar la palabra escrita en los libros de texto; libros que el estudiante debe ser capaz de leer. Debido a que las palabras, que es el medio necesario para la educación, deben ser traducidas de símbolos a significados a través de la intuición, la traducción resultará naturalmente más fácil para los tipos intuitivos que para los tipos de sensación. Las personas intuitivas utilizan su modo favorito de percepción, mientras que las personas de sensación tienen que utilizar un tipo de percepción que les gusta menos y que tienen menos desarrollado. Esto hace que les lleve más tiempo y esfuerzo, sobre todo cuando las palabras son abstractas.

Los primeros días de escolarización son cruciales para la educación de los niños de sensación. Hasta ese momento, estos niños han centrado su atención en las realidades concretas que les rodean, en las cosas que ven, tocan y manipulan. Pero, de repente, se hallan en un entorno en el que *no* pueden operar de la manera habitual. Todo son palabras, algunas de las cuales quizás no les resulten suficientemente familiares como para darles un sentido. Y las palabras pasan de largo con suma rapidez. Los niños se suelen encontrar así ante el mismo problema que se hallan los adultos que intentan conversar con un extraño en una lengua extranjera. Aquellas palabras con las que no están familiarizados precisan un tiempo extra para su traducción, y cuando las palabras pasan demasiado rápido, la traducción se hace imposible.

Tendrán suerte si el profesor controla de algún modo la rapidez con la cual pasan las palabras. Si reconoce que los niños de sensación precisan más *tiempo* para asumir y comprender las palabras, el profesor hablará de forma más lenta y hará pausas tras cada frase. Los niños intuitivos, por otra parte, pueden utilizar ese tiempo para asegurarse de que comprenden lo que dice el profesor. Cada frase se convertirá, así, en un éxito de comunicación en todos los niños.

Lo que se halla aquí en juego es la capacidad de los niños para hacer frente a esta situación. En el mundo escolar, con el que no están familiarizados, necesitan sentirse plenamente adecuados, y la mejor manera para ello es *siendo* adecuado. Si uno se desempeña bien en la tarea asignada, utilizando la percepción (para comprender la tarea) y el juicio (para hacerla correctamente), fortalecerá ambos aspectos para su uso futuro. La satisfacción de aprender algo nuevo o de ser capaces de hacer algo nuevo proporcionará la motivación interna necesaria para seguir esforzándose en desarrollos ulteriores.

Sin embargo, si los niños fracasan (o creen que fracasan) una y otra vez, el desánimo resultante puede inhibir el esfuerzo futuro y bloquear no sólo el aprendizaje requerido, sino, aún más importante, el desarrollo de la percepción y el juicio.

El hábito del fracaso es extremadamente costoso para el pequeño, para el sistema educativo y para la sociedad en su conjunto, por lo que deberían tomarse todas las precauciones necesarias. Las tareas asignadas deberían ser sencillas y explícitas, y tendrían que suponer una aportación muy clara a los conocimientos o habilidades del niño. Desde el primer día de escuela, el profesor debería dejar claro que hay muchas cosas valiosas e interesantes que aprender, y que existen formas fiables de aprenderlas. Esencial en cualquier método de lectura es que el pequeño tenga claro que *cada letra equivale a un sonido* y que, por tanto, una palabra impresa nos muestra cómo sonaría si se pronunciara.

Los lectores primerizos deberían ser conscientes siempre de la relación existente entre sonidos y símbolos. Claro está que esto se le hará patente fácilmente a determinados niños, y quizás recurran a ello ya antes de comenzar a ir a la escuela. Si los niños conocen las letras y descubren que las letras equivalen a sonidos, aprenderán a leer tan pronto como descifren el código. Los niños pueden emparejar letras y sonidos estudiando la ortografía de un cuento o de una rima que se hayan aprendido de memoria. Puede que señalen una palabra impresa en un libro, un periódico o una caja de cereales y pregunten: «¿Qué dice ahí?». Si el padre, la madre o el hermano no responden, puede que pregunten a un vecino o al cartero. Cada vez que los niños descubren que un sonido nuevo equivale a una letra, lo almacenarán en la memoria.

Con todos los sonidos y las letras firmemente establecidos en la mente, los niños podrán leer la mayoría de las palabras del vocabulario. Y cuando se encuentren con palabras que conocen pero que no han visto previamente impresas, traducirán las letras a sonidos, pronunciarán la palabra y la reconocerán. Al cabo de unas cuantas repeticiones, ya no tendrán que molestarse más con los sonidos por separado, sino que podrán traducir la palabra escrita a su significado. Para aquellas palabras que resulten menos familiares, el inconsciente ofrecerá a los nuevos lectores una sugerencia de cómo debería sonar la palabra, así como un posible significado tomando como base el contexto. Y cuando se establezca el significado a través del diccionario o de otra experiencia, los niños serán capaces de leerla correctamente durante el resto de su vida sin siquiera haberla oído.

Los niños que parecen aprender por sí solos son aquellos que muestran un claro deseo de leer. La mayoría de los niños necesitan ayuda para aprender el significado (es decir, el sonido) de los símbolos, y algunos de ellos necesitan, de hecho, bastante ayuda. Sin embargo, un número creciente de escuelas están enseñando ahora las relaciones sonido-símbolo explícitamente, letra por letra, desde el inicio de primer grado, de tal manera que niños de todos los tipos aprenden a desenvolverse con la palabra escrita.

No obstante, hay niños y niñas, que no tienen la suerte de ir a tales escuelas, que no descubren los principios de la lectura por sí solos ni con la ayuda de sus progenitores. Se espera de ellos que adquieran un vocabulario de «palabras visuales» antes de aprender a dar sonido a las palabras. Estos niños llenan su cabeza con falsas suposiciones: la de que no existe una buena explicación sobre cómo se lee, o de otro modo el maestro se la habría ofrecido; que uno mismo tiene que encontrar el modo de recordar cada palabra por separado —tarea que se hace más ardua cuanto más se lee; y que no hay manera de tener la certeza de qué palabra se trata hasta que el maestro no la pronuncia. Estos niños aprenden a través del *método de ataque de las palabras,* es decir, identifican una palabra a partir de su forma general o a partir de su lugar en una página familiar o recordando lo que viene después en el relato o viendo la foto o ilustración más cercana. Ninguna de estas técnicas improvisadas es fiable en la lectura real de materiales nuevos, pues no hacen otra cosa que oscurecer el verdadero problema y su solución. El verdadero problema es que el niño que no aprende a traducir letras a sonidos sólo puede «leer» de memoria, y no dispone de un modo útil para el abordaje de nuevas palabras.

La traducción sonido-símbolo es la más fácil para las personas introvertidas con intuición. En cursos de primer grado, los alumnos IN es probable que sean los más rápidos en captar los símbolos, y que suelan disfrutar con ello. Pero para los niños extrovertidos de sensación, los alumnos ES, que utilizan mínimamente la intuición o la introversión, los símbolos les pueden resultar tan confusos que pueden desanimarse por completo con todo lo relacionado con la escuela. Puede que incluso decidan, desesperanzados o desafiantes, que la escuela no es para ellos.

La confusión con los símbolos es algo grave. Sea cual sea su tipo, los niños estarán condenados a realizar una carrera de obstáculos en la escuela si no aprenden los significados de los símbolos por los cuales se escribe y se debe leer un idioma. Serán pobres lectores o no lectores en absoluto, dependiendo de la profundidad de su confusión. Se les darán mal las pruebas de logro y de inteligencia. Probablemente se aburrirán con lo que no comprenden y hasta puede que se sientan humillados por no comprenderlo, y tendrán la tendencia a abandonar los estudios lo antes posible. Se culpará de su fracaso a un bajo cociente intelectual (CI), o quizás a dificultades emocionales, mientras que en realidad sus fracasos, su bajo CI y sus problemas emocionales puede que sean el resultado de una omisión: que nadie los ayudó, en un principio, a aprender el significado explícito de los sonidos-símbolos.

En las escuelas donde se pospone la introducción de la fonética, los sonidos de las letras se discuten más pronto o más tarde, pero sólo intermitentemente y como un método más entre muchos de ataque a las palabras. Para entonces, el daño ya está hecho, y algunos estudiantes pueden llevar ya un desesperanzador retraso. No pueden olvidar los viejos métodos que utilizaron; sólo pueden aprender lo nuevo y almacenarlo junto a lo viejo. Evidentemente, los nuevos métodos ayudan, y cuanto antes se aprendan, más útiles van a ser. Pero no es probable que estos niños desarrollen sus habilidades con los nuevos métodos en la misma medida que las hubieran desarrollado con el método correcto desde un principio. Para algunos de ellos, el método correcto llega demasiado tarde, y no acaba de funcionar del todo nunca.

La comunicación desde el alumno al profesor, que es un aspecto relativamente poco reconocido de la educación, tiene consecuencias de largo alcance. Se trata de una comunicación necesaria, toda vez que un profesor intenta averiguar, oralmente o mediante una prueba, cuántos alumnos han aprendido algo o qué son capaces de hacer. Cuando la comunicación alumno-a-profesor se ve restringida por cualquier motivo, puede hacer que el profesor subestime indebidamente los verdaderos conocimientos del alumno.

La velocidad con la cual las personas intuitivas traducen las palabras en significados les proporciona una ventaja obvia en cualquier prueba de habilidad verbal o de inteligencia en la que se tomen tiempos. La extensión de esta ventaja se hace evidente cuando se analizan las puntuaciones de estas pruebas por tipos. El Educational Testing Service (Servicio de Pruebas Educativas) hizo un análisis de esta clase a gran escala a finales de la década de 1950, antes de decidirse a publicar el Indicador de Tipos (Myers, 1962). Entre el alumnado de undécimo y duodécimo cursos en 30 institutos de Pensilvania, el promedio del CI de los alumnos intuitivos superó al de los tipos de sensación en 7,8 puntos en el caso de los varones y en 6,7 en el caso de las mujeres. Entre los varones de primer curso de cinco facultades universitarias, la media de puntuaciones en Capacidad Verbal de la prueba SAT fue 47 puntos más elevada entre el alumnado intuitivo que en el de los tipos de sensación.

Resulta fácil suponer que estas diferencias apuntan a una distinción sustancial en inteligencia innata, pues supone media desviación típica en términos estadísticos, pero eso está muy lejos de ser así. Gran parte de las desventajas de los alumnos de sensación en las pruebas se debe, simplemente, a su técnica a la hora de realizar una prueba.

Por ejemplo, en el caso de la mujer ISFJ que pensaba que tenía que leerse cada pregunta de la prueba tres o cuatro veces (*véase* la p. 59), sus compañeras de trabajo la animaron a realizar una forma paralela de la prueba que ella había llevado a cabo cuando solicitó el empleo, pero leyendo sólo una vez cada pregunta en esta ocasión. Aunque la mujer accedió no sin cierta reluctancia, su segunda puntuación de «CI» fue diez puntos superior a la primera.

La mayoría de los estudiantes de sensación que releen las preguntas de las pruebas a expensas de un tiempo precioso *podrían* incrementar sus puntuaciones si leyeran cada pregunta sólo una vez, pero no es probable que estén dispuestos a poner a prueba algo tan temerario para ellos. En efecto, estas personas no confían en su intuición a la hora de extraer el verdadero significado a primera vista y, hasta cierto punto, tienen razón, pues su confianza en la solidez de comprensión, en vez de en la rapidez de comprensión, es uno de sus puntos fuertes, y es algo que conviene estimular en vez de desalentar.

Una solución más justa consistiría en permitir que los alumnos de sensación demostraran sus capacidades sin tener que violentar el principio que los lleva a asegurarse de lo que leen. Eliminando de las pruebas el tiempo límite, los profesores pueden convertir las pruebas de velocidad en pruebas de potencia. De este modo no se pierden ni se distorsionan las verdaderas diferencias en inteligencia. Utilizando la prueba de Wechsler como medida estándar de la inteligencia, Joseph Kanner (1975) exploró los resultados del Otis como prueba de potencia en dos muestras de más de 400 estudiantes cada una. Normalmente, se espera que el Otis se relacione con el test de Wechsler en 0,49. Sin embargo, pasando el Otis como test de potencia, la correlación fue de 0,70 en una muestra y de 0,92 en la otra. Estos resultados son difíciles de explicar a menos que aceptemos que la exigencia de un tiempo límite distorsiona el verdadero nivel de inteligencia tal como lo registra el Wechsler.

Evidentemente, la velocidad es un activo innegable en la escuela y el instituto, y también más allá de ellos. Tanto los estudiantes de sensación como los de intuición podrían beneficiarse del uso de ejercicios expresamente diseñados para desarrollar la velocidad de respuesta, pero no debería confundirse la velocidad con la *sustancia* en el aprendizaje. Los métodos de enseñanza no deberían hacer de la velocidad un requisito previo o un sustitutivo del aprendizaje en general, y la velocidad no debería utilizarse para medir los conocimientos de los estudiantes ni la solidez de sus razonamientos.

Actualmente, los profesores de lectura parecen estar menos preocupados por la mecánica de la lectura que por la comprensión del material, es decir, por el uso de elevados niveles de cognición, incluidas la lógica y la inferencia. El remarcable trabajo de la doctora Mary Budd

Rowe (1974a y 1974b), del Departamento de Educación Infantil de la Universidad de Florida, indica que también en estos niveles más elevados, reducir la demanda en la velocidad puede llevar a una importante mejora en los resultados.

En el estudio de Rowe se hizo un análisis de más de 300 audios grabados en aulas de los primeros grados en respuesta a programas en ciencias que se habían diseñado para fomentar la investigación acerca de la naturaleza. En estos análisis emergieron dos tendencias: que las aportaciones de los niños fueron escasas, de ocho palabras de promedio; y que el ritmo de instrucción fue excesivamente rápido. Los profesores formulaban preguntas en rápida sucesión, y esperaban de promedio *sólo un segundo* a que respondiera el niño, antes de repetir o reformular la pregunta, de hacer otra pregunta o de plantearle la misma pregunta a otro niño.

Cuando los niños respondían, pero hacían una pausa para enmarcar su siguiente frase, los profesores esperaban algo menos de un segundo como promedio antes de interrumpirlos con un comentario o con otra pregunta. En los pocos audios en los que la extensión y la calidad de las respuestas de los niños eran las que se buscaba fomentar con el programa, el profesor había esperado alrededor de tres segundos como promedio.

Los hallazgos del primer estudio llevaron a estudios posteriores a gran escala sobre qué podría ocurrir si los profesores eran persuadidos o entrenados para esperar tres o más segundos. Los resultados fueron impresionantes:

- La media de palabras de las respuestas de los alumnos se cuadruplicó.
- La frecuencia de intervenciones voluntarias relevantes se triplicó.
- La frecuencia de respuestas en las que se mostraban inferencias a partir de las evidencias se incrementó en más del doble.
- La frecuencia de respuestas especulativas se incrementó en más del triple.
- Los fracasos al responder se redujeron desde una vez cada dos minutos a una vez cada quince minutos.

- Un efecto colateral, el que los profesores tuvieron que tomar muchas menos medidas disciplinarias, sugiere que hasta los niños con más dificultades académicas encontraron los nuevos procedimientos más merecedores de su atención.

Un resultado que los profesores no habían anticipado fue que tuvieron una evaluación más favorable de algunos de sus alumnos menos prometedores. Después de identificar a los cinco mejores alumnos de clase y a los cinco peores, se analizaron los audios originales y se descubrió que los profesores daban a los cinco mejores alumnos el doble de tiempo para responder que a los cinco peores alumnos. Los profesores probablemente esperaban poco o nada de los peores alumnos pero, al darles tres segundos para responder, este grupo comenzó a responder de formas novedosas y sorprendentes, que fueron gratificantes pero inexplicables a la vista de su rendimiento previo.

Sin embargo, desde el punto de vista del tipo, estos cambios son perfectamente explicables. Los cinco peores alumnos debían ser niños de sensación que necesitaban más tiempo para asimilar la sustancia de lo que habían escuchado, y sólo tres segundos pueden suponer una gran diferencia. ¿Cuánto podrían mejorar sus resultados los alumnos y alumnas con rendimientos medios y bajos si se les dieran regularmente tres o más segundos para ordenar sus pensamientos a la hora de expresarse? Los beneficios que se derivarían de ello irían mucho más allá del aula, pues se prolongarían durante el resto de sus vidas.

En la enseñanza, el otro gran problema relacionado con el tipo es el del interés por parte de los estudiantes. Los tipos intuitivos y de sensación difieren en gran medida en lo que les resulta interesante de cualquier tema, incluso en el caso de que les gusten, es decir, estén interesados, en los mismos temas. A las personas intuitivas les gustan los principios, las teorías, el porqué. A las personas de sensación les gustan las aplicaciones prácticas, el qué y el cómo. La mayoría de los temas y de las asignaturas tienen tanto aspectos teóricos como prácticos, y se pueden enseñar poniendo el énfasis en unos o en otros.

Sin embargo, se enseñe como se enseñe un tema o una asignatura, los estudiantes tienden que recordar sólo aquellas partes que captan su atención y su interés. Las presentaciones y las tareas teóricas es muy probable que aburran a los estudiantes de sensación. Por otra parte, el lado práctico, sin la teoría, suele aburrir a los intuitivos. Y sería de esperar que una combinación al 50 % aburriera la mitad del tiempo a todo el mundo. Si a los estudiantes se les permite emplear la mayor parte de su tiempo en aquellos aspectos que mejor van a recordar y que más útiles les van a resultar en su vida, habría mucho más entusiasmo por la educación entre sus beneficiarios, y el aprendizaje sería mayor.

En los libros de texto del futuro, en la introducción de cada capítulo se podrían presentar los elementos esenciales que el alumnado en su totalidad debe conocer a fin de comprender los aspectos que van a encontrar más interesantes. Esa introducción podría ir seguida de una sección diseñada para los tipos de sensación y de otra pensada para los intuitivos. El alumnado podría elegir cuál de ellas desea estudiar, y cualquiera de las dos bastaría para superar la asignatura. Los exámenes cubrirían las tres secciones, pero cada alumno respondería a las preguntas relativas a la introducción y a la sección que hubiera elegido. Si algún alumno hubiera estudiado las tres secciones, podría responder a preguntas adicionales, pudiendo mejorar sus notas.

Aun sin estos libros de texto, los profesores pueden ofrecer opciones a sus alumnos en los proyectos y tareas asignadas, e incluso en los exámenes finales. Un profesor puede proporcionar de forma regular una serie de preguntas para alumnos intuitivos y otra para alumnos de sensación, y dejar que cada uno elija qué quiere responder, siempre y cuando contesten el número de preguntas estipuladas. De vez en cuando puede permitir incluso que el alumno formule una pregunta que le interese responder y la sustituya por una de sus preguntas como profesor. Quizás comente que muchos alumnos no van a aprovecharse de la oportunidad que les brinda dándoles ese permiso, pero es posible que los alumnos de pronto descubran que formular una buena pregunta para un examen es más difícil de lo que pensaban.

Los profesores que estén interesados en los tipos tienen a su disposición un laboratorio donde observar las reacciones de los estudiantes ante las alternativas en el aula y donde formular hipótesis basadas en esas reacciones. El aprendizaje programado, por ejemplo, puede parecer relajado para los alumnos de sensación porque no implica prisa, pero suele ser aburrido para los intuitivos debido a que no pueden apresurarse. Un intuitivo dijo en cierta ocasión que le gustaría que hubiera un botón de «¡ajá!», el cual pudiera pulsar en el momento.

A tempranas edades, la preferencia SN puede mostrarse de maneras que sugieran alternativas útiles. Un niño de segundo grado que, según su madre, era el único tipo de sensación entre los miembros de su numerosa familia, se mostraba indiferente ante la lectura, e incluso ante la idea de que le leyeran algo. Sin embargo, cuando la madre comenzó a leerle una historia basada en hechos reales, aquella indiferencia remitió. «¿Eso ocurrió de verdad? ¿La gente realmente *hizo* eso?». Su entusiasmo y su interés ante acontecimientos reales confirmó que necesitaba leer o que se le leyera acerca de realidades indiscutibles. Evidentemente, éste no es más que un ejemplo llamativo, pero sugiere que se puede despertar el interés de los niños de sensación que están empezando a leer si se les ofrece hechos definidos, con una imagen que los acompañe, en vez de mostrarles ficción juvenil o cuentos de hadas.

Sin embargo, convendrá hacer una última advertencia. Lo que se sugiere aquí es recurrir al interés como ayuda para el aprendizaje de cosas útiles, pero nunca se debe aceptar la *falta* de interés como excusa para *no* aprender cosas que necesitan ser aprendidas. Las habilidades básicas deben aprenderse; lo esencial para la competencia en una ocupación debe ser aprendido.

Si los estudiantes no están interesados por algo que deben aprender, hay dos opciones. Una es la aplicación pura y dura, que no tiene tanto prestigio como la aptitud, ni es tan estimulante como el interés, pero que alcanza también sus objetivos. Aplicarse es algo que suelen hacer los tipos J, que dirigen su vida exterior con el juicio más que con la percepción. Sea por casualidad o por elección, la mayoría de los estudiantes de sensación son J. Si disponen de las ventajas de los tipos de juicio, estos estudiantes cumplen sus plazos y llevan a término sus empeños, lo cual no es un logro menor.

La otra opción fue la que me recomendaron a mí cuando tenía cuatro años, en una conversación que recuerdo palabra por palabra:

—Madre, ¿qué puedo hacer?
—Tu armario necesita un poco de orden.
—Pero si no me interesa el armario.
—Bien, pues *interésate.*

Ésta, en resumen, es la solución para los alumnos que ven lo de aplicarse como un problema. Hay muchas formas de interesarse por una tarea, una vez que el alumno lo ha observado con atención.

La tarea puede ser un ejercicio para mejorar alguna habilidad. Si así fuera, ¿cuál es esa habilidad? ¿La está abordando el alumno de la forma más eficiente? ¿Puede hacerlo un poco mejor que la última vez?

La tarea puede ser una explicación de algo. Si así fuera, ¿de qué trata? ¿Es una explicación completa, o se le ofrecen al alumno diferentes puntos de vista y se le deja elegir el que le parece más razonable?

La tarea puede tratar de algo que el alumno puede necesitar algún día. Si así fuera, ¿cómo y cuándo podría necesitar eso? ¿Qué habría que hacer para que funcionara?

O bien la tarea puede ser un nombre, una fecha o una regla aislada que el alumno tiene que recordar. Si es así, ¿un pareado o una rima podría hacer más fácil su memorización?

En mil cuatrocientos noventa y dos
Colón zarpó hacia esos mundos de Dios.

Antes de pe y be
con eme escribiré.

Treinta días tiene noviembre,
con abril, junio y septiembre,
veintiocho sólo hay uno
y los demás treinta y uno.

Por último, si se enseña ese tema y se hace esa tarea, ¿qué podría hacer *el alumno* para que fueran más interesantes?

CAPÍTULO 14

Tipo y ocupación

Un aspecto de la vida en el que el tipo de personalidad influye de forma obvia es el de la elección de ocupación. En un cuestionario que pasó el doctor W. Harold Grant (1965) al alumnado de primer curso de la Universidad de Auburn había una pregunta sumamente perceptiva:

¿Cuál consideras que sería el rasgo más importante del empleo ideal?
a) Que le proporcione a uno la oportunidad de utilizar sus capacidades.
b) Que le permita a uno ser creativo y original.
c) Que te permita mirar hacia delante con un futuro estable y seguro.
d) Que te proporcione la oportunidad de ganar bastante dinero.
e) Que te dé la oportunidad de estar al servicio de los demás.

Los cinco tipos que dieron prioridad a un futuro estable y seguro fueron todos tipos de sensación. El más cálido de los tipos de sensación, el ESFJ, optó por el servicio a los demás. Siete de los ocho tipos intuitivos prefirieron o bien la oportunidad de utilizar sus capacidades o bien la de ser creativos y originales. Los tipos de sensación estaban, por tanto, menos preocupados por la naturaleza del empleo que por su estabilidad, dado que esperaban encontrar o desarrollar allí sus propias fuentes de satisfacción. Los tipos intuitivos querían encontrar la satisfacción en el trabajo en sí, preferiblemente haciendo algo creativo. El doctor D. W. MacKinnon (1961), del Instituto para la Evaluación y la Investigación de la Personalidad, descubrió que colectivos especialmente creativos, como el de los arquitectos, los escritores, los científicos investigadores o los matemáticos, estaban compuestos casi en su totalidad por tipos intuitivos.

La preferencia que parece influir más en la elección de ocupación, la preferencia SN, determina en gran parte lo que va a interesar a las personas. Los tipos de sensación se sienten atraídos por ocupaciones que les permitan tratar con una corriente constante de hechos, mientras que los intuitivos prefieren situaciones en las que puedan contemplar posibilidades.

La siguiente preferencia en importancia es la TF, que determina el tipo de juicio que resulta más fácil o más agradable de utilizar. Las personas que prefieren pensar son más hábiles en el manejo de materias que tratan con objetos inanimados, maquinaria, principios o teorías, ninguna de las cuales tiene sentimientos incoherentes o impredecibles, y todas ellas se pueden manejar de forma lógica. Los tipos de sentimiento están más dispuestos para materias que traten con personas, con aquello que las personas valoran y con cómo se las puede persuadir o ayudar.

Cuando las personas optan provisionalmente por una ocupación, deberían considerar con cuidado en qué medida ese empleo va a hacer uso de su tipo de percepción o su tipo de juicio preferido. Los posibles trabajadores de cualquier campo convendrá que averigüen cuanto puedan acerca de lo que van a hacer y sobre cuánto tiempo van a dedicar a cada tipo de trabajo. Aunque ningún empleo es perfecto, es más fácil aceptar las imperfecciones si el empleo les proporciona a los trabajadores la oportunidad de utilizar sus procesos preferidos.

Las personas que muestran una mentalidad totalmente abierta acerca de las ocupaciones se pueden beneficiar de aquellos tipos de trabajos que resultan atractivos para la mayoría de las personas con los mismos procesos perceptivos y procesos enjuiciadores preferidos. Cada una de las cuatro posibles combinaciones de percepción y juicio tienden a producir intereses, valores, necesidades y habilidades bien diferenciadas. En la figura 33 se muestra el rango de frecuencias, desde el 0 hasta el 81 %, para quince colectivos.

	ST (%)	SF (%)	NF (%)	NT (%)
Ocupaciones				
Contables	64	23	4	9
Empleados de banca	47	24	11	18
Ventas, relaciones con los clientes	11	81	8	0
Escritores creativos	12	0	65	23
Investigadores científicos	0	0	23	77
Campos de estudios de posgrado				
Teología (liberal)	3	15	57	25
Derecho	31	10	17	42
Campos de estudios de grado				
Finanzas y comercio	51	21	10	18
Enfermería	15	44	34	7
Orientación	6	9	76	9
Ciencias	12	5	26	57
Profesiones relacionadas con la salud	13	36	44	7
Educación	13	42	39	6
Periodismo	15	23	42	20
Educación física y salud	32	34	24	10

Figura 33. Distribución de tipos dentro de colectivos ocupacionales y académicos
Fuentes: MacKinnon (1962) y Laney (1949).

Las personas ST centran su atención en los hechos, que manejan mediante un análisis impersonal. Tienden a ser prácticas y pragmáticas, y utilizan con éxito sus capacidades en habilidades técnicas para tratar con hechos, objetos y dinero. En la muestra de contables, el 64 % era ST, y entre los estudiantes de economía y comercio y los empleados de banca, los ST componían el 51 % y el 47 % respectivamente. Los ST también se desempeñan bien en producción, construcción, ciencias aplicadas y derecho, pero en las muestras de alumnos de orientación y teología, sólo el 6 % y el 3 %, respectivamente, eran ST.

Las personas SF centran también su atención en los hechos, pero los manejan con cierta calidez personal. Tienden a ser empáticas y afectuosas, y disfrutan de aquellas ocupaciones que proporcionan ayuda práctica y servicios a los demás. En la muestra de ventas y relaciones con los clientes, el 81 % eran SF, y entre los alumnos de enfermería y educación, los SF constituían el 44 % y el 42 % respectivamente. Las personas SF se desenvuelven bien en especialidades médicas de atención primaria, en profesiones relacionadas con la salud, el servicio comunitario, la educación (sobre todo la elemental) y la educación física. Pero entre los estudiantes de derecho, orientación y ciencia, los SF conformaban sólo el 10, el 9 y el 5 %.

La elevadísima frecuencia de personas SF en ventas y en relaciones con los clientes ilustra el potente efecto que el tipo puede tener en temas comerciales. Al estudiar los tipos de la plantilla laboral de la empresa Washington Gas Light, Laney (1949) analizó en un principio las preferencias por separado, no combinadas. Nueva años más tarde, al preparar la tabla que se muestra en la figura 33, pedimos los tipos completos y descubrimos que la empresa había eliminado los registros de las personas que ya no estaban empleadas. Casi cuatro de cada cinco de los tipos de sentimiento seguían aún allí, pero casi cuatro de cada cinco de los pensadores había dejado el empleo (Myers, 1962).

Los NF prefieren las posibilidades a los hechos, y manejan mejor la calidez personal. Su entusiasmo y sus ideas les suelen funcionar bien para comprender a las personas y comunicarse con ellas. En las muestras de estudiantes de orientación y de escritores creativos, el 76 % y el 65 %, respectivamente, eran NF; entre los alumnos de teología, en las profesiones relacionadas con la salud y en periodismo, los porcentajes de NF eran de 57, 44 y 42. Las personas NF también se desenvuelven bien en la enseñanza, la investigación, la literatura y el arte; pero entre los alumnos de finanzas y comercio, en ventas y relaciones con los clientes, y entre los contables, los NF constituyen sólo el 10, el 8 y el 4 %.

Las personas NT centran también su atención en las posibilidades, pero las manejan desde un análisis impersonal. Tienden a ser lógicas e ingeniosas, y suelen utilizar sus capacidades en desarrollos teóricos y técnicos. Entre los investigadores científicos de la muestra, el 77 % era NT, y entre los alumnos de ciencias y derecho, el 57 y el 42 % eran NT. Los NT también se desenvuelven bien como inventores, gestores, predictores y analistas de valores. En cuatro de los campos estudiados, los NT representaron sólo un pequeño porcentaje, componiendo el 9 % de los contables y de los alumnos de orientación, el 7 % de los alumnos de enfermería y de profesiones relacionadas con la salud, el 6 % de los alumnos de educación y el 0 % en ventas y relaciones con los clientes.

Sin embargo, nadie debería desanimarse si va en pos de una ocupación que no encaja con su tipo. Si una ocupación es rara vez elegida por las personas de su propio tipo, la persona debería de investigar a fondo ese empleo. Y, si sigue queriendo desempeñarlo y está dispuesta a hacer el esfuerzo requerido para que sus compañeros de trabajo la comprendan, puede hacer valiosas contribuciones en cuanto a aquellas capacidades que no suelen tener sus compañeros. Por ejemplo, entre los funcionarios del correccional en una prisión de Florida (Bogart, 1975), había pocos intuitivos, no más del 12 %. Pero cuando se creó un curso de formación en relaciones humanas para ayudar a los funcionarios en la rehabilitación de prisioneros, los intuitivos desarrollaron un nivel de habilidad más elevado que el de los tipos de sensación. Otro ejemplo es el de un sacerdote ESTJ, un tipo bastante raro entre el clero, del cual preguntamos cómo funcionaba. La respuesta fue: «Consigue que se paguen las hipotecas y, en cuanto termina de pagarlas, se muda a otra parroquia que tenga una hipoteca».

Cuando las personas encuentran un campo de interés en el que pueden hacer uso de sus mejores habilidades, normalmente se encuentran con una considerable variedad de trabajos. Y aquí, la preferencia EI puede ser importante. Aunque todo el mundo vive, en parte, en el mundo extrovertido de las personas y las cosas y, en parte, en el mundo introvertido de los conceptos y las ideas, la mayoría de las personas se sienten más a gusto en uno de esos mundos y dan lo mejor de sí mismas en su mundo preferido.

Entre las personas ST, por ejemplo, las introvertidas (IST) disfrutan organizando hechos y principios relacionados con una situación;

esto constituye una parte importante del trabajo que se realiza en economía y en derecho. A los extrovertidos (EST), por otro lado, les gusta organizar la situación en sí y mantenerla en movimiento, lo cual es particularmente útil en los negocios y la industria.

Las personas extrovertidas suelen estar más interesadas y más efectivas cuando las cosas suceden a su alrededor y trabajan de manera activa con objetos o personas. Las introvertidas tienden a mostrarse más interesadas y ser más efectivas cuando su trabajo involucra ideas y precisa que una buena dosis de la actividad tenga lugar en sus mentes.

Por tanto, al considerar un empleo concreto convendrá comprender, en parte, qué cantidad de extroversión precisa (de un introvertido) o permite (a un extrovertido) ese empleo. Hay personas que pasan fácilmente de la extroversión a la introversión y viceversa, y que pueden encontrar mucha satisfacción en empleos que suponen cantidades considerables de ambas cosas, pero la mayoría de las personas se sienten más felices cuando su trabajo se basa sobre todo en el mundo que mejor conocen.

La preferencia EI puede tener también un poderoso efecto en los reemplazos o sustituciones. El estudio de Laney (Laney, 1949 y Myers, 1962) mostró que entre los varones con un CI superior a 100, las sustituciones o reemplazos de extrovertidos con empleos tranquilos de carácter administrativo duplicaban casi a las sustituciones de extrovertidos con empleos activos, como mecánicos o lectores de medidores; y los introvertidos que trabajaban en empleos activos tenían casi el doble de probabilidades de abandonar el trabajo que los introvertidos con un empleo tranquilo de tipo administrativo.

La preferencia JP puede afectar a la satisfacción personal. Las personas J gestionan principalmente su extroversión, su manejo de personas o situaciones, mediante su proceso enjuiciador, sea de pensamiento o de sentimiento. Las personas P gestionan sobre todo su extroversión mediante el proceso perceptivo, con la sensación o la intuición. Así pues, los tipos J y los P abordan las situaciones de modos bastante diferentes.

A los tipos enjuiciadores, sobre todo aquellos que prefieren la sensación (los tipos SJ), les gusta que su trabajo esté bien organizado, y que sea sistemático y predecible, a veces hasta el punto de saber qué van a hacer el próximo jueves a las seis en punto. Los tipos perceptivos, sobre todo los que prefieren la intuición (los tipos NP), desean que su trabajo dé respuesta a las necesidades del momento. Los empleos difieren en gran medida en estos aspectos.

Los empleos también varían enormemente en el número de decisiones que exigen a lo largo del día. Los tipos enjuiciadores, sobre todo aquellos que prefieren pensar, suelen ver el poder de decisión como un aspecto de su trabajo del cual disfrutan. En cambio, los tipos perceptivos, sobre todo lo que prefieren el sentimiento, suelen sentir como una carga hasta las decisiones más rutinarias, y prefieren *buscar* una solución antes que tener que elegir entre dos alternativas. No debería sorprender, por tanto, que en una muestra de administradores escolares el 86 % fuera J (von Fange, 1961), y que en una muestra de estudiantes de orientación educativa el 64 % fuera P *(véase* el capítulo 3, figuras 23 y 19).

Las figuras 34 y 35 ofrecen una relación de algunos de los muchos aspectos en los que las personas que son opuestas en una preferencia dada tienden a diferir en sus reacciones ante diversas situaciones laborales. Debido al hecho de que las reacciones son generales, no pueden describir a cada persona en cada situación, pero sí que pueden ser esperadas y comprendidas a la luz de la teoría de los tipos.

Tipos extrovertidos	Tipos introvertidos
Les gusta la variedad y la acción.	Les gusta la quietud para concentrarse.
Suelen ser más rápidos, y les disgustan los procedimientos complicados.	Suelen poner atención a los detalles, y no les gustan las declaraciones radicales.
Se les da bien el trato con los demás.	Tienen dificultades para recordar nombres y rostros.

Se impacientan con los empleos lentos y prolongados.

No suele importarles trabajar en un proyecto ininterrumpidamente durante largo tiempo.

Se interesan por los resultados de su trabajo, por conseguir que se haga y por cómo lo hacen los demás.

Se interesan por la idea que hay tras el empleo.

No suele importarles la interrupción que supone contestar al teléfono.

Les molestan las intrusiones e interrupciones telefónicas.

Suelen actuar con rapidez, a veces sin pensar.

Les gusta pensar mucho antes de actuar, a veces sin actuar siquiera.

Les gusta tener gente a su alrededor.

Trabajan muy bien solos.

Normalmente se comunican libremente.

Exhiben problemas de comunicación.

Tipos de sensación

No les gustan los problemas nuevos, a menos que haya formas establecidas para resolverlos.

Tipos intuitivos

Les gusta resolver problemas nuevos.

Les gustan las formas establecidas de hacer las cosas.

Les disgusta hacer las mismas cosas una y otra vez.

Disfrutan utilizando habilidades ya aprendidas más que aprender otras nuevas.

Disfrutan más aprendiendo una nueva habilidad que utilizándola.

Trabajan de forma más continuada, con una idea realista acerca de cuánto tiempo les llevará.

Trabajan por impulsos de energía, una energía alimentada por el entusiasmo, con períodos de inactividad entre ellos.

Normalmente, llegan a conclusiones paso a paso.

Llegan a conclusiones con rapidez.

Son pacientes con los detalles rutinarios.	Son impacientes con los detalles rutinarios.
Son impacientes cuando los detalles se complican.	Son pacientes cuando las situaciones se complican.
No suelen sentirse inspirados, y rara vez confían en la inspiración cuando les acontece.	Siguen sus inspiraciones, sean buenas o malas.
Rara vez cometen errores de hecho.	Cometen errores de hecho con frecuencia.
Suelen ser buenos en los trabajos de precisión.	Les disgusta perder el tiempo con precisiones.

Figura 34. Efectos de las preferencias EI y SN en situaciones laborales.

Tipos de pensamiento	**Tipos de sentimiento**
No suelen mostrar sus emociones, y se sienten incómodos al tratar con los sentimientos de los demás.	Suelen ser muy conscientes de las demás personas y de sus sentimientos.
Pueden herir los sentimientos de los demás sin darse cuenta.	Disfrutan complaciendo a la gente, incluso con cosas sin importancia.
Les gusta el análisis y poner las cosas en orden lógico. Pueden funcionar en un entorno inarmónico.	Les gusta la armonía; su eficiencia se puede ver perturbada por las peleas de oficina.
Suelen decidir de forma impersonal, a veces prestando una atención insuficiente a los deseos de las personas.	Suelen dejar que sus decisiones se vean influenciadas por los gustos y deseos propios y de los demás.
Necesitan que se les trate con justicia.	Necesitan halagos de vez en cuando.
Son capaces de dar una reprimenda o de despedir del trabajo a alguien cuando es necesario.	No les gusta decirles a los demás cosas desagradables.

Su orientación es más analítica, y responden con más facilidad a los pensamientos de los demás.	Están más orientados a las personas, y responden con más facilidad a los valores de éstas.
Suelen tener una mentalidad firme.	Suelen ser empáticos.

Tipos enjuiciadores	**Tipos perceptivos**
Trabajan mejor cuando pueden planificar su trabajo y seguir el plan.	Se adaptan bien a situaciones cambiantes.
Les gusta asentar y terminar las cosas.	No les importa dejar las cosas abiertas a posibles alteraciones.
Pueden tomar decisiones con demasiada rapidez.	Pueden tener problemas para tomar decisiones.
Les disgusta interrumpir el proyecto en el cual se hallan para dedicarse a otro más urgente.	Pueden poner en marcha muchos proyectos y tener problemas para terminarlos.
Se les pueden pasar por alto cosas novedosas que necesitan llevarse a cabo.	Puede que pospongan las tareas poco placenteras.
Sólo precisan los elementos esenciales necesarios para ponerse a trabajar.	Lo quieren saber todo acerca de un nuevo empleo.
Suelen sentirse satisfechos en cuanto alcanzan un juicio sobre una cosa, una situación o una persona.	Suelen ser curiosos y reciben con agrado nuevas perspectivas acerca de cosas, situaciones o personas.

Figura 35. Efectos de las preferencias TF y JP en situaciones laborales.

Por ejemplo, las personas introvertidas derivan su facultad de concentración, al menos en parte, de su tendencia a prestar más atención a lo que pasa dentro de su mente que a lo que ocurre a su alrededor.

Esto supone una gran ventaja cuando la productividad de la persona depende de su capacidad para no dejarse distraer por las personas que la rodean. En el First Pennsylvania Bank de Filadelfia, a la extrovertida supervisora del departamento de transcripción central se le pidió que evaluara a sus mecanógrafos por la cantidad y calidad de su trabajo, y les dio puntuaciones más elevadas a los ocho introvertidos que tenía a su cargo que a los ocho extrovertidos (Laney, 1946-1950).

Este mismo departamento había tenido dificultades para encontrar mensajeras que realizaran su trabajo de forma satisfactoria. Su trabajo consistía en llevar cilindros por todo el banco y portar el trabajo terminado de vuelta al punto de origen. En los intervalos entre recorridos, los mensajeros debían mantener el stock de suministros para las mecanógrafas. Después de encontrarse en el departamento con dos mensajeras cuyo trabajo había sido muy deficiente, desde el departamento de transcripción se pidió explicaciones al departamento de personal, preguntando por qué tenían tantas dificultades para conseguir buenas mensajeras. Desde personal preguntaron qué características se requerían para el trabajo, y se encontraron con que nadie se había formado una idea sobre el tema.

Personal pidió entonces los nombres de las dos mensajeras cuyo trabajo era insatisfactorio, junto con una detallada descripción de sus deficiencias, y pidió también los nombres de aquellas mensajeras cuyo trabajo era satisfactorio. Los indicadores de tipos de los archivos aportaron una posible explicación. La queja esgrimida contra la peor de las mensajeras era que convertía cada recorrido que emprendía por el banco en una ocasión social; hablaba demasiado y durante demasiado tiempo, con demasiadas personas, incluidas las mecanógrafas. Su tipo era ESFJ, y la tentación habitual de una persona ESFJ es hablar demasiado. El problema de la otra mensajera no satisfactoria era que se obsesionaba tanto con hacer lo que había planeado hacer que no se preocupaba por llevar a cabo los recorridos por el banco. Su tipo era ISTJ, y a los ISTJ les cuesta mucho dejar el trabajo que tienen a mano en ese momento, un rasgo que en otras muchas circunstancias sería una virtud. De las otras mensajeras, aquellas cuyo trabajo era satisfactorio, una era una ESFP, que había ascendido a mecanógrafa y, posteriormente, a secretaria, y la otra era una ISFP, que había dejado el banco para meterse en un convento.

A partir de tan escasas evidencias, transcripción central decidió poner a prueba a una SFP, con S por la atención al detalle, F por el deseo de cumplir con las expectativas y, sobre todo, P por su adaptabilidad a las necesidades del momento. Personal envió a transcripción a la siguiente solicitante de trabajo SFP que se les puso por delante, y transcripción central quedó encantada. Dijeron que la nueva mensajera estaba siempre al tanto de lo más necesario que hubiera que hacer en cada momento, y que les recordaba a las mecanógrafas que «éste es el material que tanto le urge al señor Ratchett», de tal manera que los papeles a mecanografiar del señor Ratchett volvían a él en un tiempo récord. De esta forma, un caso –un número demasiado pequeño como para hacer estadísticas– puede contribuir tanto al conocimiento del empleo como del tipo, y se puede convertir en estadística si posteriores observaciones lo confirman.

En otro departamento, el de investigación de créditos, la supervisora no hacía más que quejarse de los empleados que indagaban vía telefónica. Se quejaba de que, después de haber llamado en varias ocasiones a la misma fuente, los empleados comenzaban a confraternizar con la persona que estaba al otro extremo del hilo telefónico, de modo que pidió a personal que le enviaran a alguien que no se desviara del tema que tenía a mano. El indicador señaló que la supervisora era una T, y que los trabajadores eran F, de modo que el enfoque comercial de éstos jamás coincidiría con el de la supervisora. Personal buscó un trabajador con T y le envió un ENTP, que no habría sido el más indicado para un trabajo administrativo rutinario. La supervisora declaró que aquel empleado nuevo era el mejor investigador de créditos que el departamento había tenido jamás.

También se puede reunir información sobre el tipo a partir de casos en los cuales una persona no se desempeña bien en un trabajo y, sin embargo, tiene un gran rendimiento en otro puesto. Un INTP, que había llegado al banco merced a una fusión, parecía no encajar en ningún departamento en el que se le había puesto. De hecho, ningún supervisor quería quedárselo. Al final, hubo una vacante en análisis de valores, vacante que el departamento de personal había estado esperando. Transfirieron al INTP allí y su rendimiento fue máximo a partir de entonces.

De los 22 contables de una empresa de suministros con grado de supervisión o superior, sólo tres eran intuitivos, y ninguno de los tres estaba satisfecho ni tenía un buen rendimiento donde se encontraba (Laney, 1946-1950). En un intento por mejorar la situación, al intuitivo tipo ejecutivo (ENTJ) se le dio el cargo de ayudante de auditoría, y en su nuevo empleo sus capacidades organizativas y sus ideas para mejorar los procedimientos resultaron más productivos que su precisión con los detalles administrativos. Al cabo de dos años, se le ofreció el puesto de auditor en otra empresa; un feliz resultado para él, aunque no para la empresa original.

Al intuitivo tipo analítico (INTP) se le dio el cargo de ayudante de tesorería. En su nuevo puesto trabajaba sobre proyectos complejos, como planes de pensiones, y llevaba a cabo su trabajo con gran satisfacción, tanto para la empresa como para él mismo. En cuanto al tercer intuitivo (INFJ), tras acabar minando la moral de sus subordinados al exigirles infinitas e innecesarias comprobaciones (que éstos consideraban propias de un perfeccionismo extremo), se le despidió. El departamento de personal concluyó que «intuición *y* sentimiento son demasiado para contabilidad».

Disponemos del testimonio de un empleado bien ajustado a su puesto de trabajo. Es el de un INTP que trabajaba como ayudante del director de transportes de una gran compañía petrolera. Al preguntarle sobre su trabajo, este hombre lo definió como un puzle en el que tenía que adaptarse «constantemente a cambios en las variables»; es decir, tenía que seleccionar cualquier combinación de métodos de transporte que resultara más económico para cada envío. Y añadió, con la más inusual libertad de expresión para su tipo de personalidad, «no conozco nada más que resulte tan divertido».

El Nippon Recruit Center (Centro de Contratación Nipón), en Tokio (1977) lleva utilizando desde hace muchos años la traducción al japonés de Indicador de Tipos con el fin de ubicar mejor a los trabajadores en las empresas y la industria, y su experiencia sugiere que las relaciones básicas entre tipo y ocupación trascienden los límites de las lenguas y las culturas. Las frecuencias de las preferencias en cuatro ocupaciones diferentes se adecuaban a la teoría de tipos. Por ejemplo, la mitad de los supervisores de oficinas en un banco de la ciudad era ES. Después de hablar de la estabilidad y el realismo de los tipos S, el comentador japonés añadió: «También pueden enfrentarse a deberes positivos y fijos». Entre los trabajadores de las factorías que llevaban a cabo trabajos repetitivos en los que se requería cierta habilidad, el 85 % era S, que para el comentador era la evidencia de que «este tipo de empleo no guarda relación con abstracción alguna». La muestra de redactoras, por otra parte, estaba compuesta predominantemente por personas ENP; mientras que, entre los técnicos en telecomunicaciones que llevaban a cabo planificaciones de investigación, los tipos N y T eran mayoría, y los tipos INT eran cinco veces más frecuentes que en otros colectivos.

Gran parte de los datos sobre ocupaciones se han recogido entre estudiantes que se preparaban para realizar una carrera. En su estudio sobre estudiantes de bellas artes (capítulo 3, figuras 16-18), Stephens (1972) descubrió unas marcadas diferencias de tipo entre aquellas personas que pretendían ser artistas, las que pretendían dedicarse a la enseñanza artística y las que planeaban utilizar el arte en terapia. Los artistas eran predominantemente tipos IN, capaces de seguir su impulso creativo interior sin referirse demasiado al mundo exterior. La mayoría de los terapeutas eran de tipos EF, con la tendencia a utilizar el arte para ayudar a las personas con problemas.

Existe, no obstante, un pequeño solapamiento entre estos dos grupos, uno orientado a la creatividad y el otro a las personas; pero ese grupo intermedio, el de las personas que quieren enseñar arte y comunicar a los demás sus conocimientos y su manera de entender la belleza, son predominantemente tipos NF que comparten la atracción de los artistas por la creatividad y la atracción de los terapeutas por las personas.

En los estudios de derecho (capítulo 3, figura 21), el tipo no sólo afecta a aquellas personas que quieren seguir esta carrera, sino también a aquellas otras que optan al cabo de un tiempo por abandonarla. Miller (1965), en un estudio realizado sobre estudiantes de derecho de importantes universidades, descubrió que el abandono en los estudios no guardaba relación con los predictores estándar de éxito (notas en los estudios preuniversitarios y puntuaciones en las pruebas de admisión), sino que *estaba* relacionado con el tipo de personalidad. Los tipos TJ se desempeñaban mejor tanto en la llegada a la facultad como en la permanencia en ella, mientras que los tipos FP mostraban la tendencia opuesta en ambos casos. Los tipos intermedios, TP y FJ, abandonaron los estudios a un ritmo ligeramente mayor que la media, pero duplicaban en número a los TP y los FJ.

La medicina es la ocupación en la cual se ha estudiado más a fondo la relación entre tipo y elección de carrera. De hecho, se hizo un seguimiento de los más de 4000 estudiantes de medicina a los que se les pasó el Indicador de Tipos a principios de la década de 1950; primero a principios de la década de 1960, a partir de los datos de sus especialidades aparecidos en el directorio de 1963 de la American Medical Association (Myers y Davis, 1965); y después, en la década de 1970, en un estudio mucho más inclusivo para el Departamento de Salud, Educación y Bienestar, por un psicólogo clínico de la Universidad de Florida y director del Centro para la Aplicación de los Tipos Psicológicos (McCaulley, 1977).[17]

Con anterioridad a cualquier seguimiento, se hicieron evidentes las operaciones de autoselección. Se encontraron más tipos introvertidos, intuitivos, de sentimiento y, en menor medida, perceptivos entre el alumnado de medicina de lo que cabría esperar en un grupo general de estudiantes preuniversitarios en la década de 1950. Las diferentes frecuencias se podían predecir a partir del doble atractivo de la medicina: que un médico puede ser un científico, una persona humanitaria, o ambas cosas a la vez. El lado humanitario de la medicina se presta al juego de la calidez de sentimientos. El lado científico se ajusta al impulso intuitivo por resolver problemas, al don introvertido de la con-

---

17. La monografía titulada *Myers Longitudinal Medical Study*, que detalla ambos estudios de seguimiento, se puede obtener del Center for Applications of Psychological Type, 1441 Northwest 6th Street, Suite B-400, Gainesville, Florida 32601.

centración y a la inclinación de las personas perceptivas por averiguar todo lo que anda mal antes de tratarlo.

El resultado neto de esta autoselección fue que las personas graduadas de secundaria que poseían las cuatro preferencias que predisponían a la medicina —es decir, las INFP— tenían cuatro veces más probabilidades de entrar en la facultad de medicina que sus compañeros de clase de las cuatro preferencias opuestas, las ESTJ. Aparentemente, la combinación de intuición y sentimiento da lugar a la motivación más potente, quizás debido a que la medicina plantea problemas a resolver en beneficio de *las personas*.

El tipo que se mostraba menos atraído por la medicina fue, con diferencia, el de las personas ESTJ, el tipo que caracteriza a empresarios y empresarias, en el cual las cuatro preferencias correlacionan con los intereses por los negocios con una valoración de *Intenso* y en valores económicos del *Estudio de Valores AVL* (por Allport, Vernon y Lindzey). Al parecer, los elevados ingresos económicos propios del ejercicio médico, que podrían haber tenido un interés especial para los ESTJ, no compensaban el bajo interés relativo de este tipo de personalidad por los aspectos científicos y humanitarios propios de esta ocupación.

El tipo también afecta a la tasa de abandonos, es decir, el porcentaje de estudiantes que abandonan definitivamente los estudios de medicina o que fracasan en ellos.[18] En esta muestra se encontró una relación entre los abandonos y la naturaleza del proceso dominante —enjuiciador (las personas EJ e IP) y perceptivo (las EP y las IJ)—. Aunque las puntuaciones medias de la prueba de admisión de la facultad de medicina dieron resultados idénticos entre el alumnado perceptivo y el alumnado enjuiciador, los tipos perceptivos tuvieron una tasa de abandonos del 3,1 %, mientras que los tipos enjuiciadores tuvieron una tasa de abandonos del 5,0 %. Quizás los alumnos perceptivos tengan una

18. La tasa total de abandonos en los estudios de medicina es algo mayor de lo que estos porcentajes indicarían. En el número de abandonos definitivos conocidos en esta muestra no se incluyen los de aquellos alumnos que abandonaron antes de que se pasara el Indicador de Tipos en su clase, ni tampoco los de aquellos alumnos que abandonaron temporalmente y, más tarde, fueron admitidos y se graduaron en otra facultad.

percepción más precisa de sí mismos y de su carrera y, por tanto, tomen decisiones más acertadas, con menos probabilidades de llevar a un fracaso o un abandono. La tasa más elevada de abandonos de entre todos los tipos en este estudio fue del 7,0 % de las personas ESTJ, el tipo que desde un principio se mostraba menos atraído por la medicina.

En la práctica de la medicina general apareció una proporción mayor de personas del tipo ESTJ que en cualquier otra área de la medicina, si bien el ESTJ no es un tipo del que pudiera esperarse que sintiera atracción por el papel del diligente médico de familia. Con anterioridad al primer estudio de seguimiento, la práctica de la medicina general se sugería en el manual del Indicador de 1962 como adecuada para los tipos de corazón cálido, con sensación y sentimiento; la psiquiatría y la enseñanza de la medicina se veía adecuada para los tipos con ideas, con intuición y sentimiento; y la cirugía para los tipos objetivos, con sensación y pensamiento. Los mismos tipos confirmaron estas hipótesis al elegir estos campos con unas frecuencias significativas. Por tanto, la prevalencia de las personas ESTJ de «corazón duro» en la práctica de la medicina general parecería deberse menos al entusiasmo por ese campo que a la impaciencia por empezar a ganar dinero (sin la demora de los cinco años de residencia).

En el primer estudio de seguimiento de especialidades, la mayor diferencia se dio en el tipo de percepción preferida. Mientras que la muestra en su conjunto era intuitiva en un 53 %, psiquiatría era un 82 % intuitiva, investigación un 78 %, neurología un 76 %, la enseñanza de medicina un 69 % y patología un 68 %. En todos estos campos, la introversión era también la preferida, pero en un menor grado. Estos campos complejos resultan atractivos para las personas introvertidas por su enfoque intelectual y para las personas intuitivas por su capacidad de resolución de problemas y su tolerancia a la complejidad.

Los tipos opuestos, los extrovertidos con sensación, preferían la cirugía y la obstetricia. Estas especialidades exigen la máxima conciencia sensorial de las condiciones físicas a cada instante. Ambas exigen habilidad en la acción, que es un punto fuerte de las personas extrovertidas. Este tipo de personas, con sensación, duplican en obstetricia a las personas introvertidas con intuición, mientras que en cirugía las superan en vez y media.

En la tabla de tipos de especialidades de la figura 36 se muestran las tendencias más significativas de los dieciséis tipos hacia las distintas ocupaciones médicas divididas por especialidades, investigación y enseñanza de la medicina. Por ejemplo, la pediatría resultó altamente atractiva para las personas ESFJ, en las que el sentimiento de SF es el proceso extrovertido y, por tanto, el más evidente.

Tipos de sensación

Con pensamiento		Con sentimiento	
ISTJ		ISFJ	
Patología	1,74	Anestesiología	1,76
Obstetricia, ginecología	1,46		
Psiquiatría	0,44		
ISTP		ISFP	
Anestesiología*	2,05	Anestesiología	1,84
Psiquiatría*	0,39	Práctica general*	1,40
Patología	0,33		
ESTP		ESFP	
Cirugía	1,38	Obstetricia, ginecología	1,44
Psiquiatría*	0,25	Enseñanza de medicina	0,43
		Psiquiatría*	0,33
ESTJ		ESFJ	
Práctica general**	1,46	Pediatría	1,51
Medicina interna	0,68	Psiquiatría**	0,16
Psiquiatría	0,36		

Tipos de intuición

Con sentimiento		Con pensamiento	
INFJ		INTJ	
Medicina interna	1,42	Neurología*	2,75
		Investigación**	2,72
		Patología*	1,99
		Medicina interna*	1,44
INFP		INTP	
Psiquiatría*	2,04	Neurología*	2,35
		Investigación*	1,98
		Psiquiatría**	1,84
		Patología*	1,78
		Obstetricia, ginecología**	0,44
ENFP		ENTP	
Psiquiatría*	1,52	Práctica general	0,70
Práctica general	0,73		
ENFJ		ENTJ	
Enseñanza de medicina	1,69	Medicina interna	1,35

Figura 36. Atracción de las distintas especialidades en cada tipo (proporción de frecuencias reales a esperadas para las especialidades dentro de cada tipo).
Nota: *significativo al nivel del 0,01; ** significativo al nivel del 0,001; otros significativos al nivel del 0,05

El tipo correspondiente en intuición, ENFJ, fue el de aquellas personas que se sintieron más atraídas por la enseñanza a tiempo completo en la facultad de medicina. Estas personas, además de la enseñanza, atienden las necesidades intelectuales de los jóvenes adultos, más que las necesidades físicas de niños y niñas.

La anestesiología resultó más atractiva para los ISTP y los ISFP, pues su aguda vigilancia SP viene reforzada por la capacidad de las personas introvertidas para concentrarse durante más tiempo. La anestesiología no resultó atractiva para el resto de tipos SP –es decir, los ESTP y ESFP–, quizás porque su extroversión reduce su período atencional.

La patología y la investigación fueron notablemente populares entre las personas INTJ e INTP, que tienen en común las tres preferencias más favorables para el desapego intelectual. Los patólogos y los investigadores en medicina se enfrentan a situaciones de vida o muerte sin ver cara a cara al paciente.

Pero el primer estudio de seguimiento no nos ofrecía datos acerca de la satisfacción que podría haber proporcionado a cada persona su elección de especialidad. El segundo seguimiento, que examinaba los cambios de especialidad, indicaba con qué frecuencia los médicos y médicas de cada tipo pasaban a una especialidad más típica (es decir, a una especialidad más elegida por su tipo de personalidad) y con qué frecuencia optaban por una menos típica. Los resultados confirmaron sorprendentemente las conclusiones sugeridas por las respuestas del alumnado de primer curso de la Universidad de Auburn, en el sentido de que los tipos de sensación son mucho menos conscientes o les preocupa mucho menos que a los tipos de intuición si un empleo dado es adecuado o no para su tipo *(véase* p. 149).

Entre los profesionales de la medicina que cambiaron de especialidad, los tipos de sensación lo hicieron a una especialidad más típica sólo en el 54 % de las veces, lo cual es poco más que lo que podría darse por azar, mientras que los intuitivos cambiaron a una especialidad más típica de ellos en el 71 % de las veces. Como es habitual, los tipos ESTJ e INFP ofrecieron un contraste espectacular. Las personas ESTJ cambiaron a una especialidad *menos* típica el 68 % de las veces, lo cual sugiere que el cambio bien pudo venir dictado por circunstancias externas y no por sus gustos en relación con el trabajo. Las INFP, por su parte, cambiaron a una especialidad *más* típica en el 83 % de los casos; de todos los tipos, son los que parecen preocuparse más por disponer de la oportunidad de hacer uso de sus dones.

Pero nos encontramos con una persona inolvidable que hizo un comentario especialmente sorprendente. Era la decana de una facultad de enfermería, una mujer de talante sereno, encantadora bajo el habitual atuendo blanco de su especialidad. Con los ojos fijos en la tabla de tipos, escuchó con atención durante dos minutos las explicaciones sobre tipos y, a continuación, poniendo el dedo sobre el ESTJ, en la esquina inferior izquierda, dijo: «Éstos son los administradores».

Y tenía razón, pero ¿cómo pudo saberlo? Tenía que haber visto las cuatro letras del tipo, seleccionadas a partir de la breve explicación de las características más destacadas asociadas con cada letra, y tenía que haberlas puesto juntas para formar un retrato reconocible: la atención centrada en el mundo exterior, el respeto por los hechos y la capacidad de detalle, los juicios basados en causa y efecto, y la decisión inmediata; todo ello igual a administradores.

Lo ideal es que los compañeros de trabajo formen un equipo con un propósito común, y deberían trabajar en pos de una misma meta. Sus diferencias de tipo pueden ser un activo, porque las diferencias nos ayudan a hacer diferentes tipos de trabajo y a disfrutar con ellos. Un empleo puede ser aburrido o confuso para un tipo, llevándole a hacerlo mal, pero puede ser interesante y gratificante para otro tipo, que puede manejarlo con una mano experta. Una persona puede ser un fracaso en el empleo incorrecto, y puede destacar en el empleo correcto. Por ejemplo, las personas introvertidas con intuición piensan primero en las nuevas posibilidades como simples ideas. Las extrovertidas con intuición traducen las ideas en acción, pero no tienen demasiado interés en llevar la acción más allá del punto donde todo llega a su resolución. Sin embargo, los tipos de sensación sienten una gran satisfacción por la producción de resultados tangibles y hacer provisiones frente a circunstancias que pudieran interferir en la producción.

Los tipos de pensamiento suelen ser particularmente efectivos en empleos que tienen que ver con objetos inanimados (que se pueden cambiar por la fuerza), y los tipos de sentimiento suelen desenvolverse bien con las personas (cuya cooperación no se puede forzar, sino que hay que ganársela). Los tipos de sensación con la actitud de juicio funcionan bien y se sienten satisfechos en empleos estructurados con unos procedimientos claramente definidos que hay que seguir al pie de la letra, pero los intuitivos con una actitud perceptiva se desesperan en tales trabajos, pues no pueden tomar la iniciativa para ir en pos de las posibilidades que perciben.

Por tanto, en cualquier equipo debería haber una variedad de tipos como para llevar a cabo los empleos requeridos de forma efectiva y con satisfacción. Sin embargo, la cooperación puede terminar generando problemas, debido a que personas de tipos opuestos no suelen coincidir en lo que hay que hacer, o en cómo hacerlo, o si hay que hacer algo o no de entrada. Tales desacuerdos son naturales: los tipos opuestos de percepción hacen que las personas vean aspectos diferentes de una situación, y los tipos opuestos de juicio dirigen la acción hacia fines diferentes. Si los desacuerdos no se resuelven, pueden perjudicar la moral y la efectividad del equipo, reduciendo así la satisfacción laboral, con independencia de cuán adecuado sea el empleo para la persona.

La moral y la efectividad sobrevivirán intactas si los miembros del equipo reconocen que ambos tipos de percepción y ambos tipos de juicio son esenciales para resolver adecuadamente un problema. La receta para resolver un problema de manera individual consiste en ejercitar los cuatro procesos en sucesión: sensación para establecer todos los hechos; la intuición, que nos sugiere todas las soluciones posibles; el pensamiento, para determinar las consecuencias probables de cada curso de acción; y el sentimiento para sopesar la deseabilidad de cada resultado en términos humanos. Una persona, por sí sola, no está capacitada para hacer esto, porque la percepción y el juicio que menos le gusten serán relativamente inmaduros y, por tanto, no le van a ser tan útiles como sería necesario. Pero un equipo de personas bien equilibrado debería incluir al menos a un representante cualificado de cada proceso.

Al considerar las contribuciones de cada miembro, el equipo o su dirección ejecutiva pueden tomar una decisión más informada de lo que cabría esperar de otro modo. Para fomentar la cooperación, las aportaciones de cada persona demostrarán que cada miembro del equipo es débil donde otro es fuerte, pero que es asimismo fuerte donde otro es débil. Un sano respeto por el opuesto tuyo da lugar a una convivencia pacífica y efectiva, y también ayuda a reconocer y cultivar los procesos menos desarrollados de ti mismo.

La comunicación entre tipos diferentes es más problemática de lo que normalmente se reconoce. Una afirmación que es clara y razonable para un tipo puede sonar absurda o ridícula para otro. Un matrimonio, tras descubrir las diferencias entre sus tipos, comentaron orgullosamente lo que habían descubierto: «Si discutimos durante quince minutos y no llegamos a ninguna parte, volvemos atrás y definimos nuestros términos, ¡y por lo general descubrimos que estábamos hablando de cosas diferentes!».

Para que sea útil, la comunicación debe ser escuchada, comprendida y considerada sin hostilidad alguna. Es normal que las personas no se escuchen con atención si esperan que la comunicación vaya a ser irrelevante o de escasa importancia. Por tanto, se debería comenzar con una frase tópica que anuncie que se va a decir algo digno de ser escuchado. Claro está, lo que se estima como interesante varía de un tipo a otro, pero la presentación de una buena idea se puede diseñar casi siempre de tal modo que se ajuste a los intereses de la persona que escucha. Los tipos de sensación, que se toman más en serio los hechos que las posibilidades, quieren una declaración explícita del problema antes de considerar posibles soluciones. Los intuitivos desean la perspectiva de una interesante posibilidad antes de fijarse en los hechos. Los pensadores exigen que la declaración tenga un principio, una concisa secuencia de puntos dispuesta de manera lógica y un final, sobre todo un final. Y los tipos de sentimiento están sobre todo interesados por cuestiones que afectan directamente a las personas.

Se puede escuchar y comprender una comunicación y, con todo, puede no alcanzar su objetivo si genera antagonismo. Los pensadores son las personas que con más probabilidad caerán en esta trampa, porque suelen ser abiertamente críticos, pero los tipos de sentimiento se consideran justificados también cuando atacan algo que les parece erróneo. Cualquier ataque es probable que lleve a la otra persona a ponerse a la defensiva y que esto lleve a un conflicto entre colegas, en vez de abordar unidos el problema. Si la persona que disiente se refrena y no condena esa solución que le parece incompleta, y simplemente resalta la parte no resuelta del *problema,* el resto del equipo puede tomar en consideración los comentarios de la persona que disiente sin sentirse heridos, y pueden ampliar o evolucionar su solución de una manera acorde. Esta técnica funciona bien, tanto si los miembros del grupo conocen los tipos del resto de miembros como si no.

CUARTA PARTE

Dinámicas del desarrollo tipológico

CAPÍTULO 15

El tipo y el reto de crecer

La esencia del desarrollo de los tipos estriba en el desarrollo de la percepción y del juicio, así como en el de formas adecuadas de utilizarlos. Crecer es mucho más fácil con una percepción y un juicio adecuados. Por definición, las personas con una percepción adecuada ven los aspectos relevantes de cualquier situación; si, además, también tienen un juicio adecuado, tomarán buenas decisiones y las llevarán a efecto. Cualesquiera que sean los problemas que la gente joven pueda afrontar, una percepción y un juicio adecuados les permitirán enfrentarse a los problemas de una forma madura y al mismo tiempo encomiable. Valdrá la pena, por tanto, considerar de qué modo la teoría de tipos y la investigación sobre éstos pueden contribuir al desarrollo de estas facultades.

Los tipos difieren fundamentalmente en el modo de percepción y en el modo de juicio que mejor *puede* desarrollar cada tipo. Estas preferencias son innatas, y no se debe intentar invertirlas, pues, de otro modo, el desarrollo puede verse bloqueado. El conocimiento del tipo debería utilizarse para estimular e incrementar las oportunidades de las personas pertenecientes a cada tipo, con el fin de que desarrollen unas directrices adecuadas para llevar sus propios potenciales a la máxima expresión.

La investigación sobre los tipos ha demostrado que éstos difieren en intereses, valores y necesidades. Cada tipo aprende de una manera diferente, anhela distintas ambiciones y responde a diversos recompensas. El actual sistema de educación pública es adecuado para determinados tipos, pero fracasa en otros muchos casos y se muestra incapaz de llevar a los estudiantes hasta un satisfactorio estado de madurez.

Los posibles efectos de la investigación y de la teoría de los tipos a la hora de promover la madurez se pueden considerar desde dos líneas de ataque. Una es la de investigar qué motiva a los diferentes tipos en situaciones prácticas. Cuanto más se sepa sobre lo que le importa a cada tipo, más fácil será predecir qué objetivos serán los más adecuados para que pongan en ellos sus energías durante los años de crecimiento. La segunda consiste en estudiar el curso normal del desarrollo del tipo desde el nacimiento hasta la edad adulta, con el fin de descubrir qué circunstancias potencian el desarrollo de la percepción y el juicio.

La discusión de Van der Hoop sobre las fases de desarrollo de los tipos no ofrece indicación alguna sobre las edades en las cuales se puede esperar que ocurran tales fases.

> En cada tipo existe una forma simple, en la cual la diferenciación de la función imperante recién acaba de comenzar y sus modos de adaptación todavía están a prueba, si bien se puede observar ya una preferencia clara por las formas típicas de adaptación. En una fase posterior, la función dominante ha encontrado sus formas, controlándolas con gran seguridad. En esta fase, todo cuanto no esté de acuerdo con esto será reprimido. Unas cuantas personas procederán a continuación a entrar en una fase posterior, en la cual se permite un mayor desarrollo de las otras funciones con el fin de compensar cualquier unilateralidad, y la pronunciada imagen del tipo se modifica de nuevo hasta cierto punto mediante el despliegue de una expresión más plena y rica de la naturaleza humana. (1939, p. 92)

A la última fase sólo llegan las personas que viven plenamente su tipo y continúan, no obstante, creciendo. Al término del desarrollo de su tipo, esas personas se enfrentan cara a cara con los inevitables déficits de su tipo particular. Sin abandonar los valores de sus procesos mejor desarrollados, pueden recurrir a la comprensión que tienen de sí mismas para reconocer y cultivar los valores de los procesos tercero y cuarto, previamente desatendidos. Así, en última instancia, trascienden su tipo. Esto es admirable, pero si se intenta hacer *antes* de que la persona haya alcanzado el pleno desarrollo de sus dos mejores procesos, puede llevar a la persona a desviarse de tal desarrollo y puede tener efectos perjudiciales.

El desarrollo del tipo comienza a una temprana edad. La hipótesis establece que el *tipo* es innato, que es una predisposición congénita como puede serlo la lateralidad izquierda o derecha, pero que el entorno puede promover u obstaculizar el *correcto desarrollo* del tipo desde un principio.

Probablemente, la preferencia más arraigada, y la que antes aparece, sea la de extroversión o introversión. Hasta un bebé puede mostrar un claro sesgo en favor de la sociabilidad o la contemplación. Hasta en el caso de dos hermanas gemelas de tres años que hayan crecido en un entorno idéntico, la diferencia entre la introvertida y la extrovertida puede ser obvia para el observador más casual, y sus necesidades serán asimismo diferentes. La niña extrovertida necesitará mucha acción, a personas, variedad, conversación y oportunidades para hacer una buena cantidad de ruido. Ella es parte de todo cuanto ha conocido, y su comprensión del mundo depende de *cuánto de él* haya podido conocer. La introvertida puede que utilice las mismas cosas, pero no en tal cantidad. Demasiado contacto y relación pueden dejarla exhausta, por lo que va a necesitar un lugar donde pueda estar a solas, en silenciosa concentración sobre aquellas cosas que le interesan. Para sentirse segura, necesitará que se le diga cuáles son los principios subyacentes que mantienen en pie el mundo, aunque sus progenitores piensen que es demasiado joven para comprender esas cosas, pues se sentirá mucho más tranquila en un mundo que parece mantenerse en pie que en un mundo que parece desmoronarse a pedazos a su alrededor.

La preferencia TF, y los conflictos familiares resultantes, también pueden aparecer a temprana edad. Un niño de sentimiento de sólo seis años comentó consternado tras una visita de una semana de un pensador de cinco años: «Le importa poco *complacer* a los demás, ¿verdad?» Básicamente, no le importa, pues un pensador necesita razones. El pequeño pensador, incluso con dos años, hará las cosas si se le dan razones, pero no las hará por amor. Por su parte, el pequeño del tipo de sentimiento hará las cosas tan sólo por complacer, pero la lógica no hará que se mueva. Para influir en ellos, hay que motivar a los tipos de pensamiento y los tipos de sentimiento con algo que tenga sentido para su tipo en particular. Si nadie le muestra su cariño a un pequeño extrovertido de sentimiento, puede que se comporte de forma impertinente simplemente para conseguir cierto contacto. Si nadie le da a una pequeña pensadora razones que considerar, su pensamiento se instalará en la disensión y se la tachará de negativista.

La preferencia SN puede aparecer pronto también. La niña de sensación se encandila con lo que existe; la intuitiva con lo que no existe o, al menos, lo que todavía no existe. «El hombrecillo que nunca estuvo allí» es un concepto estrictamente intuitivo. La interpretación imaginativa, los cuentos de hadas, ficciones de todos los tipos, mundos fascinantes repletos de significados sugerentes para un futuro deleite son el tipo de cosas que nutren de entusiasmo y maravillan a la niña intuitiva. Pero la niña intuitiva nacida en una familia muy aferrada a la realidad, que no tiene tiempo para libros y no habla de otra cosa que de realidades obvias, se va a quedar a dos velas.

Los niños de sensación prefieren decididamente lo real. Encuentran satisfacción en cocinar «de verdad» o en trastear por ahí como su padre o su madre. Muestran un interés inagotable en todo cuanto se pueda tocar y manipular, desmontar y volver a montar, pero no les interesan las cosas que parecen no existir salvo en las palabras u otros símbolos. Los niños de sensación es probable que tomen a Mamá Oca por tonta cuando lleguen a la conclusión de que la vaca no pudo saltar hasta la luna.

Para cuando los niños llegan a séptimo grado (12-13 años), se pueden identificar sus tipos con cierto grado de precisión a través del Indicador de Tipos. A partir de ahí, el grado de desarrollo del tipo dominante en un grupo se puede valorar *grosso modo* a través de la fiabilidad en dos mitades de las puntuaciones en el Indicador de Tipos. Para ello, se divide cada escala en dos mitades equivalentes, y se comparan entre sí los resultados de ambas mitades. Cuanto más gobernadas por el tipo sean las respuestas, mayor será la coherencia entre ambas mitades y, por tanto, mayor será la fiabilidad.

Aunque no disponemos de un criterio directo de madurez, la fiabilidad en dos mitades, tomada como un reflejo del nivel general de desarrollo del tipo en una muestra, se puede utilizar para comparar la relación entre el desarrollo del tipo y un indicador particular indirecto de madurez. Este enfoque se utilizó para el estudio de los registros de tres muestras de secundaria, que diferían enormemente en rendimiento. Dado que la madurez es un factor importante en el rendimiento, las tres muestras representaban con probabilidad tres niveles distintos de madurez. Los grupos eran similares en que todos tenían un CI superior a la media y en que, en EI y JP, mostraban una media de fiabilidades igual a la de los chicos y chicas de duodécimo grado de preparación para la universidad, lo cual sugiere que los estudiantes de secundaria tenían tan bien establecidas las preferencias EI y JP como los estudiantes más mayores que se preparaban para la universidad.

Sin embargo, en SN y TF, las fiabilidades de los tres grupos variaban de un modo muy interesante. El primer grupo, compuesto por estudiantes de séptimo grado (12-13 años) orientados hacia la formación profesional, con un CI superior a 107, mostraba fiabilidades en SN y en TF inferiores a las del grupo de estudiantes de duodécimo grado (17-18 años). Esto sugiere que, normalmente, el proceso perceptivo y el proceso de juicio no están tan bien desarrollados en el alumnado de séptimo grado como lo estarán cinco años después.

Los otros dos grupos tenían un CI más alto. El segundo grupo estaba compuesto por chicos y chicas dotados (CI de 120 o superior) de séptimo a noveno grado, con un rendimiento muy elevado. Sus fiabilidades, tanto en SN como en TF, fueron tan elevadas como las del grupo de duodécimo grado. Esto sugiere que habían alcanzado un desarrollo precoz tanto en percepción como en juicio.

Una explicación alternativa sería que el segundo grupo quizás tuviera fiabilidades más altas en SN y TF debido simplemente a que tenía un

CI superior, pero esta explicación quedaría rechazada por las evidencias aportadas por el tercer grupo. Éste estaba compuesto por chicos de octavo grado con un bajo rendimiento y con un CI superior a 120. Los resultados ofrecieron aquí una baja fiabilidad en TF, muy inferior al primer grupo, el alumnado de séptimo grado orientado a la formación profesional. Esta baja fiabilidad en TF sugiere una marcada inmadurez en el proceso de enjuiciamiento, es decir, un déficit de juicio.

Es razonable pensar que la percepción y el juicio son más difíciles de desarrollar que las meras actitudes, y que el juicio pueda ser la parte más difícil del proceso de crecimiento. El primer grupo, el de alumnos y alumnas de séptimo grado normales, había alcanzado presumiblemente un nivel de percepción y de juicio normal para su edad e inteligencia. Los chicos y chicas dotados que componían el segundo grupo evidenciaban *algo más* que una madurez rutinaria de percepción y juicio, cuando todos los miembros del grupo obtuvieron elevadas puntuaciones en todas las pruebas de rendimiento estándar que realizaban; tales resultados no son una consecuencia automática de un alto CI, sino que precisan un rendimiento superior en cierto número de requisitos. El tercer grupo, el de los chicos de octavo grado con un rendimiento inferior a lo esperado, no satisficieron ni siquiera aquellos requisitos que estaban al alcance de sus capacidades, evidenciando así una *falta* de madurez.

Todo esto sugiere que las fiabilidades en dos mitades del Indicador de Tipos en SN y TF, si se toman como una medida de la madurez media de percepción y juicio en un grupo, se pueden utilizar para determinar qué plan de estudios y qué métodos de enseñanza pueden ser más adecuados para el crecimiento.

Las evidencias indican también que existen amplias diferencias en el desarrollo de tipos entre grupos de personas efectivas y grupos de personas inefectivas, y que estas diferencias se pueden detectar ya en séptimo grado.

Algunos de los motivos para que se den tales diferencias se van a examinar en los siguientes capítulos.

CAPÍTULO 16

El buen desarrollo del tipo

Cada tipo tiene sus buenos y sus malos ejemplos, sus personas felices y desdichadas, sus éxitos y sus fracasos, sus santos y pecadores, heroínas y criminales. Cada tipo es probable que se equivoque desde diferentes ángulos. Cuando un introvertido rompe un principio moral, puede que sea plenamente consciente y que lo haga desde la amargura. Las personas extrovertidas intuitivas, sumidas en el entusiasmo de un proyecto, y las extrovertidas enjuiciadoras, con sus propósitos establecidos, quizás consideren que el fin justifica los medios. (Quizás, a veces, el fin sea altruista, como ocurrió con la mujer –sin duda, un tipo de sentimiento– que le robó a su jefe en el trabajo para dárselo generosamente a los necesitados). Los tipos más propensos a *derivar* hacia actos inmorales, o incluso delitos, sea por abandonarse inconscientemente a las circunstancias o por unas malas compañías, son los tipos de sensación extrovertidos. En casos extremos, carecerán de una introversión o intuición suficientemente fuertes que los adviertan del principio subyacente implicado, o del juicio ajustado que les permita criticar sus impulsos.

Tal como se detalla en el capítulo 9, pueden atribuirse patrones generales de comportamiento a cada uno de los dieciséis tipos, pero las virtudes de cada uno sólo se materializarán cuando el desarrollo del tipo sea el adecuado. De otro modo, es probable que la persona muestre las características debilidades de su tipo, pero no mucho más.

Lo esencial de un buen desarrollo del tipo

En el desarrollo normal del tipo, el niño utiliza normalmente el proceso preferido a expensas de su opuesto, y desarrolla una habilidad cada vez mayor en su uso. Incrementando progresivamente su control sobre el proceso preferido, el pequeño adquiere con el tiempo los rasgos que lo caracterizan. Así, su tipo estará determinado por el proceso que más utilice, en el que más confíe y más desarrolle.

Aunque el proceso favorito puede ser útil en sí mismo, por sí solo no va a ser sano, seguro para la sociedad ni satisfactorio para la persona debido a su falta de equilibrio.

El proceso dominante necesita suplementarse con un segundo proceso, el auxiliar, que pueda abordar con éxito las áreas que el proceso dominante necesariamente ha dejado de lado. El proceso auxiliar debe proporcionar la percepción necesaria, si el proceso dominante es enjuiciador, o viceversa, y debe contribuir a la necesaria extroversión, si el proceso dominante es principalmente introvertido, o viceversa.

Por tanto, un buen desarrollo del tipo exige dos condiciones: primera, un desarrollo adecuado, aunque en modo alguno igual, de un proceso de juicio y un proceso perceptivo, uno de los cuales será el predominante; y, segunda, una práctica adecuada, aunque en modo alguno igual, de actitudes extrovertidas e introvertidas, una de las cuales será predominante.

Cuando se dan ambas condiciones, el desarrollo del tipo estará *bien equilibrado* en la persona. En la teoría de tipos, el *equilibrio* no hace referencia a la igualdad de dos procesos o dos actitudes, sino que se refiere a una habilidad superior en uno de ellos, suplementada por otra habilidad valiosa –aunque no competitiva– en el otro.

La necesidad de tal suplementación es obvia. La percepción sin juicio es débil; el juicio sin percepción es ciego. La introversión sin extroversión no es práctica; la extroversión sin introversión es superficial.

Sin embargo, no es tan obvio el principio de que, en cada persona, una habilidad tiene que estar subordinada a la otra, y que la habilidad dominante, sea cual sea su dirección, no se desarrollará en tanto en cuanto no se opte entre dos opuestos.

La necesidad de elegir entre dos opuestos

La percepción y el juicio experto son el resultado de la especialización, del uso de uno entre un par de opuestos en detrimento del otro. Uno de los opuestos debe ser «desconectado» para que se exista la oportunidad de desarrollar el otro.

El intento por desarrollar la sensación y la intuición al mismo tiempo es como escuchar dos emisoras de radio en la misma longitud de onda. Nadie va a prestar atención a una intuición si sus sentidos están concentrados en los estímulos del entorno; y cuando se atiende a una intuición, no se puede recoger información de los sentidos. En estas circunstancias, ningún tipo de percepción tendrá la suficiente claridad como para interesar o como para merecer una atención sostenida.

De igual modo, si una persona no puede concentrarse en el pensamiento o en el sentimiento, tomará decisiones y se volverá atrás en ellas en una disputa cambiante entre dos tipos de juicio, ninguno de los cuales será suficientemente experto como para zanjar los asuntos de forma permanente.

Los niños pequeños utilizan estos cuatro procesos de forma casi aleatoria, hasta que comienzan a diferenciar. Hay niños que empiezan a diferenciar mucho después que otros, y en los adultos menos desarrollados esos procesos siguen siendo infantiles, de tal modo que son incapaces de percibir o de juzgar de una manera madura. Incluso en adultos efectivos, los dos procesos menos utilizados siguen siendo relativamente infantiles, y la efectividad se halla principalmente en los dos procesos que se desarrollaron más por ser los preferidos y los más ejercitados.

La diferencia de rango de los dos procesos más desarrollados

Los dos procesos donde la persona tiene más habilidad se pueden desarrollar al mismo tiempo debido a que no son antagónicos. Uno es siempre un proceso perceptivo y el otro un proceso enjuiciador, de modo que no se contradicen mutuamente. Pero aunque uno puede ayudar al otro, nunca habrá duda acerca de cuál de ellos va primero.

La supremacía de un proceso, incuestionado por los demás, es esencial para la estabilidad de la persona. Cada proceso tiene su propia serie de objetivos y, tal como señaló Jung, estos deben ser «claros e inequívocos en todo momento» (1923, p. 514), con el fin de que la adaptación sea adecuada. Un proceso tiene que determinar qué camino toma la persona, y debería ser siempre el mismo proceso, de tal modo que el camino emprendido hoy no se lamente o se desande mañana.

Por tanto, de los dos procesos más desarrollados, uno debe ser el «general» y el otro debe ser el «ayudante del general», es decir, aquel que se ocupe de cuestiones menores pero necesarias que el general deja sin hacer *(véase* pp. 12-14). Si el general tiene una naturaleza enjuiciadora, el ayudante debe suministrar percepción como base para el juicio, pero el ayudante de un general perceptivo tendrá que proporcionar decisiones que hagan efectiva la visión del general. El ayudante de un extrovertido tendrá que hacer la mayor parte de la reflexión, mientras que el ayudante de un introvertido tendrá que emprender la acción.

En la persona extrovertida, otras personas se reúnen y negocian con el general. De pie en el fondo, el ayudante no ofrece muchas pistas sobre las cuales los demás puedan evaluar su competencia. En cambio, en la persona introvertida, el general trabaja dentro de la tienda, mientras que el ayudante se ocupa de negociar con los demás.[19] Si el

---

19. La última letra de la fórmula del tipo, es decir, la J o la P, muestra cómo se aborda el mundo exterior, si desde una actitud enjuiciadora o perceptiva. En las personas extrovertidas, la última letra es la que se le aplica al general; en las introvertidas, es la que se le aplica al ayudante. La primera letra, E o I, describe siempre al general.

ayudante es hábil y competente, no hará falta llamar al general. Si el ayudante es torpe, precisará la ayuda del general.

Consecuencias de la inadecuación del proceso auxiliar

Además de una elección clara acerca de qué dos procesos se desarrollarán y cuál de los dos será el dominante, un buen desarrollo del tipo precisa el adecuado uso de los procesos elegidos. El proceso auxiliar tenderá de manera natural a quedar un tanto desatendido. Los extrovertidos, al usar su proceso dominante en el mundo exterior, quizás no sepan que necesitan el proceso auxiliar.

En personas extrovertidas enjuiciadoras

Las personas extrovertidas enjuiciadoras con una percepción insuficiente quizás jamás se percaten de tal carencia. Cometerán muchos errores al tomar decisiones sin la adecuada información, pero serán incapaces de «percibir» su responsabilidad en sus propios infortunios. Debido al hecho de que estas personas E – J no pueden distinguir entre decisiones buenas y malas, quizás se sientan competentes para decidir sobre los asuntos de otras personas como si se tratara de sus propios asuntos, perpetrando así muchos de sus errores a expensas de los demás.

Son incapaces de ver la individualidad de personas y situaciones, y recurren a suposiciones: prejuicios, convencionalismos, actitudes estereotipadas e ideas equivocadas muy difundidas. Viven en un mundo de clichés, de ahí que deriven cierta sensación de seguridad a través del uso de un cliché u otro, que deben tener a su disposición para prácticamente todo. Dentro de tales límites, enjuician de forma rápida, consistente y decidida, pero sus decisiones no serán mejores que sus suposiciones. Cualquier cosa que refute sus suposiciones y les exija un esfuerzo de percepción al cual no están habituadas hará que su seguridad se tambalee.

251

En personas extrovertidas perceptivas

Las personas extrovertidas perceptivas que no desarrollan el juicio exhiben el déficit opuesto, que suele sumergirlas en extraordinarios problemas. No saben qué es lo mejor que pueden hacer, de manera que no emprenden acción alguna. O bien saben lo que deberían hacer, pero no pueden obligarse a hacerlo y, por tanto, no lo hacen. O es posible que quieran hacer algo y saben que no deberían hacerlo, pero no pueden detenerse. Con frecuencia, ni siquiera se molestan en preguntarse a sí mismas si deberían tomar o no un determinado curso de acción. Suelen ser personas agradables y encantadoras, pero, debido a que no tienen juicio, no abordan firmemente sus problemas, por lo que terminan huyendo de ellos. Tienen la tendencia a considerar el trabajo como un problema.

En personas introvertidas

Debido a que el proceso auxiliar es lo que utilizan las personas introvertidas al tratar con el mundo, es más probable que estas personas desarrollen un adecuado proceso auxiliar. Si no lo hacen, las consecuencias serán dolorosamente notorias e incómodas, pues todos sus contactos con el entorno serán torpes e inefectivos. Si sólo consiguen un desarrollo inadecuado de su proceso auxiliar, seguirán estando en desventaja con respecto al extrovertido medio en el mundo de la acción, aunque dispondrán de una ventaja compensatoria en el mundo de las ideas. Sin embargo, hay personas introvertidas que desarrollan un proceso auxiliar sin aprender a «extrovertirlo». De este modo, logran cierto equilibrio en su vida interior, aunque no una extroversión satisfactoria.

Las gratificaciones de un buen desarrollo del tipo

Cuando se consigue lo esencial de un buen desarrollo del tipo, las ventajas son grandes. Las observaciones han convencido a los investigadores de que el desarrollo del tipo es una variable con un amplio rango y una profunda influencia en la efectividad, el éxito, la felicidad y la salud mental de la persona.

El punto hasta el cual se desarrolle el tipo no sólo va a afectar al valor del tipo innato, sino también al de la inteligencia innata. Dentro de unos límites, el desarrollo del tipo puede *sustituir a la inteligencia,* porque la inteligencia media, plenamente utilizada a través de un buen desarrollo del tipo, ofrecerá resultados muy superiores a los esperados. Sin embargo, un déficit grave en el desarrollo del tipo, sobre todo un déficit de juicio, constituye una discapacidad que ninguna inteligencia, por poderosa que sea, puede compensar. En ausencia de juicio, no hay garantía alguna de que la persona lleve su inteligencia a trabajar sobre lo que sea necesario en el momento oportuno.

Una ligera mejoría en equilibrio, generada al tomarse más en serio las aportaciones del proceso auxiliar, puede rendir grandes dividendos en satisfacción, sobre todo en el caso de las personas introvertidas.

Cómo realizar en la práctica un buen desarrollo del tipo

El desarrollo del tipo se facilita mediante una elección clara entre los opuestos y con la utilización intencionada de los procesos elegidos. El primer paso en este proceso estribará, por tanto, en ver la diferencia entre cada par de opuestos y descubrir qué procesos y actitudes sirven mejor a nuestras necesidades e intereses más profundos.

El siguiente paso consistirá en ver la diferencia entre el uso apropiado e inapropiado de cada proceso. El uso apropiado de la sensación consiste en ver los hechos y enfrentarse a ellos, y el de la intuición estriba en ver una posibilidad y hacer que suceda. El pensamiento es el proceso más adecuado para analizar las probables repercusiones de la acción propuesta y decidir en consecuencia, y el sentimiento es el mejor a la hora de considerar lo que más importancia tiene para uno mismo y los demás.

Pero todos los procesos se pueden utilizar mal también. Entre los ejemplos de uso inadecuado estaría dejar de lado la sensación cuando se huye de un problema entregándose a una diversión trivial, renunciar a la intuición soñando con soluciones imposibles que no requieran esfuerzo, prescindir del juicio del sentimiento regodeándose en cuán correcta e irreprensible ha sido uno en todo momento, y sometiendo el juicio del pensamiento mediante la crítica a todo aquel que vea el problema de un modo distinto. Tales comportamientos estarían recayendo en estos procesos, pero no llevarían a ninguna parte.

A la hora de ejercitarse en el uso de los cuatro procesos, la gente normalmente se percata de que sólo uno de ellos les resulta fácil de practicar. Por ejemplo, hay personas que se sienten cómodas sólo con la sensación, o sólo con la intuición, y se sienten incómodas con los dos tipos de enjuiciamiento. Esto es probable que ocurra en el caso de una persona extrovertida perceptiva en extremo, que la llevaría a un escaso desarrollo del juicio.

El primer paso hacia un desarrollo del tipo más satisfactorio para extrovertidos perceptivos extremos consiste en darse cuenta de que están habituados a funcionar casi exclusivamente en la actitud perceptiva, sin utilizar casi para nada el proceso de juicio. Como consecuencia, tienen reacciones exageradas ante circunstancias externas, como puede ser una situación, una persona o una idea novedosas. De este modo, influenciados desde el exterior, en vez de gobernados por una norma o propósito definidos desde el interior, los extrovertidos perceptivos extremos carecen de dirección. Se ven llevados de aquí para allá como un velero cuyo navegante hubiera olvidado bajar la quilla estabilizadora, la orza abatible.

La quilla estabilizadora es el juicio, es decir, un disciplinado potencial de elección acorde con estándares permanentes. Si el proceso de enjuiciamiento es el pensamiento, los estándares serán principios impersonales. Si los juicios se basan en el sentimiento, los estándares serán valores muy personales. Sea como sea, unos estándares bien desarrollados permitirán a la persona actuar según un patrón coherente con sus deseos a largo plazo.

Por tanto, si eres EP en extremo, convendrá que reconozcas y establezcas tus estándares, que los apliques a tus decisiones *antes* de actuar y que actúes en consecuencia.

El modo en que establezcas tus estándares dependerá de tu preferencia TF. Si prefieres el pensamiento, normalmente serás consciente de la ley de causa y efecto, aunque no hayas estado aplicando ese principio a tus propios asuntos. Con un poco de esfuerzo, probablemente podrás hacerte una buena idea de por qué determinadas cosas en tu vida han ido tan bien como deseabas, y probablemente puedas ver también lo que deberías haber hecho de un modo diferente en otras situaciones. Podrás incluso predecir hasta cierto punto las consecuencias de tus actos.

Si prefieres el sentimiento, convendrá que hagas un examen consciente de tus valores afectivos. Los estándares del juicio de sentimiento son valores personales, dispuestos según su orden de importancia. Al tomar en consideración una acción, sopesarás los valores que se respetan y realzan frente a los valores que sufren con esa acción. Y al tomar el curso de acción que mejor sirve a los valores más importantes para ti a largo plazo, tendrás la certeza de no arrepentirte de tu decisión.

Claro está que nadie puede decirle a otro cuál debe ser su jerarquía de valores. En la elección de un empleo, ¿qué es más importante para ti, la comodidad o la libertad? ¿Preferirías tener seguridad, u optarías más bien por la posibilidad de desarrollarte, sin garantía alguna de seguridad? ¿Qué crees que es más importante, que la gente esté bien alimentada, bien vestida, bien educada, sana, divertida o estimulada, y en cuál de estos empeños preferirías poner tus energías? En cuanto a tu relación con los demás, ¿prefieres caerle bien a la gente debido a tu encanto personal o prefieres que confíen en ti por tu sinceridad? Si de lo que se trata es de lo que vas a hacer durante los próximos diez minutos, ¿qué prefieres, comenzar algo nuevo o terminar algo viejo? Cada problema plantea sus propias preguntas, y las preguntas más relevantes acerca de tus problemas sólo las puedes responder tú.

CAPÍTULO 17

Obstáculos al desarrollo del tipo

Las diferencias básicas de tipo *se nos aparecen* como diferencias de interés, pero la división es mucho más profunda y se basa en la tendencia natural a desarrollarse en una dirección particular y en un deseo natural por alcanzar metas muy concretas. Un buen desarrollo en la dirección natural no sólo te va a proporcionar efectividad, sino que también te satisfará emocionalmente y te dará estabilidad, mientras que frustrar el desarrollo natural irá en detrimento tanto de tus capacidades como de tu felicidad.

Si la dirección del desarrollo dependiera por completo del entorno, no habría nada que frustrar. Todo lo contrario, uno de los principales peligros para el buen desarrollo del tipo es la presión antagónica del entorno.

Las presiones del entorno

Los mejores ejemplos de desarrollo del tipo se dan cuando el entorno inmediato del niño o niña estimula sus capacidades innatas. Sin embargo, si el entorno entra en conflicto claro con sus capacidades, le obligará a depender de procesos o actitudes antinaturales, lo cual dará como resultado una falsificación del tipo, que roba a sus víctimas de su verdadero yo y las convierte en copias inferiores y frustradas de otras personas. Cuanto mayores sean las posibilidades originales, mayor será la frustración y la tensión por no haber podido desarrollarlas. Jung decía que «por regla general, cada vez que tiene lugar una falsificación de tipo como consecuencia de influencias externas, la persona deviene neurótica con el tiempo […]. La inversión de tipo suele ser extremadamente perjudicial para el bienestar fisiológico del organismo, llevando con frecuencia a un estado agudo de agotamiento» (1923, p. 415).

Si, de hecho, hubiera personas que nacieran sin disposición interna alguna para ser de un tipo u otro, podríamos conjeturar que las circunstancias externas tendrían rienda suelta para determinar qué actitudes y procesos se desarrollarían, si es que se desarrollaba alguno. La civilización occidental inclina a los hombres hacia el pensamiento, a las mujeres hacia el sentimiento y a ambos géneros hacia la extroversión y hacia una actitud enjuiciadora. Así, cualquiera que naciera en el hemisferio occidental como una pizarra en blanco probablemente se convertiría en un ESTJ o una ESFJ a no más tardar, lo cual explicaría por qué hay tantas personas ESTJ y ESFJ entre la población general.[20]

Frente a este punto de vista, la teoría de tipos argumentaría que la disposición a aceptar la conformidad y a forzarla en los demás es una parte esencial de la disposición interior de los ESTJ y los ESFJ. Así, la prevalencia de estos tipos podría ser una causa, y no una consecuencia, de algunas de las presiones sociales más materialistas de nuestro tiempo.

---

20. Un antiguo estudio, no publicado, de Isabel Briggs Myers es la base de cuanto se afirma en este capítulo acerca de las frecuencias de tipos en la población general. El Indicador de Tipos se pasó a alumnos varones de undécimo y duodécimo grados de institutos de la ciudad de Stamford, Connecticut. Entre los 217 alumnos de undécimo grado, el 28,1 % eran introvertidos y el 26,7 % eran intuitivos; entre los 182 alumnos de duodécimo grado, el 25,8 % eran introvertidos y el 33,0 % eran intuitivos. El porcentaje de intuitivos pudo haberse incrementado debido a que muchos tipos de sensación abandonan los estudios cuando la educación deja de ser obligatoria.

La falta de fe en tu propio tipo

Los tipos menos frecuentes encuentran su propia escasez como un obstáculo para su desarrollo. Entre la población general, puede haber tres personas extrovertidas por cada una introvertida, y tres tipos de sensación por cada tipo de intuición. Aunque los porcentajes de introvertidos e intuitivos son mucho mayores en grupos universitarios y de formación universitaria, fuera de estos colectivos sólo nos encontramos con una persona introvertida con intuición de cada dieciséis durante los años formativos de primaria y secundaria *(véase* el capítulo 3, figuras 4 y 6). A menos que los intuitivos con intuición vean claramente con escepticismo la suposición general de que ser diferente supone ser inferior, su fe en su propio tipo se reducirá necesariamente. Estas personas no confiarán ni ejercitarán sus preferencias, las cuales, como consecuencia, no se desarrollarán lo suficiente como para reportarles beneficios. Así, no podrán alcanzar los logros que les permitirían desarrollar la fe en su propio tipo. Por su parte, las personas introvertidas con sensación, aunque más numerosas que las anteriores, también se pueden ver sometidas a las mismas dificultades.

La falta de aceptación en el hogar

Si los progenitores comprenden y aceptan el tipo de sus hijos e hijas, éstos dispondrán de un terreno firme sobre el cual desarrollarse y un espacio en el cual ser quienes son. Pero si sospechan que sus progenitores quieren que sean de otra manera –o sea, que vayan contra su propio tipo–, entonces perderán la esperanza.

Si los progenitores tienen un mínimo conocimiento explícito de los tipos podrán dar a sus hijos introvertidos una nueva oportunidad en la vida. A éstos no se les hará un mundo aprender a vivir de forma más extrovertida *cuando sea necesario,* si saben que tienen la libertad en todo momento de ser introvertidos. Y aunque en la infancia se es más vulnerable, hay muchas personas crecidas con la fe en su propio tipo socavada por la persona amada, que no comprende su tipo ni lo acepta.

La falta de oportunidades

Un impedimento aún más obvio para el desarrollo es la simple falta de oportunidades para ejercitar los procesos o actitudes preferidos. Hay progenitores que, sin darse cuenta, les niegan con frecuencia a sus hijas o hijos las condiciones necesarias para un buen desarrollo del tipo: los jóvenes introvertidos que no hallan paz ni privacidad; los extrovertidos a los que se les niega la actividad y la relación con otras personas; los intuitivos atados a asuntos rutinarios; las niñas de sensación a las que se les exige que lo aprendan todo a través de las palabras, sin nada que ver ni manipular; los jóvenes pensadores a quienes nunca se les da una razón ni se les permite esbozar un argumento; los tipos de sentimiento en una familia en la que a nadie le importa la armonía; los tipos de juicio para quienes todas las decisiones están tomadas de antemano por parte de un progenitor excesivamente autoritario; y los jóvenes perceptivos a los que nunca se les permite descubrir por su cuenta.

La falta de incentivos

La falta de incentivos suele limitar el desarrollo del tipo. El crecimiento es un proceso de estiramiento, y los niños no estiran su percepción ni su juicio hasta que no intentan hacer algo *bien*.

En el momento en que los niños se toman en serio la calidad de su desempeño es cuando ven la situación o el problema de la forma más completa posible, y al hacerlo estiran su proceso perceptivo. Si este proceso es de sensación, se centrarán en los hechos, y si es de intuición, se concentrarán en las posibilidades; de cualquiera de las dos maneras desarrollarán la percepción. A continuación, tras haber visto cuanto les era dado ver, intentarán decidir cuál es el mejor curso de acción posible, y este esfuerzo estirará su proceso de juicio. Si este proceso es el pensamiento, se esforzarán por anticipar los resultados lógicos de todo cuanto pudieran hacer. Si es el sentimiento, sopesarán los valores personales implicados, los suyos propios y los de las demás personas involucradas. Sea como sea, en ambos casos se desarrollará el juicio.

Sin embargo, nada de todo esto ocurre a menos que niños y niñas tengan un buen motivo para querer hacer algo bien, lo cual lleva al problema básico de la motivación.

CAPÍTULO 18

Motivaciones para el desarrollo del tipo en niños

Existe una inmensa diferencia observable entre aquellas personas que son felices y efectivas y las que no lo son. Gran parte de esta diferencia se puede atribuir a la calidad de su juicio. Si el *buen juicio* es la capacidad para elegir la mejor alternativa y actuar en consecuencia, entonces el juicio de las personas felices y efectivas deberá ser razonablemente bueno en términos generales, en tanto que el juicio de las personas no efectivas deberá ser bastante malo.

El buen juicio se desarrolla a través de un esfuerzo continuado de por vida por descubrir y hacer lo correcto ante cualquier situación que se presente. De este modo, el desarrollo o no del juicio por parte de los niños dependerá de lo que hagan con sus problemas e insatisfacciones. En aquellos niños que se absuelven a sí mismos de toda responsabilidad y no hacen esfuerzos, el desarrollo del tipo quedará latente; pero los niños que se enfrenten a los problemas verán cómo se desarrolla su tipo específico.

Los niños que se enfrentan a los problemas se harán progresivamente más capaces de enfrentarse a más problemas y resolverlos, e irán de la mano de esta habilidad hacia una madurez competente. Los niños que rehúsen el desafío de buscar soluciones a estados insatisfactorios se irán encontrando ante situaciones cada vez peores a medida que la vida se vaya haciendo más y más complicada, pues las demandas y las responsabilidades se irán acrecentando, pero su capacidad para gestionar los problemas no lo hará. A diferencia de la espiral ascendente de la maduración, que precisa un esfuerzo orientado más allá del impulso del momento, es muy fácil deslizarse por la espiral descendente, porque supone hacer exclusivamente aquello que le place al individuo. Las personas sin desarrollar preferirán hacer lo que les place antes que hacer esfuerzo alguno, y todos los niños y niñas comienzan por no estar desarrollados. Para que inicien la escalada por la espiral ascendente deberán estar motivados.

Lo que necesitan los niños es convencerse de que *la satisfacción puede y debe ganarse.* Los progenitores que valoran esta convicción pueden aportársela a sus hijos, pero tendrán que comenzar pronto con ellos y recordarles tanto el «puede» como el «debe».

Los niños malcriados no aprenden el *debe.* Consiguen lo que quieren, independientemente de que lo merezcan. Si el padre o la madre ceden ante sus rabietas, estos niños conseguirán lo que quieran *sin* merecerlo. No tendrán experiencias directas de causa y efecto de primera mano en el mundo de los adultos ni práctica a la hora de juzgar el valor de su comportamiento, tal como el mundo los va a juzgar. Ni siquiera se les ha advertido de que el mundo las va a juzgar.

Los niños malcriados estarán, por tanto, condicionados a buscar la culpa de todos sus problemas en una causa externa. Si no caen bien o nadie confía en ellos, o si sacan malas notas, no se les ocurre esforzarse por caer mejor a los demás, por ganarse su confianza o por ser más estudiosos. Todo lo malo que les ocurre no es culpa de ellos y, al no ver motivo alguno para esforzarse en su desarrollo, no hacen ningún esfuerzo y no se desarrollan.

En el otro extremo están los niños a los que sus progenitores no les pasan ni una, niños no queridos a los que se reprime y desalienta, y que puede que no sepan que la satisfacción *se puede* ganar. Si nada de lo que hacen está bien, tiene éxito ni es aplaudido, puede que se refugien en hacer lo mínimo posible.

Debido a que niños malcriados y desalentados carecen de los incentivos necesarios para el desarrollo, su percepción y sobre todo su juicio seguirán estando en una etapa infantil. Con los años, la madurez física llegará sin la adecuada madurez psicológica, y lo que antes parecía no más que la negativa de un niño a cumplir con demandas relativamente simples en casa y en la escuela se convertirá en una absoluta y devastadora incapacidad para satisfacer las demandas y las responsabilidades de la vida adulta.

Por tanto, es esencial en la infancia que el niño comprenda la relación existente entre su conducta y lo que le sucede. Si los niños siguen unas normas simples (con cierta tolerancia ante posibles accidentes y malinterpretaciones, y una razonable cantidad de olvidos), las consecuencias deberían ser las de la aprobación, la confianza en ellos y una actitud perceptiva por parte de los adultos. Y como bono adicional, habría que darles la mayor libertad posible para que tomen sus propias decisiones. Si un niño comete un error a conciencia, las consecuencias deberían ser necesariamente desagradables. En tales condiciones, aprenderán a obedecer a lo que se les dice y a seguir la norma establecida con el mismo espíritu con que obedecen la ley de la gravedad, bajo un castigo igualmente suave pero inevitable, y a la misma edad, desde los quince meses o antes.

Por el mero hecho de reconocer que en la vida es mejor determinar lo que es correcto y hacerlo, los niños tendrán un incentivo para *discriminar* entre lo correcto y lo erróneo en su propio comportamiento y para *hacer* lo correcto, aunque sea menos agradable, menos atractivo o menos interesante en ese momento. Con esto se comienza a ejercitar el juicio.

En cuanto los niños inician la escalada de la espiral ascendente del desarrollo y el crecimiento, los efectos se hacen acumulativos. Cuanto mejor se comportan, más aceptables se hacen para las demás personas, sobre todo para su familia, y de ahí que les den más privilegios y oportunidades de desarrollo. En general, cualquier cosa que hagan prosperará, y si no lo hace, estudiarán qué han hecho mal, porque la experiencia les ha enseñado que el éxito procede de hacer las cosas correctamente. Si tras un sincero escrutinio no han sido capaces de encontrar nada, al menos podrán dejar de preocuparse, porque sabrán por experiencia que lo único que se les pide es que hagan las cosas lo mejor que puedan.

Una satisfacción que pueden ganarse los jóvenes es la de una emancipación temprana y fácil de la autoridad parental. Si desde niños han estado asumiendo responsabilidades, los progenitores no tendrán miedo a darles más responsabilidades. Serán chicos y chicas preparados para crecer.

Sin embargo, los jóvenes que se sumergen en la espiral descendente no habrán asumido responsabilidades, y la perspectiva de tener que crecer les resultará, al menos inconscientemente, aterradora. Muchas neurosis de la edad adulta pueden deberse a una mala crianza en la infancia, y no a un trauma de infancia. Cierto sentido de culpa o de incompetencia será la consecuencia lógica del fracaso en el desarrollo. En las personas no desarrolladas que podían y debían haberse desarrollado, la falta de desarrollo no se puede atribuir a una experiencia del pasado «de la que no tuvieron la culpa». Estas personas necesitan que el proceso de desarrollo se despliegue por fin bajo su control. La culpa puede ser útil en ese mecanismo de control, si el sentimiento les hace ver que deberían estar haciendo algo mejor, pues les obliga a hacer el esfuerzo de averiguar qué tienen que hacer y les lleva a hacerlo.

Por desgracia, la resistencia interna a hacer un esfuerzo parece ser proporcional a la cantidad de esfuerzo requerido. A los tipos bien desarrollados les resultará relativamente fácil escuchar la señal de advertencia de la culpa o la duda y alterar su comportamiento, porque su percepción y su juicio están entrenados para ese propósito. Sin embargo, las personas con una deficiencia de tipo severa, sobre todo un déficit de juicio, parecen generar una inmensa resistencia no sólo a hacer el esfuerzo, sino incluso a admitir que éste debería hacerse.

Cuando se ponen a la defensiva, esgrimen más o menos comentarios como éstos: «No vale la pena intentarlo, porque no puedo hacer lo que se me pide», lo cual recorre toda la gama desde el simple sentimiento de inferioridad hasta los síntomas físicos incapacitantes, como la ceguera y la parálisis histéricas. «No vale la pena hacer eso». En esta situación se puede etiquetar a la educación como de algo inútil, se pueden criticar los buenos modales como amaneramiento, y a cualquier empleado menospreciado como de tonto. «He hecho lo que se pedía, pero no me han dado lo que merecía». Aquí, la persona que está a la defensiva puede afirmar que el profesor ha sido parcial, que los otros niños hacen camarillas entre ellos, que el entrenador no le da a nadie una oportunidad, que la jefa tiene favoritos o que el sistema es injusto.

Tales defensas pueden bloquear el abordaje efectivo de un problema porque impiden que se dé el primer paso, el de reconocer que uno ha estado haciendo algo mal. Y si tales defensas se hacen habituales, la persona puede dejar de intentarlo y puede deslizarse en la espiral descendente.

Sin embargo, *a los niños se les puede convencer* desde un principio de que la satisfacción puede y debe ganarse. Tanto en el hogar como en la escuela se les debería proporcionar la experiencia de *hacer bien cosas concretas* para ganarse así la satisfacción que anhelan. Debido a que cada tipo tiene diferentes dones y necesidades, las cosas específicas que hacen bien y las satisfacciones que anhelan no van a ser las mismas para todos los niños.

Aquellas escuelas que han abolido las notas con el fin de no herir los sentimientos de los estudiantes que tienen un peor rendimiento han equivocado el camino. Para fomentar el desarrollo, las escuelas no deben desestimar la excelencia, sino diversificar su reconocimiento recompensando también las excelencias no académicas, sobre todo aquellas que no dependan de la intuición.

La madre de un niño de seis años llegó a una conclusión similar y tuvo una respuesta genial. La mujer vio para que su hijo destacara en una cualidad, tendría que desarrollarla a partir de cero, de modo que optó por la persistencia. Su hijo no tenía ningún interés en la persistencia, pero le encantaban las chucherías. Por un «buen final de día» su ración era de dos chucherías; por un «muy buen final de día», le daban tres; y por consecuciones especiales, cuatro. Al principio, claro está, la madre tuvo que *ser* el juicio de su hijo, pero el incentivo fue suficientemente atractivo como para centrar su atención en la diferencia entre un buen final y un mal final. Con el tiempo, su propio juicio asumió el mando, pues se convirtió en parte de todo cuanto hacía y le granjeó una justa reputación de niño en el cual confiar.

El desarrollo del tipo se fomenta con la excelencia en casi cualquier cosa que un niño pueda, con esfuerzo, hacer bien. Como dijo Jung en cierta ocasión, si un niño planta bien una col, habrá salvado el mundo en ese punto exacto. No hace falta que la excelencia sea competitiva, salvo para superar su propio desempeño anterior, y *la virtud no necesita ser su propia recompensa.* La satisfacción obtenida mediante el esfuerzo puede ser cualquier cosa que constituya un potente incentivo para el niño, por ejemplo, placeres o posesiones extra para un niño de sensación, libertades y oportunidades especiales para un intuitivo, más dignidad y autoridad para un pensador y más halagos y compañerismo para un tipo de sentimiento.

Cada vez que un niño obtiene satisfacción, avanza un poco más en la espiral ascendente de desarrollo. El esfuerzo que supone hacer algo bien ejercita la percepción y el juicio, y deja a los niños mejor equipados para el siguiente problema; cada satisfacción que *se ganan* fortalece su fe en que el esfuerzo vale la pena. A medida que crezcan y se adentren en el nada indulgente mundo de los adultos, donde todo lo que sea realmente satisfactorio hay que ganárselo, los niños estarán cada vez más preparados para ganarse sus propias satisfacciones.

CAPÍTULO 19

Continuar a partir del punto en el que te encuentres

Escribí este último capítulo mucho después de haber escrito y haber dejado a un lado el resto del libro, y los años transcurridos me han mostrado con una intensidad creciente lo importante que puede ser para la vida de una persona comprender su tipo. No importa si oye hablar de los dos tipos de percepción y de los dos tipos de juicio en su infancia, mientras está en el instituto, después de tener hijos o incluso nietos; el desarrollo de su propio tipo será para la persona una gratificante aventura para el resto de su vida.

Hace diez años no tenía yo tanta confianza. Si este libro se hubiera publicado entonces, habría terminado con el capítulo anterior y podría haber dado la impresión de que el desarrollo del tipo discurre a lo largo de una tabla temporal y debe alcanzarse a determinada edad o no alcanzarse en absoluto. Pero ahora no creo que las cosas sean así. Un buen desarrollo de tipo puede tener lugar a cualquier edad en cualquier persona que se preocupe por comprender sus propios dones y el uso adecuado de éstos.

Sea cual sea el estadio que haya alcanzado una persona, una comprensión clara de los fundamentos del desarrollo del tipo le ayudará a seguir adelante a partir de ahí. Como se ha venido diciendo a lo largo del libro, casi todo lo que hace una persona con su mente es un acto de percepción o de enjuiciamiento. Pero para tener éxito en algo hace falta tanto la percepción como el juicio, y en ese orden. Antes de que la persona pueda decidir correctamente cómo gestionar una situación, tendrá que averiguar en qué consiste el problema y qué alternativas tiene. Averiguar, descubrir es un ejercicio de la percepción, y decidir es un ejercicio del juicio. Para estar segura de que utiliza la percepción *antes* que el juicio, la gente tiene que comprender la diferencia entre ambos y ser capaz de decir cuál de ellos está utilizando en un momento dado. Esta habilidad se puede adquirir con la práctica en cosas pequeñas. Por ejemplo, cuando la persona se despierta en mitad de la noche con el sonido de la lluvia y piensa: «Está lloviendo con intensidad», eso es percepción. Si luego piensa: «¡Será mejor que compruebe si está entrando agua en la casa!», es juicio.

De los dos tipos distintos de percepción, la sensación es la percepción directa de las realidades mediante la vista, el oído, el tacto, el gusto y el olfato. Se necesita la sensación para detectar o incluso observar casualmente hechos concretos; es igualmente esencial para disfrutar el instante de un amanecer, el rompiente de las olas en la playa, la excitación de la velocidad y el suave funcionamiento del propio organismo. La intuición, por su parte, es la percepción indirecta de las cosas más allá del alcance de los sentidos, como es la percepción de significados, relaciones y posibilidades. Traduce las palabras en significados y los significados en palabras cada vez que uno lee, escribe, habla o escucha; la gente hace uso de la intuición cuando invita a entrar a lo desconocido en su mente consciente o cuando espera con expectación una posibilidad, una solución o una inspiración. La intuición es ideal para ver de qué modos se podrían gestionar ciertas situaciones. Un pensamiento que comienza con un «Me pregunto si» es probablemente una intuición. La declaración «¡Ya entiendo!» es un resplandor de intuición, y un «¡Ajá!» indica que la intuición ha llevado a la mente a un punto de iluminación y deleite.

Si la persona prefiere la sensación, la utilizará más y se convertirá en una experta en tomar nota de todos los hechos observables y recordarlos. Además, debido a su creciente fondo de experiencias y conocimiento de la realidad, los tipos de sensación tienden a convertirse en personas realistas, prácticas, observadoras, a las que les encanta divertirse y son hábiles en el manejo de gran número de hechos.

Por otra parte, la persona que prefiere la intuición desarrolla la habilidad de ver posibilidades. Descubre que éstas pueden presentarse en su interior si las busca. Por el hecho de valorar la imaginación y las inspiraciones, los tipos intuitivos devienen personas capaces de aportar nuevas ideas, de elaborar proyectos y de resolver problemas.

Uno de los dos tipos de enjuiciamiento, el pensamiento, es lógico e intencionadamente impersonal, pero no incluye *toda* actividad mental ingeniosa, gran parte de las cuales son, de hecho, producto de la intuición. El pensamiento analiza en términos de causa y efecto, y distingue entre lo verdadero y lo falso. El otro tipo de enjuiciamiento, el sentimiento, es intencionadamente personal y se basa en valores personales. Distingue entre lo que tiene valor y lo que no, y entre lo que tiene más valor y lo que tiene menos, y cuida de todo aquello que el tipo de sentimiento más valora. Aunque el juicio del sentimiento es personal, no es necesariamente egocéntrico y, en el mejor de los casos, tiene en cuenta los sentimientos de los demás en la medida en que los conoce o infiere. No debería de confundirse el sentimiento con las emociones; de hecho, Jung dice que el sentimiento es un proceso racional.

Los tipos de pensamiento desarrollan habilidad en el manejo de todo aquello que se comporta de forma lógica (como la maquinaria), sin las impredecibles reacciones humanas. Los pensadores se convierten en personas lógicas, objetivas y coherentes, y toman las decisiones analizando y sopesando los hechos, por desagradables que puedan ser.

Los tipos de sentimiento, que desarrollan la habilidad del trato con las personas, suelen ser empáticos, apreciativos y con tacto; al tomar decisiones, es muy probable que otorguen un gran peso a los valores personales relevantes, incluidos los valores de las demás personas.

Los cuatro procesos –sensación, intuición, pensamiento y sentimiento– son dones con los que todas las personas nacen, y cada persona puede desarrollar y utilizar estos procesos a la hora de gestionar el presente y conformar el futuro.

El camino de la persona hacia la excelencia

De cada persona depende reconocer sus verdaderas preferencias entre sensación e intuición, entre pensamiento y sentimiento, etc. Según la teoría de tipos, las preferencias son innatas; pero, del mismo modo que hay progenitores que intentan forzar a su hija zurda a ser diestra, también pueden intentar que su hijo de sensación sea intuitivo, o que una niña de pensamiento sea de sentimiento, para adecuarla a la preferencia innata *de la madre o del padre.* Y, a menos que el niño o la niña se resista tenazmente, tales presiones pueden convertirse en un importante obstáculo para el desarrollo de sus dones innatos.

El tipo de percepción y el tipo de enjuiciamiento que la persona prefiere de forma natural determinará la dirección en la cual se desarrollará de una forma más plena y efectiva, y para su mayor satisfacción personal. Cuando las personas utilizan sus dos procesos que más les gustan en un esfuerzo decidido por hacer algo bien hecho, su habilidad con estos procesos se incrementa. Sin embargo, la gente puede sentirse tentada a hacerlo todo con estos dos procesos exclusivamente, con independencia de si es apropiado o no.

Reconocer que un proceso es más apropiado que otro en una situación determinada es un importante paso en el desarrollo del tipo. Sin tal reconocimiento, la persona no tiene un motivo claro para utilizar un proceso, o ni siquiera es consciente de qué proceso está usando. Cuando toma conciencia de que la sensación funciona mejor que la intuición para reunir hechos, pero la intuición es mejor para ver posibilidades, o que el pensamiento está mejor adaptado para el trabajo organizativo, pero el sentimiento es mejor en las relaciones humanas, es cuando dispone de la llave para un uso más efectivo de *todos sus dones,* cada uno en su propio terreno.

El pleno desarrollo del tipo supone el dominio experto del proceso dominante, que es el que controla a los otros tres procesos y establece las metas más importantes en la vida. El desarrollo del tipo depende también de la hábil utilización del proceso auxiliar, que es vital para equilibrar, porque proporciona juicio, si el proceso dominante es perceptivo, o percepción, si el proceso dominante es el juicio. Por último, un pleno desarrollo del tipo requiere aprender a utilizar adecuadamente los otros dos procesos menos favorecidos y desarrollados.

Los procesos menos desarrollados son siempre un problema. Para gestionarlos, resultará útil pensar en la sensación, la intuición, el pensamiento y el sentimiento como si fuesen cuatro personas bajo un mismo techo. El proceso dominante es la persona cabeza de familia, y el proceso auxiliar es la segunda al mando. Éstas se complementan entre sí, y ninguna de ellas se mete en los dominios de la otra; pero en la mayoría de las situaciones, los dos procesos menos desarrollados tienen un punto de vista diferente, basado en el tipo de percepción opuesta, y en un plano diferente de acción, procedente del tipo de juicio opuesto.

El hecho de negar toda escucha a quienes disienten no hace que nos liberemos de los problemas; lo único que se consigue con eso es encerrar en una prisión los procesos de la mente, como esclavos en una mazmorra; pero si se les reprime hasta tal punto, con el tiempo se liberarán y emergerán en la consciencia de forma violenta. Estos procesos estarán inmaduros, y no se puede esperar de ellos que ofrezcan una profunda sabiduría, debido al hecho de que se les ha tenido desatendidos mientras se desarrollaban los procesos preferidos.

Sin embargo, la persona puede aceptarlos con provecho como a los miembros más jóvenes de una familia, que tienen derecho a pronunciarse en las reuniones familiares ante las decisiones que se toman. Si se les dan tareas en las que se haga uso de sus respectivos dones, y si su ayuda es apreciada y se toman seriamente en consideración sus aportaciones, crecerán y se harán sabios, al igual que lo hacen los niños, y la calidad de sus aportaciones mejorará progresivamente.

El uso de la percepción

La precisión de una decisión –un juicio– no puede ser mejor que la precisión de la información sobre la cual descansa. Hay un tiempo para percibir y un tiempo para juzgar, y tienen lugar en este mismo orden. De hecho, las decisiones más sólidas se basan tanto en la sensación como en la intuición.

Cada tipo de percepción tiene unos usos adecuados e indispensables. La enorme utilidad de la sensación en cuestiones prácticas se basa en su conciencia de la situación real existente y en su comprensión de los hechos relevantes. El respeto por los hechos es el aspecto más importante de la sensación, que tanto los tipos de sensación como los de intuición deberían cultivar. Las personas intuitivas, aunque tiendan de forma natural a interesarse más por las posibilidades que por las realidades, pueden cometer un grave error si llevan esta tendencia hasta el extremo de ignorar los hechos y las limitaciones que los hechos imponen, pues no aceptar con la realidad de una situación puede hacer imposible toda posibilidad nacida en la mente de una persona intuitiva.

Por otra parte, el proceso perceptivo también puede ser contraproducente si se vuelve absoluto, prescindiendo de toda ayuda que pueda necesitar desde su opuesto. Las personas intuitivas pueden bloquear la ayuda de la sensación dando por sentado que no existen hechos por conocer sobre el punto en cuestión o que conocen ya todos los hechos, o bien que aquellos que no conocen carecen de importancia.

De igual modo, si los tipos de sensación dan por sentado que lo que han visto es todo cuanto se puede ver, se cerrarán por completo a su intuición, que no podrá hacer aportaciones a su pensamiento consciente. A la gente que normalmente adopta tal suposición no le gusta lo repentino e inesperado, porque su seguridad descansa en saber por experiencia qué hacer. Cuando algo ajeno a su experiencia amenaza con suceder, lo único que se les ocurre hacer es someterse y dejar que ocurra, o bien luchar de forma ciega. Ninguna de estas formas de abordar la amenaza es productiva, y ambas son, de hecho, estresantes. Sería mucho mejor invitar a la intuición a *resolver* el problema.

El uso del juicio

Una habilidad que es esencial adquirir es la capacidad para dirigir el juicio allá donde sea necesario. Hay personas a las que les disgusta la mera idea de «juzgar», porque piensan que es autoritaria, restrictiva y arbitraria. Pero este concepto del juicio –algo que las personas utilizan entre sí– pasa por alto su principal punto. El juicio debería utilizarse en aquellas cosas que le preocupan a uno mismo, para la mejor gestión de los propios dones y responsabilidades, de la propia vida.

Algunos usos del juicio tienen que ver sólo con la persona, como es dar forma a los estándares personales de conducta o la elección de objetivos. Esta última cubre un amplio rango, porque las grandes satisfacciones varían mucho de un tipo a otro. Una INTP escribió en cierta ocasión: «Para mi tipo, la búsqueda de la verdad es lo más importante. Me he llegado a sorprender al pensar hasta qué punto estaría dispuesta a sacrificar comodidad y felicidad personal por llegar a comprender algo». Para las personas ISTJ, la mayor satisfacción podría ser la confianza y el respeto de su comunidad por su largo historial de integridad e infatigable servicio público. Para los INFP, que intentan encontrar posibilidades para las personas, la mayor satisfacción podría ser transmitir ideas o conocimientos que puedan ser útiles para los demás. Para los tipos EFJ, la mayor satisfacción podría hallarse en la hermandad y las relaciones personales.

Sin embargo, la mayoría de las decisiones tienen que ver con una situación actual que precisa lógica (pensamiento) o tacto (sentimiento). La gente tiende a basar sus decisiones de forma natural en su tipo preferido de juicio, sin tomar en consideración su idoneidad, y esto es un error. Si se comprenden los méritos de cada tipo de juicio, los pensadores pueden utilizar el sentimiento para obtener cooperación, y los tipos de sentimiento pueden usar el pensamiento para examinar con cuidado las consecuencias.

Si el pensamiento es el proceso que mayor confianza genera, se resistirá a callar, siquiera temporalmente, para darle un poco de margen al sentimiento. Pero la resistencia se puede superar si queda claro que el sentimiento *no hace otra cosa que estar al servicio del pensamiento.* La lógica del pensador se basa en los hechos, y los sentimientos son hechos; y dado que los sentimientos de los demás pueden provocar complicaciones inesperadas, los pensadores tendrán que contar con sus propios sentimientos entre las causas importantes y con los sentimientos de los demás entre los efectos importantes. Toda vez que haya otras personas implicadas, la lógica de un pensador será más precisa y efectiva si consigue la ayuda del sentimiento.

De igual modo, si el sentimiento es el tipo de juicio en el que más se confía, se va a resistir a todo desafío a los valores que plantee el pensamiento; pero se puede tolerar un corte temporal si se comprende que el pensamiento *no hace otra cosa que estar al servicio del sentimiento*. Se puede servir mejor a los valores más preciosos del sentimiento si se le da una oportunidad al pensamiento para anticipar las posibles consecuencias desafortunadas de aquella acción que se pretende llevar a cabo.

La resolución de problemas en grupo

En una actividad grupal que incluya a diversos tipos será fácil ver qué cosas aporta cada proceso al esfuerzo común. Por ejemplo, los tipos de sensación pueden disponer de información precisa acerca de la situación y que recuerden hechos que los demás han olvidado o pasado por alto, mientras que los intuitivos disponen de multitud de caminos para sortear cualquier dificultad y, con frecuencia, proponen nuevos procedimientos. Los tipos de pensamiento suelen ser escépticos en principio, y son rápidos en cuestionar suposiciones infundadas, en prever lo que puede ir mal, en señalar los defectos e inconsistencias del plan y en traer de vuelta a los demás al punto en el cual se perdieron. Los tipos de sentimiento están más preocupados con la armonía; cuando emergen diferencias de opinión, buscan un compromiso que preserve en cada tipo (incluyendo el suyo) los rasgos de más valor para ese tipo.

Si el grupo está compuesto por diferentes tipos, el acuerdo será más difícil de alcanzar que si el grupo es homogéneo, pero la decisión tendrá una base más amplia, por lo que habrá menos peligro de que las cosas terminen mal debido a un motivo imprevisto.

Aprovechar los problemas para desarrollar habilidades

La capacidad para utilizar la percepción y el juicio adecuadamente es una habilidad que se puede adquirir con la práctica, y la vida proporciona muchas oportunidades para practicar. Cuando te enfrentes a un problema, cuando tengas que tomar una decisión o tengas que lidiar con una situación complicada, prueba a utilizar un proceso detrás de otro, de forma consciente e intencionada, cada uno en su propio campo, sin que interfieran el resto de procesos, y en el siguiente orden:

- *Sensación* para enfrentarse a los hechos, para ser realista, para saber exactamente en qué consiste la situación y qué se está haciendo al respecto. La sensación puede evitar que te hagas falsas ilusiones, las cuales pueden oscurecer la realidad. Para activar tu proceso de sensación, considera cómo vería la situación una persona sabia que fuera testigo imparcial de la situación.
- *Intuición* para descubrir todas las posibilidades, todas las formas en las cuales podrías cambiar la situación, tu enfoque o las actitudes de los demás. Intenta dejar a un lado tu suposición natural de que has estado haciendo lo que, obviamente, era correcto.
- *Pensamiento* para analizar de manera impersonal causa y efecto, incluyendo todas las consecuencias de las soluciones alternativas, agradables o desagradables, los pros y los contras de la solución preferida. Considera todos los costes y examina todas las dudas que puedas haber reprimido por lealtad a alguien, porque te gusta algo o por tu reluctancia a cambiar de postura.
- *Sentimiento* para sopesar hasta qué punto te preocupa todo aquello que se ganará o se perderá con cada una de las alternativas. Al hacer una nueva valoración, intenta que lo temporal no pese más que lo permanente, por agradable o desagradable que pueda ser la perspectiva inmediata. Toma en consideración también los sentimientos de los demás, sean razonables o no, con respecto a los distintos resultados, e incluye tus sentimientos y los suyos entre los hechos a considerar a la hora de decidir qué solución podría ser la mejor.

La decisión final tendrá una base más sólida de lo habitual, debido a que tuviste en consideración los hechos, las posibilidades, las consecuencias y los valores humanos.

En este ejercicio habrá pasos más fáciles y más difíciles. Aquellos pasos en los que hagas uso de tus mejores procesos serán divertidos.

Los demás podrán ser difíciles en un principio, porque precisan los puntos fuertes de tipos muy diferentes al tuyo, y ésos son dones en los que tú tienes relativamente poca práctica. Cuando el problema sea importante, quizás convenga consultar con alguien para quien esos puntos fuertes sean naturales, porque esa persona puede tener un punto de vista sobre la situación sorprendentemente diferente, y te puede ayudar a comprender y hacer uso de ese lado opuesto de ti mismo que ha estado desatendido.

Vale la pena aprender a utilizar los procesos que menos te gustan cuando es necesario, pues no sólo contribuyen a solucionar mejor el problema actual, sino que también te prepara para gestionar problemas futuros con más habilidad.

Cómo utilizar el tipo en la elección de carrera

Conocer los tipos de percepción y de juicio preferidos puede ser algo muy útil en la elección de carrera. Evidentemente, todo el mundo quiere tener un trabajo interesante del que pueda disfrutar, por lo que deseará seguir una carrera que guarde relación con los tipos de percepción y juicio que mejor se le dan, pero eso no va a requerir demasiado de los procesos opuestos.

Una buena manera de iniciar la búsqueda de carrera es ver qué ocupaciones tienen más atractivo para la mayoría de las personas que tienen unas preferencias iguales a las tuyas en percepción y juicio *(véase* capítulo 14). Pero no descartes otros campos, pues, si te sientes atraído por un dominio que es impopular entre las personas de tu tipo, quizás resultes muy valioso allí, al proporcionar las capacidades complementarias o bien al liderar los cambios que quizás haya que hacer en ese campo. Sin embargo, ten en cuenta que, si la mayoría de las personas en esa ocupación son opuestas a ti tanto en percepción como en juicio, es poco probable que te presten demasiado apoyo. Así pues, vas a tener que comprender bien sus tipos y que comunicarte con mucho cuidado cuando necesites que cooperen contigo.

Mundo exterior y mundo interior

Tras encontrar un campo de tu interés en el que puedas utilizar tus mejores habilidades, considera si prefieres trabajar en el mundo exterior de las personas y las cosas o en el mundo interior de los conceptos y las ideas. Aunque tú vivas en ambos mundos, normalmente te vas a sentir más a gusto en uno de ellos, y será ahí donde puedas desempeñar lo mejor de tu trabajo.

Si eres una persona extrovertida, averigua si el trabajo que estás considerando tiene la suficiente acción e interacción con personas como para mantenerte interesado. Si eres una persona introvertida, considera si el trabajo te va a dar las oportunidades suficientes para concentrarte en lo que estás haciendo.

El proceso de enjuiciamiento y el proceso perceptivo en el mundo exterior

Tu preferencia entre juicio y percepción determinará la última letra de tu tipo. Las personas J confían principalmente en el juicio para tratar con las personas y las situaciones. Son personas que desean regular y controlar su vida, por lo que viven de un modo planificado y ordenado. Las personas P tienden a confiar en un proceso perceptivo, por lo que viven de un modo flexible y espontáneo, desean comprender la vida y se adaptan a ella.

Si eres de un tipo enjuiciador, averigua si el trabajo que estás considerando es razonablemente predecible y organizado o si vas a estar tocando de oído cada dos por tres. Si eres una persona del tipo perceptivo, averigua cuántas decisiones más o menos se espera que tengas que tomar al día.

Cómo usar el tipo en las relaciones humanas

Dos personas que prefieran el mismo tipo de percepción y de juicio tienen la mejor de las oportunidades para comprenderse mutuamente y sentirse comprendidas. Ven las cosas casi de la misma manera, y llegan a conclusiones similares. Encuentran interesantes las mismas cosas y les parecen importantes cosas idénticas. Dos personas que tengan el mismo tipo de percepción o el mismo tipo de juicio, pero no ambos a la vez, disponen de los elementos necesarios para establecer una buena relación de trabajo. La preferencia que comparten les proporciona un terreno común, y las preferencias que las diferencian les proporcionan, como equipo, un rango más amplio de destrezas que si compartieran preferencia.

Cuando dos compañeros de trabajo difieren tanto en percepción como en juicio, tienen un problema. El hecho de trabajar juntos les va a enseñar algo valioso, siempre y cuando se respeten mutuamente, pero puede ser desastroso si no lo hacen. Como equipo, tienen a su disposición habilidades en ambos tipos de percepción y ambos tipos de juicio, pero necesitan comprenderse bien el uno al otro, tanto como para ver el mérito de las habilidades del otro y recurrir a ellas.

Si marido y mujer o cualquier otro tipo de pareja íntima difieren de esta manera, pueden tener, no obstante, una buena relación, pero sólo si cada uno de ellos valora y disfruta de las virtudes del otro. Debido a que la vida en pareja es probablemente la más humana de todas las relaciones humanas, le he dedicado todo un capítulo en este libro (*véase* el capítulo 11).

Cualquier relación va a sufrir si la oposición en una preferencia se trata como un signo de inferioridad. La relación entre padre-madre e hijo-hija sufre severamente si los progenitores intentan hacer de sus hijos o hijas una copia de sí mismos. Los niños lo pasan mal cuando tienen que lidiar con los deseos de un padre o una madre que quiere algo que ellos decididamente no son. Las niñas o niños de tipos de sentimiento puede que intenten falsificar su tipo, y los tipos de pensamiento pueden resistirse de forma hostil en la infancia, pero no hay reacción que pueda reparar el daño sufrido en la fe que tengan en sí mismos. Después de responder al Indicador de Tipos, muchos adultos con una infancia así tras ellos han dicho cosas como: «¡Qué alivio que te digan que está bien que seas el tipo de persona que eres!».

El uso del tipo en la comunicación

Personas con preferencias opuestas crecen una al lado de la otra sin tener ni idea de cómo comunicarse efectivamente entre sí. Los pensadores se comunican en modo pensamiento, y los tipos de sentimiento se comunican en modo sentimiento, y esto funciona bien cuando se comunican con otras personas de su mismo tipo; pero, cuando tienen que llegar a acuerdos y necesitan cooperación por parte de sus opuestos, esto deja de funcionar.

Los pensadores son, por naturaleza, impersonales y críticos de todo cuanto consideren erróneo. Llegan a través de la lógica a opiniones muy definidas acerca de qué cosas deberían hacerse de otro modo, y no prestan mucha atención a los sentimientos, ni a los suyos propios ni a los de los demás. Cuando no están de acuerdo con los tipos de sentimiento puede que expresen su desacuerdo con tanta fuerza y sin rodeos que los tipos de sentimiento pueden sentirse atacados, con lo cual se hace imposible el acuerdo o la cooperación.

La comunicación con los tipos de sentimiento debería *hacer uso de su sentimiento*. Estas personas valoran la armonía y, si se les da ocasión, preferirán estar de acuerdo a no estarlo. Cuando un pensador tenga que criticar una propuesta o disentir con lo que se ha hecho, debería comenzar por mencionar los puntos en los cuales coinciden. Con la tranquilidad que da saber que el pensador está en el mismo campo que él, el tipo de sentimiento estará dispuesto a hacer concesiones para preservar la armonía y permanecer en el mismo campo. Entonces se podrán discutir los puntos de desacuerdo, en vez de pelearse por ellos, y la lógica del pensador y la comprensión de las personas del tipo de sentimiento cooperarán para resolver el problema.

La comunicación con un pensador debería de ser tan lógica y ordenada como sea capaz de elaborarla un tipo de sentimiento. Los tipos de sentimiento deberían tener cuidado en no ignorar los hechos y las razones que los pensadores hayan podido ofrecer ya. Aunque los tipos de sentimiento hablan desde una intensa creencia en lo valioso de aquello por lo que abogan, tienen que respetar la estimación de costes de las consecuencias que hayan hecho los pensadores.

Si eres de un tipo de sentimiento, recuerda que los pensadores confían en el razonamiento de causa a efecto, pero que normalmente no saben cómo se sienten los demás acerca de algo hasta que lo dicen en voz alta. Por tanto, hazles saber, de forma breve y animada, cómo te sientes respecto a eso, para que puedan incluir tus sentimientos entre las causas de las cuales ellos pueden esperar efectos.

La comunicación entre los tipos de sensación y de intuición suele romperse antes incluso de empezar. Si tú eres el intuitivo, tendrás que observar las siguientes reglas. Primero, di explícitamente, *desde el principio,* de lo que estás hablando. (De otro modo, estarás pidiendo a tu audiencia de sensación que guarde en su cabeza lo que estás diciendo hasta que pueda averiguar a qué te refieres, cosa que rara vez cree que valga la pena hacer). Segundo, termina tus frases; tú sabes qué dice el resto de la frase, pero tu audiencia, no. Tercero, avisa cuando cambies de tema. Y, por último, no cambies de tema adelante y atrás sucesivamente. Tu audiencia no puede ver los paréntesis. Termina un punto y, luego, muévete *explícitamente* al siguiente.

Si eres una persona del tipo de sensación, te puede parecer que las palabras de la persona intuitiva ignoran, o que incluso contradicen lo que tú sabes que es cierto, pero no ignores lo que se ha dicho ni lo desestimes como una tontería, pues puede contener una idea que puede ser verdaderamente útil, y tus hechos deberían de ser válidos para el autor de esa idea. El curso constructivo estriba en establecer tus hechos como una aportación al tema, *no como una refutación de la idea.* El progreso en casi cualquier dirección precisa aportaciones por ambas partes, de los hechos de los tipos de sensación y de las extrañas ideas de los intuitivos.

Los compromisos más valiosos son aquellos que preservan las ventajas que cada tipo considera más importantes. La gente a menudo hace un esfuerzo total por un esquema en su conjunto, cuando lo que realmente les importa es un mérito particular que podría incorporarse a otro plan. Los tipos de sensación quieren que la solución sea factible, los de pensamiento que sea sistemática, los de sentimiento desean que sea humanamente agradable, y los intuitivos quieren que quede una puerta abierta para el crecimiento y la mejora. Todos ellos son deseos razonables, que deberían ser alcanzables con un poco de comprensión y de buena voluntad.

Cuando las personas difieren, el conocimiento del tipo suaviza la fricción y mitiga la tensión. Además, revela el *valor de las diferencias.* Nadie puede ser bueno en todo. Mediante el desarrollo de fortalezas individuales, guardándose de las debilidades conocidas, y apreciando las fortalezas de los demás tipos, la vida será más divertida, más interesante, y supondrá una mayor aventura que si todo el mundo fuera igual.

Mirar al futuro

Llevo más de cincuenta años viendo el mundo desde el punto de vista de los tipos y he descubierto que esta experiencia no deja de ser gratificante para mí, pero la comprensión del tipo puede ser gratificante también para la sociedad. No es demasiado esperar que una comprensión más amplia y profunda de los dones de la diversidad pueda, eventualmente, reducir el desuso y mal uso de estos dones. Esta comprensión debería hacer que no se desperdiciara tanto potencial, que no se perdieran tantas oportunidades y que se redujera el número de abandonos y delincuentes. Podría incluso ayudar en la prevención de las enfermedades mentales.

Sean cuales sean las circunstancias de tu vida, sean cuales sean tus lazos personales, tu trabajo y tus responsabilidades, comprender los tipos puede hacer que tu percepción sea más clara, que tu juicio sea más sólido y que tu vida se acerque más a los deseos de tu corazón.

Pues, así como nuestro cuerpo,
en su unidad, posee muchos miembros,
y no desempeñan todos los miembros la misma función,
así también nosotros, siendo muchos,
no formamos más que un solo cuerpo [...]
siendo cada uno por su parte los unos miembros de los otros.

Pero teniendo dones diferentes [...]
si es el don de profecía, ejerzámoslo en la medida de nuestra fe;
si es el ministerio, en el ministerio;
la enseñanza, enseñando;
la exhortación, exhortando.

Rom 12, 4-8

Referencias

BOGART, D. R. (1975): «Myers-Briggs Type Indicator preferences as a differentiating factor in skill acquisition during short-term counselling training». Artículo no publicado.

BRIGGS, K. C.: Investigación no publicada.

BRUNER, J. S.: *The process of education*. Harvard University Press, Cambridge, MA, 1960.

GRANT, W. H.: *Behavior of MBTI types* (infome de investigación). Auburn University Student Counseling Service, Auburn, AL, 1965.

GRAY, H. y WHEELWRIGHT, J. B. (1944): «Jung's psychological types and marriage». *Stanford Medical Bulletin*, n.º 2, pp. 37-39.

GUNDLACH, R. H. y GERUM, E. (1931): «Vocational interests and types of ability». *Journal of Educational Psychology*, n.º 22, p. 505.

HAY, E. N.: Comunicación personal, 1943-1946.

HEBB, D. O.: *The organization of intelligence*. Wiley, Nueva York, 1949.

HUNT, J. M.: *Intelligence and experience*. Ronald Press, Nueva York, 1961.

JACOBI, J.: *The psychology of C. G. Jung*. Yale University Press, New Haven, CT, 1968. Publicado en castellano como *La psicología de C. G. Jung*. Espasa, Barcelona, 1976.

JUNG, C. G.: *Pyschological types*. Harcourt Brace, Nueva York, 1923. Publicado en castellano como *Tipos psicológicos*, Editorial Trotta, Madrid, 2013.

—: *Psychological types*. Bollingen Series XX. The Collected Works of C. G. Jung (vol. 6). Princeton University Press, Princeton, NJ, 1971.

KANNER, J. (1975): Comunicación personal.

LANEY, A. R. (1946-1950). Comunicación personal.

—: *Occupational implications of the Jungian personality function-types as identified by the Briggs-Myers Type Indicator*. Tesis doctoral no publicada. George Washington University, Washington, DC, 1949.

MACKINNON, D. W.: *The personality correlates of creativity: A study of American architects*. Institute of Personality Assessment and Research, Berkeley, CA, 1961.

— (1962): Comunicación personal.

MCCAULLEY, M. H.: *The Myers longitudinal medical study (Monograph II)*. Center for Applications of Psychological Type, Gainesville, FL, 1977.

—: *Application of the Myers-Briggs Type Indicator to medicine and other health professions (Monograph I)*. Center for Applications of Psychological Type, Gainesville, FL, 1978.

MILLER, P. V.: *The contribution of noncognitive variables to the prediction of student performance in law school*. Tesis doctoral no publicada. Universidad de Pensilvania, 1965.

—: *The contribution of noncognitive variables to the prediction of student performance in law school*. Estudio de seguimiento. Universidad de Pensilvania, 1967.

MYERS, I. B.: *The Myers-Briggs Type Indicator*®. CPP, Inc., Mountain View, CA, 1962.

—: *Introduction to type*® (edición revisada). CPP, Inc., Mountain View, CA, 1976.

—: Investigación no publicada.

MYERS, I. B. y DAVIS, J. A.: *Relation of medicatl students' psychological type to their specialties twelve years later* (ETS RM 64-15). Educational Testing Service, Princeton, NJ.

NIPPON RECRUIT CENTER: *Report on Japanese translation and examination of MBTI*. Nippon Recruit Center, Tokio, 1977.

PIAGET, J.: *Origins of intelligence in children*. International Universities Press, Nueva York, 1936. Publicado en castellano como *El naci-

miento de la inteligencia en el niño, Editorial Crítica, Barcelona, 2007.

PINES, M.: *Revolution in learning.* Harper & Row, Nueva York, 1966.

PLATTNER, P.: *Glücklichere ehen: Prakzische ehepsychologie.* H. Huber, Berna, 1950.

ROWE, M. B. (1974): «Pausing phenomena: Influence on the quality of instruction». *Journal of Psycholinguistic Research,* n.º 3, pp. 203-224.

— (1974): «Wait-time and rewards as instructional variables, their influence on language, logic, and fate control. Part 1: Wait-time». *Journal of Research in Science Teaching,* n.º 11, pp. 81-94.

SPRANGER, E.: *Types of men.* Niemeyer, Halle, Alemania, 1928.

STEPHENS, W. B.: *Relationship between selected personality characteristics of senior art students and their area of art study.* Tesis doctoral no publicada. Gainesville, FL, University of Florida, 1972.

THURSTONE, L. L. (1931): «A multiple factor study of vocational interests». *Personnel Journal,* n.º 10, pp. 198-205.

VAN DER HOOP, J. H.: *Conscious orientation.* Harcourt Brace, Nueva York, 1939.

VERNON, P. E. (1938): «The assessment of psychological qualities by verbal methods». *Industrial Health Research Board Reports,* n.º 83. H. M. Statistical Office, Londres.

VON FANGE, E. A.: *Implications for school administration of the personality structure of educational personnel.* Tesis doctoral no publicada. Alberta, Canadá, University of Alberta, 1961.

Acerca de Isabel Briggs Myers

Isabel McKelvey Briggs nació el 18 de octubre de 1897 en Washington, DC. Su padre fue Lyman J. Briggs, un físico reconocido que, durante doce años, fue director del National Bureau of Standards. Su madre, Katharine Cook Briggs, fue una mujer que se adelantó a su tiempo en muchos aspectos. Se graduó con honores en la Universidad Estatal de Michigan, educó a su hija Isabel en casa y publicó libros de relatos breves, editoriales y artículos sobre educación. Uno de sus relatos, titulado «Father's Library» («La biblioteca del padre»), anticipó en casi dos décadas al ensayo feminista de Virginia Woolf *A Room of One's Own (Una habitación propia).*

En su intento por construir mejor la personalidad de los personajes de ficción de sus relatos, Katharine Briggs terminaría desarrollando su propia tipología de personalidad, basada en los patrones que había encontrado en su lectura de innumerables autobiografías. Con el tiempo identificaría varios tipos, que etiquetaría como «meditativo», «espontáneo», «ejecutivo» y «sociable». Éstos se plasmarían posteriormente en el *Myers-Briggs Type Indicator* (el MBTI o el «Indicador») bajo las preferencias I, EP, ETJ y EFJ. En 1923 aparecería la traducción al inglés de *Tipos psicológicos,* de Carl Gustav Jung, y se cuenta que, al descubrirlo, Katharine Briggs le dijo a su hija Isabel, «¡Esto es!», dejando a un lado su propia tipología para centrarse en la de Jung. A partir de entonces, madre e hija se convirtieron en ávidas observadoras de los tipos de personalidad. A lo largo de las siguientes dos décadas, Briggs mantendría correspondencia ocasionalmente con Jung; incluso llegaría a conocer en persona al genio suizo, que la animaría a continuar con sus trabajos.

Isabel dedicó una buena parte de su vida a leer. Le encantaba escribir, e incluso inició su propia carrera como escritora a la edad de catorce años, con «A Little Girl's Letter» («La carta de una niña pequeña»), que aparecería en la revista *Ladies Home Journal*. Isabel publicó varios relatos y poemas durante la siguiente década, para matricularse posteriormente en el Swarthmore College, en 1915, y graduarse con los más altos honores cuatro años después. Fue aquí donde conoció a Clarence G. Myers (conocido como Chief), con quien terminaría casándose.

En agosto de 1928, Isabel Myers se encontró con un anuncio en la revista *New McClure* en el que se anunciaba un premio a la mejor novela detectivesca de misterio, patrocinado por la propia revista y la empresa Frederick A. Stokes. Sin dejarse amedrentar por un plazo límite de entrega de los manuscritos poco menos que imposible, teniendo en cuenta que tenía que ocuparse ya de dos niños pequeños, Myers decidió, no obstante, presentarse… ¡y ganó el premio! La publicidad a escala nacional que siguió a la publicación de *Murder Yet to Come (Asesinato por venir)* decía de Isabel Briggs Myers que era una joven y prometedora escritora. Antes de acabar el año, el libro era ya un bestseller con siete ediciones. Pero después de escribir una segunda novela y de una breve incursión en el teatro, Myers dejó a un lado la literatura para dedicar los siguientes ocho años de su vida a la crianza de sus hijos.

El comienzo de la segunda guerra mundial fue para ella la evidencia de hasta qué punto las diferencias humanas pueden llevar a errores de interpretación, hasta el extremo de poner en peligro a toda una civilización. Myers quería encontrar una vía para que las personas se comprendieran en vez de destruirse mutuamente. También deseaba encontrar una forma de ayudar a la gente, sobre todo a las mujeres, a encontrar el empleo adecuado, entre los muchos que se crearon para el esfuerzo bélico y también para los que quedaron vacantes cuando los hombres se unieron a las fuerzas armadas. En 1942, Myers se topó con un nuevo «instrumento para clasificar personas», la escala Humm-Wadsworth, que se había desarrollado para acoplar a las personas en los puestos de trabajo según sus características. Ella sabía por experiencia que comprender las diferencias individuales naturales entre las personas, tal como las había establecido Jung en su teoría, era algo muy valioso, tanto para comprenderse a uno mismo como para comprender a los demás. De modo que Myers se puso manos a la obra para intentar hacer algo casi impensable en su caso: diseñar su propio instrumento de evaluación.

De su padre había aprendido que una de las cosas más emocionantes de la vida es desvelar lo desconocido, o bien hacer algo que nadie haya hecho aún. Y por la poco convencional educación que había aprendido de su madre, Myers sabía que no hace falta un estudio formal para alcanzar un objetivo; que, cuando hace falta, hay siempre a mano libros y recursos. Así pues, comenzó a trabajar a fondo para expandir las ideas junguianas sobre los tipos que su madre había estado estudiando en silencio durante dos décadas.

Durante el resto de su vida, Myers desarrolló diversas formas de su inventario de personalidad. La forma A del indicador de Tipos de Myers-Briggs apareció en 1943, mientras que la forma C apareció en 1944. Como era una persona introvertida, Myers trabajó en gran medida sola, tomando las propuestas de Jung y encontrando vías a través de su propia experiencia para hacer uso de ellas y ampliarlas. Pero no todo lo hizo completamente sola. Aprendió mucho de Edward N. Hay, director de personal de un gran banco de Filadelfia, que le enseñó lo que necesitaba saber para la construcción y validación de tests. Así fue como comenzó a recopilar datos para sus propios estudios de validación, persuadiendo a los directores y directoras de las escuelas del este de Pensilvania para que le permitieran utilizar su test en miles de estudiantes.

Un importante hito en el desarrollo del inventario de personalidad MBTI tuvo lugar cuando Myers persuadió (con la ayuda de su padre) al decano de la Facultad de Medicina George Washington para que le permitiera hacer pruebas al alumnado de primer curso. Ése fue el comienzo de una muestra que, con el tiempo, incluiría a 5 355 estudiantes de medicina, uno de los más grandes estudios longitudinales realizados nunca en esta disciplina. Myers reunió también, por sí sola, una muestra de 10.000 estudiantes de enfermería de 71 facultades diferentes en las cuales implementó su test.

En 1956, Henry Chauncey, presidente del Educational Testing Service (ETS), se enteró de la existencia del inventario a través de Harold C. Wiggers, decano de una de las facultades de medicina que participaron en los estudios de Myers, y le pidió a David Saunders, un psicólogo de su plantilla, que averiguara lo que pudiera acerca del instrumento. Saunders invitó a Myers a presentar un seminario ante la división de investigación del ETS. Tras escuchar a Myers explicar cómo había desarrollado y aplicado el Indicador hasta aquel momento (forma C), Saunders quedó profundamente impresionado:

Evidentemente, nos encontrábamos ante el inventario más cuidadosamente construido de la historia de la psicología, y de la forma más remarcable, por cuanto se había construido sin contar con estudio formal en psicología. Aquello lo guardaría en mi memoria como una de las experiencias más apasionantes de mi vida profesional.

El entusiasmo de Saunders jamás menguó. Reflexionando sobre los años que pasó trabajando con Myers, Saunders comentó: «Isabel Myers intuía de manera natural lo que había que hacer estadísticamente […]. Se había adelantado a los enfoques más vanguardistas. De hecho, muchas de las cosas que hizo siguen estando por delante de las vanguardias en psicología».

En la primavera de 1957, el ETS acordó publicar el *Indicador de Tipos Myers-Briggs* y, hacia el otoño, Myers había desarrollado ya la forma D, que contenía 300 ítems de los cuales extraer datos, y el ETS comenzó a poner a prueba la forma en las escuelas de la zona de Filadelfia. Un año más tarde, la forma F, que contenía los 166 mejores ítems del cuestionario, estaba ya desarrollada. Ésta sería la estándar del inventario durante más de 20 años, y todavía se usa.

En 1975, CPP, Inc. se convirtió en el editor del inventario de personalidad MBTI, poniendo por vez primera el inventario a disposición de la comunidad psicológica y la comunidad orientadora de Estados Unidos. Actualmente es el inventario de personalidad más ampliamente utilizado de la historia. Y fue precisamente John D. Black, el fundador de la compañía, quien sugirió a Myers que escribiera *Los dones diferentes,* para que detallara la teoría subyacente al inventario. Este libro se convertiría en el resumen y el comentario final del trabajo de toda una vida. En el prefacio original del libro, reimpreso aquí íntegramente, Myers expresa su hermoso, aunque sencillo sueño para la humanidad: ayudar a la gente para que aproveche al máximo sus diferentes dones.

Este libro está escrito con la creencia de que muchos problemas se podrían tratar de un modo más eficaz si los abordáramos desde la teoría de los tipos psicológicos de C. G. Jung. La primera traducción al inglés de su *Tipos psicológicos* fue publicada por Harcourt Brace en 1923. Mi madre, Katharine C. Briggs, introdujo el libro en nuestra familia y lo convirtió en parte de nuestra propia vida, y mi madre y yo estuvimos esperando mucho tiempo a que alguien diseñara un instrumento que no sólo reflejara las preferencias propias por la extroversión o la introversión, sino también nuestras preferencias de percepción y juicio. En el verano de 1942, finalmente, nos pusimos manos a la obra para diseñar ese instrumento. Desde entonces, el Myers-Briggs Type Indicator ha proporcionado una gran cantidad de información sobre los modos prácticos de cada tipo.

Sin embargo, las implicaciones teóricas van más allá de las estadísticas, y sólo se pueden expresar en términos humanos. Los dones diferentes ofrece un relato informal del tipo y sus consecuencias, tal como se nos han presentado a lo largo de los años. En este material, espero que madres, padres, profesorado, alumnado, equipos de orientación, profesionales clínicos, sacerdotes y todas las personas que se hallen implicadas en la realización del potencial humano encuentren una explicación a muchas de las diferencias de personalidad que se hallan en su trabajo o con las que tienen que lidiar en su vida privada.

Han hecho falta tres generaciones para hacer este libro: las profundas percepciones de la intuición introvertida de mi madre (INFJ) sobre el significado de tipo; mi propia convicción sentimiento-intro-vertida (INFP) acerca de la importancia de las aplicaciones prácti-cas del tipo; y la inapreciable combinación del impulso intuitivo, el don de expresión y el sentido de prioridades propios del punto de vista extrovertido de mi hijo Peter (ENFP), sin los cuales estas páginas nunca se hubieran concluido.

A pesar de una larga y difícil batalla con el cáncer, Isabel Myers ter-minó su libro poco antes de morir. *Los dones diferentes* se publicó de manera póstuma, pocos meses después de su fallecimiento, y sigue siendo un tributo a toda una vida de valoración de la belleza, la forta-leza y las posibilidades infinitas de la personalidad humana en todas sus fascinantes variedades.

SAUNDERS, F. W.: *Katharine and Isabel: Mother's Light, Daughter's Jour-ney.* CPP, Inc., Mountain View, CA, 1991.

«An Appreciation of Isabel Briggs Myers». *MBTI News,* vol. 2, n.º 4 (Julio 1980): pp. 1-7.

TIPOS DE SENSACIÓN

	Con pensamiento	Con sentimiento
Juicio	**ISTJ** Sensación Introvertida con Pensamiento	**ISFJ** Sensación Introvertida con Sentimiento
Percepción	**ISTP** Pensamiento Introvertido con Sensación	**ISFP** Sentimiento Introvertido con Sensación
Percepción	**ESTP** Sensación Extrovertida con Pensamiento	**ESFP** Sensación Extrovertida con Sentimiento
Juicio	**ESTJ** Pensamiento Extrovertido con Sensación	**ESFJ** Sentimiento Extrovertido con Sensación

INTROVERTIDOS (Juicio, Percepción)

EXTROVERTIDOS (Percepción, Juicio)

TIPOS INTUITIVOS

Con Sentimiento   Con Pensamiento

INFJ Intuición Introvertida con Sentimiento	**INTJ** Intuición Introvertida con Pensamiento
INFP Sentimiento Introvertido con Intuición	**INTP** Pensamiento Introvertido con Intuición
ENFP Intuición Extrovertida con Sentimiento	**ENTP** Intuición Extrovertida con Pensamiento
ENFJ Sentimiento Extrovertido con Intuición	**ENTJ** Pensamiento Extrovertido con Intuición

Juicio

Percepción

INTROVERTIDOS

Percepción

Juicio

EXTROVERTIDOS

Índice analítico

Índice